Erich Mühsam
Die Einigung des revolutionären
Proletariats im Bolschewismus

UNRAST

KL(A)SSIKER 24
der Sozialrevolte

In allen Zeiten wurden Texte geschrieben, die wir heute als *Klassiker der Sozialrevolte* bezeichnen wollen. Darunter zählen wir historische Texte aus Sozialen Bewegungen bzw. aus dem Kontext sozialer Revolutionen - von den Frühsozialisten der Französischen Revolution bis zur APO der 60er Jahre dieses Jahrhunderts.

Der UNRAST Verlag wird in dieser Reihe eine umfangreiche Sammlung von Texten herausgeben, um damit ein Stück der eigenen Sozialgeschichte zu bewahren.

Erich Mühsam

Die Einigung des revolutionären Proletariats im Bolschewismus

Herausgegeben, eingeleitet und mit Anmerkungen versehen von Philippe Kellermann

UNRAST

Klassiker der Sozialrevolte 24

Bibliografische Information Der Deutschen Bibliothek:
Die Deutsche Bibliothek verzeichnet diese Publikation in der Deutschen Nationalbibliografie; detaillierte bibliografische Daten sind im Internet über http://dnb.ddb.de abrufbar.

Erich Mühsam - Die Einigung des revolutionären Proletariats
1. Auflage, März 2015
Band 24 der Reihe »Klassiker der Sozialrevolte«
hrsg. von Jörn Essig-Gutschmidt
ISBN 978-3-89771-922-4

Postfach 8020, 48043 Münster - Tel. (0251) 66 62 93
Mitglied in der *assoziation Linker Verlage* (aLiVe)
Umschlag: Unrast Verlag
Satz: Unrast Verlag
Druck: Interpress, Budapest

INHALT

Einleitung

> »Diese vollständige Absperrung von der Außenwelt, in dem Moment, wo sich alles entscheiden muß, ist für mich ärger, als für einen andern Dunkelarrest.«
>
> *Tagebucheintrag vom 7. April 1920*

Erich Mühsam hatte es wahrlich nicht leicht - immer wieder stand er auch in den eigenen Reihen in der Kritik. So musste er Anfang des 20. Jahrhunderts für den führenden niederländischen revolutionären Syndikalisten Christiaan Cornelissen als Beispiel eines »primitiven Anarchismus« herhalten (Cornelissen 1908: 346). Wenige Jahre später - und die unzähligen (gegen Anarchisten üblichen) Schmähungen seitens der Sozialdemokratie beiseite gelassen - wird er angeklagt, »die *absolut unversöhnlichen Gegensätze* zwischen kommunistischem Anarchismus und Bolschewismus (...) bewußt zu vertuschen«[1] Beide Vorwürfe verweisen dabei auf zwei recht unterschiedliche Lebensabschnitte Mühsams. In der Polemik Cornelissens bündelt sich die revolutionär-syndikalistische Kritik an den individualistischen, bohêmehaften ›Querulanten‹, die der revolutionären Gewerkschaftsarbeit im Weg standen und so den Zugang zu den proletarischen Massen unmöglich machen würden; in der Polemik Ramus' wird die resolut-anarchistische Kritik an jedem Liebäugeln mit den Bolschewiki in Russland zurückgewiesen - und, da dies nicht so selten war, Mühsam als Repräsentant solcher Bemühungen kritisiert.
Ob sich Mühsams Biographie dabei strikt in zwei (oder mehr) Teile aufteilen lässt, erscheint fraglich, schließlich war der vermeintliche Anarcho-Dandy schon längere Zeit politisch aktiv, bemühte sich - durchaus auch mit unkoventionellen Versuchen[2]

1 Pierre Ramus: Bolschewismus, Diktatur und Anarchismus. (Zugleich eine Polemik gegen Erich Mühsams Idealisierung des Bolschewismus) (1920). Im vorliegenden Band: S.207.

2 Beispielsweise seine Mobilisierungsversuche der Deklassierten, des »Lumpenproletariats«, der »Verbrecher, Landstreicher, Huren und Künstler« (Mühsam 1906: 95).

- um die Verbreitung des Anarchismus, wie er ihn vor allem durch Gustav Landauer vermittelt bekam. Nichtsdestotrotz beginnt bei Mühsam - mit seiner Beteiligung an den revolutionären Ereignissen in München infolge des Krieges - ein neuer Abschnitt politischen Eingreifens.

Soweit möglich, hatte er schon während des Weltkrieges Kontakt mit unterschiedlichen Kreisen von Kriegsgegnern (bürgerlichen Pazifisten, linken Sozialdemokraten etc.) in der Absicht aufgenommen, ein einheitliches Bündnis gegen den Krieg auf die Beine zu stellen. Als es Ende 1918 zur Novemberrevolution kommt, stellt sich Mühsam, der das Jahr 1918 über aufgrund seiner Agitation interniert worden war, sofort an die Spitze der Ereignisse in München. So ist es Mühsam, der am 7. November zum Sturm auf die Kasernen aufruft und die bayerische Republik proklamiert. Während sich zunächst eine zurückhaltende sozialistische Regierung unter dem Unabhängigen Sozialdemokraten Kurt Eisner durchzusetzen scheint, erklärt Mühsam in einem Flugblatt öffentlich: »Nicht alle Volksgenossen sind mit dem bisherigen Verlauf der Revolution einverstanden. Wir sind nicht zufrieden mit der Beschränkung der revolutionären Forderungen auf politische Angelegenheiten. Wir verlangen die Verwirklichung des Sozialismus als Krönung der gegenwärtigen Volksbewegung.« (zit. n. Hirte 2009: 182)

In den Wirren der folgenden Monate, während derer sich die Lage immer weiter zuspitzt und eine revolutionär-sozialistische Umwälzung möglich und immer drängender erscheint, wird es wieder Mühsam sein, der - dann im April 1919 - zur Tat schreitet: die Ausrufung der bayerischen Räterepublik.[3] Nach wenigen Tagen scheitert der Versuch und Mühsam wird von der sozialdemokratischen »Roten Schutztruppe« festgenommen. Diese Festnahme ist sein Glück wie auch eine Last, denn so sitzt er im Gefängnis, während »die von Noske ins Land geschickten kaiserlichen Truppen und Freikorps« (Piens 2014: 454) plastisch - und wie im restlichen Deutschland - zeigen, was sozialistische Revolutionäre von sozialdemokratischen Regierungen zu erwarten haben: den

3 Siehe den Text der Proklamation hier: S.79f.

Tod oder die Haft. Und er erfährt in der Haft und dann auch erst nur gerüchteweise, dass sein Mentor Gustav Landauer, der mit ihm führend an der Räterepublik beteiligt gewesen war, brutal ermordet wurde. »Mit den Münchner Schandtaten«, so Mühsam, »hat Noske sogar seine Berliner Blutorgien übertroffen. Das ist die Revolution, der ich entgegengejauchzt habe. Nach einem halben Jahr ein Bluttümpel: mir graut.« (Tagebucheintrag vom 7. Mai 1919) Rückblickend notiert er: »Im vorigen Jahr war er [der Palmsonntag] am 13. April - und damals fiel ich in die Hand der Feinde und wurde dadurch gerettet. Hätte man doch damals auch Landauer erwischt!« (Tagebucheintrag vom 28. März 1920)

Haftzeit und Gefängnisreflexionen

Vor dem Hintergrund dieser Erfahrungen bekommt die alte anarchistische Kritik an der Sozialdemokratie bei Mühsam, der selbst unter einer sozialdemokratischen Regierung einsitzt, eine neue, grundsätzliche und unversöhnliche Dimension: »Die Abrechnung des Sozialismus mit der Sozialdemokratie wird furchtbar werden.« (Tagebucheintrag vom 24. Mai 1919)

Zwar hält er an seinem alten Ansatz fest, Einheitsbestrebungen in die Wege zu leiten, betont aber nunmehr, dass es geboten sei, eine »äußerst scharfe, unübersteigbare Linie *gegen rechts*« zu ziehen, »um den links davon gruppierten Revolutionären die Möglichkeit und die Notwendigkeit des revolutionären Zusammenschlusses um so eindringlicher begreiflich zu machen«[4]. Wobei mit ›rechts‹ eben auch die Sozialdemokratie gemeint ist. Kritik übt Mühsam aber auch an der damaligen Politik der KPD, deren Ablehnung der Münchener Räterepublik er als einen der zentralen Gründe für deren Niederlage sieht: »Wäre Levien nicht gekommen mit seinem Parteidoktrinarismus, dann wäre die Einigung des revolutionären Proletariats, wie ich sie von Anfang an wollte, ohne Reibungen und Schwierigkeiten in München Tatsache geworden. (...) Es ist ein Jammer, daß der Partei- und Bonzengeist auch den radikalsten Flügel der Revolution infiziert hat. Der schändliche Bru-

---

4 Erich Mühsam: »Die Einigung des revolutionären Proletariats im Bolschewismus«. Im vorliegenden Band: S.51.

derzwist am 7. April, dessen Opfer ich im Kindlkeller war, und die ganze Verwirrung, die darauf folgte, und die an dem Unglück, das jetzt über dem Lande ist, die Hauptschuld trägt, wäre uns erspart geblieben, wenn nicht die Parteihengste in die Hürde gejagt wären und hätten die Disziplin nicht über die Idee gestellt. - Wenn ich den Prozeß jetzt überlebe und schreibe später die Geschichte der Münchner Revolution, dann muß grade diese Seite der Begebenheiten in sehr helles Licht gestellt werden.« (Tagebucheintrag vom 25. Mai 1919)[5] Und mit Bitterkeit hält er einige Tage später fest: »Die Schrecken jener Tage müssen grauenvoll gewesen sein,

5 Im April 1920, direkt im Anschluss an die Niederschrift seiner »Einigungs-«Broschüre, verfasste Mühsam einen Rechenschaftsbericht über die Münchener Ereignisse mit dem Titel »Von Eisner bis Leviné«. Über das Ziel dieser, an Lenin adressierten Schrift heißt es in einem Brief: »Es liegt mir viel daran, über alle diese Vorgänge die Genossen Lenin, Sinowjew etc. zu unterrichten, da es mir nicht lieb sein kann, vor ihnen als Gelegenheitsputschist aus literarischer Abenteuerei dazustehn« (Mühsam 1920a: 406). Zu seiner Adressierung hat Mühsam 1929 ausgeführt: »Mein Rechenschaftsbericht ist in Form eines Briefes gehalten, der die Aufschrift trug: ›Zur Aufklärung an die Schöpfer der russischen Sowjetrepublik, zu Händen des Genossen Lenin‹. Das mag heute befremden, da ein Anarchist diese Adressierung wählte. Es sei daran erinnert, daß in der Zeit, als ich die Schrift verfaßte, der offene Bürgerkrieg noch in vollem Gange war. Wir wußten, daß die Roten Garden, als deren Organisator wir Trotzki liebten, gegen die weißen Banden der Koltschak, Judenitsch, Denikin usw. im Kampfe standen und ahnten nichts von der Zersetzung innerhalb der proletarisch-revolutionären Kräfte, die mit der Aufhebung der reinen Rätemacht durch die Diktatur der bolschewistischen Partei schon begonnen hatte. Das furchtbare Verbrechen gegen die ihre Räterechte verteidigenden Kronstädter Matrosen und Arbeiter erfolgte erst später und, wenn wir den Namen Nestor Machno überhaupt schon gehört hatten, so nur im Zusammenhange mit gemeinsamen Abwehrkämpfen der Bolschewiki und der ukrainischen Anarchisten gegen die Denikinschen oder Petjuraschen Weißgardisten. Der Name Lenin aber galt uns allen als die sichtbarste und energischste Kraft der russischen Revolution, der Bolschewismus als Formel für die revolutionäre Räteidee allgemein und die russische Revolution selbst war noch ein lebendiges Feuer, leuchtender Stern unserer Hoffnung und glühender Wegweiser unserer Zukunft. Ich hatte 1920 nicht die Pflicht, zu wissen, was 1929 aus Rußland geworden sein würde.« (Mühsam 1929: 8)

aber erhebend ist, daß sie alle, die für ihre Ideale haben sterben müssen, aufrecht und tapfer mit lauten Grüßen an die Weltrevolution die Kugel empfangen haben. - Schlimm haben sich die KPD-Führer noch nach unsrer Verhaftung benommen. Landauer wurde von den Leviné und Levien aus dem Wittelsbacher Palais einfach hinausgeworfen. In der Roten Fahne standen Artikel, in denen wir - auch ich mit Namen bezeichnet - als ›Bourgeoisrevolutionäre‹ verhöhnt wurden. Das ist sehr häßlich und der gemeinsamen Sache sehr abträglich. Aber Parteigeist. An dem ist die deutsche Sozialdemokratie in tiefste Schande geraten, an dem wird nicht der Kommunismus, wohl aber die Methode, die die Führer jetzt belieben, zuschanden werden und vorher noch viel Elend über das Proletariat bringen. Ehe die Einigkeit die Arbeiterschaft über die Bonzenhäupter hinweg nicht den Willen zum Sozialismus Tat werden läßt, ist keine Hoffnung, daß der neue Geist der Freiheit und Gerechtigkeit über die Welt kommen wird.« (Tagebucheintrag vom 1. Juni 1919) In den nächsten Tagen ordnet Mühsam seine Gedanken zum Ablauf der Münchener Ereignisse und - nachdem er die gemachten Fehler aufgelistet hat - führt er aus: »Die beteiligten Genossen (Landauer, Mühsam etc) haben in der Überzeugung mitgewirkt, daß die Einigkeit des Proletariats, das in jeder Versammlung immer dringlicher die Ausrufung der Räterepublik verlangt hat, nach vollzogener Tat selbstverständlich sein werde, zumal nachdem alle kompromittierten Personen von den leitenden Posten entfernt waren. Fehler sind auf beiden Seiten gemacht worden. Die Ausrufung der Räterepublik ist in der Form und in der Zeit vergriffen gewesen. Das haben nachher auch manche eingesehn, die selbst dazu geholfen haben. Die Veruneinigung der Arbeiterschaft, die durch das Verhalten der KPD hervorgerufen wurde, war mindestens ebenso verhängnisvoll. Mindestens hätten die Gegensätze in sachlicher Form ausgetragen werden müssen, statt durch persönliche Verunglimpfung derer, mit denen man nicht einverstanden war. Das ist die Methode des alten Parteibonzentums, Meinungsverschiedenheiten auf das persönliche Gebiet zu übertragen. Jetzt haben wir auch nicht mehr alte Sünden aufzurechnen, sondern zu vereintem Kampf zu rüsten.

Dieser Kampf gilt der Aufrichtung einer kommunistischen Räterepublik. Das ist nicht Aufgabe einer Partei, sondern all derer, die den Kommunismus wollen. Wenn sich die Führer nicht einigen können, so müssen es die Arbeiter tun, ohne sich um die Führer zu kümmern. Wenn das Proletariat einig und entschlossen ist, ist ihm der Sieg sicher.« (Tagebucheintrag vom 6. Juni 1919) Damit formuliert Mühsam auch schon die Stoßrichtung, die er mit seiner Broschüre »Die Einigung des revolutionären Proletariats im Bolschewismus« verfolgen wird.

Dass eine solcherart Einigung möglich sein kann, erfährt Mühsam zu Beginn seiner Haftzeit, die er, als der »erfahrenste und prominenteste Häftling« (Hirte 2009: 212) umgeben von vielen, vor allem jüngeren Revolutionsteilnehmern verbringt. »Soviel weiß ich«, hält er Mitte Juni fest, »daß ich meinen Leidensgenossen hier zum guten Teil meine Meinung schon beigebracht habe, daß die Einigung des Proletariats nur durch die Sprengung aller Parteien, aber nur auf dem Boden des Kommunismus möglich ist. Mein Weg im Anfang der Revolution war der richtige: Vereinigung aller Revolutionäre, die internationalistisch, kommunistisch und für die Räterepublik sind ohne Parteiprogramm, ohne Bibel, ohne Bonzen ...« (Tagebucheintrag vom 19. Juni 1919) Und knapp zwei Monate später: »Heute am 5jährigen Todestage der zweiten, wurde in der Halle eifrig von der dritten Internationale gesprochen. Nächsten Donnerstag soll ich ein Referat halten über die Einigung des Proletariats. Ob es gelingen wird, selbst die Kommunisten von der Notwendigkeit der Aufgabe aller Parteien zu überzeugen? Ich glaube es nach den Beobachtungen bei unsern Diskussionsabenden hoffen zu dürfen. Glückt es, die Parteien zu sprengen und das ganze Proletariat unter einheitlicher Parole zum Kampf zu führen, dann ist die deutsche Revolution gerettet und dadurch die Weltrevolution gesichert.« (Tagebucheintrag vom 4. August 1919)

Im Kontext dieser Erfahrungen entschließt sich der Anarchist Mühsam zu einem – ihm selbst nicht leicht fallenden –, gewissermaßen paradoxen Schritt: er erklärt seinen Beitritt zur Kommunistischen Partei. Gegenüber seinem »ältesten Freund und Vertrauten«, dem Anarchisten Albert Reitze, erklärt er: »Den eigentlichen Anstoß dazu, mir die Frage des Beitritts nahezulegen, gaben mir zahlreiche Auseinandersetzungen mit den jungen Rotgardisten, die wir in Ebrach hatten, über die Ursachen des Zusammenbruchs im April und Mai. Diese jungen Genossen haben selbst nie den Versuch gemacht, mich zum Eintritt zu bewegen. Sie haben mein Außenstehn immer anerkannt und geachtet. Aber ein Bedenken hörte ich immer wieder, das, ganz unabhängig voneinander, mir grade die Besten äußerten: Wärst Du damals in der Partei gewesen, wäre alles anders gekommen - das habe ich Dutzendemale hören müssen. Und ich habe gefunden, daß das vielleicht richtig ist.« (Mühsam 1919a: 358f.) In seiner Beitrittserklärung heißt es u.a.: »Als sich in Deutschland die Kommunistische Partei konstituierte, habe ich mich bemüht, in engster kameradschaftlicher Nachbarschaft mit ihr zu wirken, bin vielfach als Referent in ihren Versammlungen aufgetreten und habe ihr, ohne noch direkt für sie zu werben, in und außerhalb Münchens Tausende von Mitgliedern zugeführt. Selbst der Partei beizutreten, konnte ich mich, trotz der vollständigen Übereinstimmung in den Kampfprinzipien, bisher nicht entschließen, weil ich nie einer Partei angehört habe und die anarchistische Vergangenheit nicht verleugnen wollte. Der Verlauf der Revolution, ihre zeitweise Niederwerfung durch die vereinigte Macht der militaristischen, kapitalistischen und sozialpatriotischen Konterrevolution, hat mich zu einem anderen Entschluß gebracht. Ich vollziehe hiermit meinen Eintritt in die Kommunistische Partei Deutschlands. Die Einigung des revolutionären Proletariats ist notwendig und unaufschiebbar. Die Organisation, in der diese Einigung allein möglich ist, ist in der K.P.D. gegeben. Ich hoffe, daß meine anarchistischen Genossen, soweit sie im Kommunismus die Grundlage der gerechten Gesellschaft erblicken, meinem Beispiel folgen werden.«[6] Wie sehr Mühsam dabei dieser Beitritt beschäftigt, geht aus seinem Tagebuch hervor: »Am meisten«, heißt es da, »beschäftigt mich mein Eintritt in die KPD, die von meinen Freunden mit sehr gemischten Ge-

---

6 Erich Mühsam: Beitrittserklärung (September 1919). Im vorliegenden Band: S.187f.

fühlen aufgenommen wird, und der ich selber noch mit recht gemischten Empfindungen gegenüberstehe. Mein alter treuer bewährter Genosse Albert Reitze schmetterte mir auf die Erklärung, die die kommunistische Presse von mir brachte, ein ›Herzliches Beileid!‹ zu, das ich äußerst bitter empfand. Ein Brief, den er mir hinterhersandte, war dann freundlicher. Aber er spricht von politischer Extravaganz und läßt schlimme Befürchtungen für mein Seelenheil durchblicken. Heut hab ich ausführlich geantwortet. Nein - ein Bonze will ich nicht werden, und wenn ich in die Partei gehe, so geschieht es, um den Parteigeist von innen heraus zu bekämpfen. Maßgebend für den Entschluß waren mir die häufigen Vorwürfe der besten Kameraden in Ebrach (...) und hier Reicherts, daß alles anders gekommen wäre im April, wenn ich damals schon Parteimitglied gewesen wäre. Ich glaube das selbst. Die Überraschung in der Nacht zum 5ten im Kriegsministerium, wo die drei uns allen damals noch ganz unbekannten Vertreter der Partei, Schuhmann, Dietrich und Leviné plötzlich mit der Absage kamen, wäre uns erspart geblieben. Angenommen, Leviné hätte mich auf seinen Standpunkt gebracht, so hätte ich bestimmt verhindern können, daß die Ausrufung beschlossen worden wäre, da ich den Revolutionären Arbeiterrat bearbeitet hätte, oder meine Meinung wäre gegen die Levinés durchgedrungen, dann wäre die entsetzliche Spaltung des Proletariats im entscheidenden Augenblick nicht erfolgt, die Hinausschiebung bis zum 7. April wäre verhindert worden, Schneppenhorst und Konsorten wären nicht in die Lage gekommen zu intrigieren und vielleicht wäre alles gut geworden. Sobald ich wieder draußen bin, will ich an der Stelle arbeiten können, wo ich meine Arbeit selbst für am wichtigsten halte, und es kann leicht sein, daß es die Arbeit an der Partei sein wird, sich über den Charakter als Partei zu erheben und das Aufnahmebecken für alle wirkliche Revolution zu werden. Ein Preisgeben meiner Ansichten, Absichten, Ziele und Ideale liegt demnach nicht in meinem Parteibeitritt. Ringelmann ist natürlich glücklich darüber, ebenso Waibel, Reichert und die übrigen Festungs-Kommunisten. Ob sie in der Partei viel Freude an mir erleben werden? - Vielleicht werde ich schneller wieder draußen sein als ich hineingekommen bin: wenn nämlich die Doktrinäre, die jetzt schon gegen die Sünder von der syndikalistischen Seite die große Feme aussprechen, Oberwasser kriegen. Nein, zum Bibelgläubigen sollen sie mich nicht machen. Ich bleibe Anarchist und Bakunist. Was mich zum Bolschewisten macht, ist die Erkenntnis, daß wir um die proletarische Diktatur nicht herum können.« (Tagebucheintrag vom 14.10.1919) Tatsächlich wird er »schneller wieder draußen sein« als er hineingekommen ist, denn noch im gleichen Monat findet der Heidelberger Parteitag der KPD statt, auf dem der Ausschluss führender Persönlichkeiten der revolutionären Linie, so u.a. von Otto Rühle, beschlossen wird. Mühsam, der von Anfang betont hatte, dass er in einem solchen Fall sofort wieder austreten würde, erklärt konsequenterweise sogleich öffentlich seinen Austritt aus der Partei: »Sechs Wochen nach meinem Eintritt in die Partei provozierte die Zentrale der KPD die Spaltung, indem sie den großen Bannfluch gegen alle Genossen schleuderte, die nicht in ihrer Parteibürokratie die letzte Weisheit des proletarischen Klassenkampfs vereinigt sahen, die nicht zur Parlamentsschwätzerei zurückkehren wollten und die die Diktatur des Proletariats anders auffaßten denn als unbegrenzte Machtfülle eines Parteivorstands. Aus meiner Beitrittserklärung ging klar hervor, daß ich die Einigung des Proletariats ganz gewiß nicht durch das Zusammentreiben der revolutionären Kräfte in einen möglichst engen Pferch pedantischer Programmartikel bezweckte. Am wenigsten hatte ich mit der Rückkehr zu den abgestandenen und durch die sichtbaren Resultate einer fünfzigjährigen Praxis hinlänglich verurteilten Methoden der alten sozialdemokratischen Partei gerechnet. Mit der Ausschließung der Opposition auf dem letzten Parteikongreß der KPD bin ich demnach selbstverständlich automatisch aus dem Gehege dieser Organisation wieder hinausgeflogen. – Obwohl ich nach dieser Prozedur die Empfindung habe, als hätte ich einen zu engen Kragen vom Halse entfernt, muß ich doch feststellen, daß ich das kurze Gastspiel in einer Partei durchaus nicht bereue. Mein Ziel ist und bleibt die Einigung im reinen Bolschewismus, wobei ich darauf hinweisen kann, daß die Weitherzigkeit Lenins den kommunistischen Anarchisten

Rußlands den Anschluß an die Bolschewiki, ohne Überzeugungsopfer zu fordern, längst möglich gemacht hat. Mein Versuch, diese Einigung auf dem Boden einer Partei zu erreichen, hat zu dem praktischen Resultat geführt, daß diese Methode einwandfrei widerlegt ist. – Trotzdem werde ich das Bestreben, zur Einigung zu gelangen, nicht verloren geben.«[7] Und in einem Brief erklärt er: »so flog ich natürlich prompt wieder durch den Ausgang links dahin, woher ich gekommen war. Daß ich den Versuch unternommen habe, ist mir lieb. Ich kann später dem Anwurf der Bonzen, den ich ja im April in München hören mußte, ich wolle nicht verantwortlich sein, mit dem Hinweis begegnen, daß ich meinerseits ein Entgegenkommen versucht habe, das mich eine schwere Gewissenskonzession kostete, daß aber die kretinhafte Orthodoxie der Marxomanen den Aufenthalt in der Partei für jeden selbständigen Geist unmöglich machte. Nun bin ich wieder draußen und werde nie, nie, nie wieder den Versuch machen, die splendid isolation durch Unterschlupf in einen Schafstall zu überwinden.« (Tagebucheintrag vom 26. November 1919) Ausführlich nimmt er auch in einem Schreiben an den Hamburger Unionisten und ebenfalls aus der KPD ausgeschlossenen Heinrich Lauffenberg Stellung, wo es heißt: »Werter Genosse Dr. Lauffenberg, Sie werden davon unterrichtet sein, daß ich vor ganz kurzem meinen Eintritt in die KPD vollzog, um meinem Trachten nach Einigung aller wahrhaft revolutionären Kräfte Deutschlands, soweit sie in der dritten Internationale den Ausdruck ihres Zukunftswollens erblicken, auch äußerlich Nachdruck zu geben. Daß mir dieser Schritt, der als Bruch mit meiner anarchistischen Vergangenheit aufgefaßt werden konnte, nicht leicht fiel, werden Sie begreifen. Aber die starke Beachtung, die mein Übertritt in allen kommunistischen Kreisen fand, ließ mich hoffen, mein Beispiel werde nicht nur bei meinen engeren Kameraden Nachahmung fördern, sondern vor allem in der Partei selbst die von mir wohl bemerkte Tendenz zum Kompromisseln und zum Doktrinarismus beeinflussen und die von Ihnen und den Ihnen nahestehenden Genos-

7 Erich Mühsam: Austrittserklärung (November 1919). Im vorliegenden Band: S.203f.

sen erstrebte Orientierung im Sinne der bolschewistischen Bewegung Rußlands, der sich ohne Aufgabe der Gesinnung Anarchisten, Spartakisten und Tolstojaner anschließen könnten, wirksam unterstützen. - Meine Erwartung hat sich nicht erfüllt. Die Haltung der Zentrale der KPD macht es Genossen, die in der Revolution eine lebendige Aeußerung des Volkswillens zum Kommunismus erkennen, eine geschichtliche Energie, die sich nicht von Paragraphenschustern an einen Leitfaden für Musterschüler binden läßt, unmöglich, in dem Käfig zu bleiben, in dem jene Bonzen und Philister den Kampf um Freiheit und Kommunismus zu Disziplin, Führervertrauen, stupidem Gehorsam und zu allem dressieren möchten, woran die alte Sozialdemokratie zugrunde gegangen ist. Nach den neuen ›Grundsätzen‹ der Partei ist die Notwendigkeit der Absonderung von der USP und selbst von den Scheidemännern kaum mehr zu erkennen. Der Einigung - nicht des Proletariats, aber der Bonzen steht wahrhaftig kein Hindernis mehr entgegen. - Mein Aufenthalt in einer Partei ist demnach nur von sehr kurzer Dauer gewesen. Denn es ist selbstverständlich, daß ich mit den 18 Ausgeschlossenen solidarisch bin und auch mich als hinausgeworfen betrachte. Es wird sich nun fragen, ob die Gründung einer neuen Partei schon jetzt zu empfehlen ist. Mein alter Argwohn, daß jede Parteibildung durch sich selbst schon die Keime zur Verpfaffung in sich trägt, scheint doch durch die jüngsten Vorgänge erheblich bestätigt zu werden. Als sich im November des vorigen Jahres in München die Dringlichkeit einer organisierten Opposition gegen das Regiment Eisners erwies, konstituierte sich unter meiner Initiative eine ›Vereinigung revolutionärer Internationalisten‹, die bis zum Januar außerordentlich lebendig war, obwohl (oder weil?) sie völlig auf straffe Partei-Konzentration verzichtete. Sie trat später korporativ der Gruppe der Bremer internationalen Kommunisten bei, in deren Listen ich mich als Hospitant führen ließ, und ging schließlich - ohne mich - in der KPD auf. - Ich glaube, daß auch jetzt zunächst ein Zusammenschluß aller konsequent kommunistisch-revolutionären proletarischen Kampfkräfte versucht werden sollte, eine Vereinigung, der sich unbedenklich auch die Syndikalisten und kommunistischen Anarchisten anschließen können, und die schließlich das Sammelbecken der ganzen aktiven Revolution werden müßte. – Die Forderung des Augenblicks ist: hermetische Absperrung gegen alles, was, mag sich's noch so radikal gebärden, der Revolution der Massen durch Exerzierreglements und Katechismen Gewalt antun will, und unbegrenzte Weitherzigkeit gegen Antiautoritäre, Dezentralisten, Syndikalisten und alle, die als Kämpfer für den Kommunismus als Ausdruck höchster gesellschaftlicher Freiheit in die Reihen treten. Die Einigkeit des revolutionären Proletariats kann nur auf einem Boden verwirklicht werden, der nach links hin keine Abgrenzung hat. – Ich stelle Ihnen anheim, diesen Brief im ganzen oder in Auszügen nach Ihrer Wahl abzudrucken, bzw. seinen Inhalt unter den engeren Genossen zur Diskussion zu stellen. Über den Verlauf der Sache werden Sie mich wohl unterrichtet halten. Mit revolutionärem Gruß Erich Mühsam, Festungsgefangener im Gefängnis Ansbach.« (Abschrift als Tagebucheintrag vom 28. Oktober 1919) Während er mit abwartender Sympathie die Gründung neuer linker Gruppen zur Kenntnis nimmt[8] und freudig die Aktivitäten eines Max Hölz registriert[9], sieht er sich zunehmend im Sperrfeuer von allen Seiten:

8 »Mit großer Befriedigung las ich, daß in Berlin links der KPD und mit ausdrücklichem Hinweis auf deren reformistische Politik eine neue Partei entstanden ist (die K. A. (Arbeiter-) P. D). Sollte die auch wieder bürokratisch-zentralistisch aufgebaut sein, so ist doch zu hoffen, daß sie, solange sie arm ist, nicht verbonzen wird, und daß sie jetzt gleich entscheidend in die Dinge eingreifen wird. Es ist ein gutes Zeichen, daß sich das Proletariat doch nicht gleich wieder von den Bonzen einwickeln läßt. Meine Hoffnung ist sehr stark.« (Tagebucheintrag 8. April 1920)

9 »Sehr interessant«, so Mühsam Ende März 1920, »sind die Vorgänge im Vogtland, wo ein Genosse Hölz außerordentlich energische revolutionäre Aktionen vorzunehmen scheint. Natürlich werden ihm, weil er das einzig Richtige tut, nämlich die Bürger einschüchtert, die gemeinsten Verbrechereigenschaften untergeschoben« (Tagebucheintrag vom 31. März 1920) Und keine 2 Wochen später: »Im Vogtland rückt Reichswehr ein. Hoffentlich gelingt es Hölz, den Leuten zu entkommen. Ein prachtvoll entschlossener Mensch. Er ist der einzige, der begriffen hat, worauf es ankommt: den Bürgern dauernd Schrecken einzujagen und den Einschüchterungen, wenn sie nicht wirken, die Tat

»Ich sei aus der KPD ausgeschlossen, und da ich ein Anarchist sei, und man mit kommunistisch-anarchistischen Wirrköpfen nichts zu tun haben wolle, bestehe kein Anlaß, sich meiner oder der USP-Mitglieder anzunehmen. ›Wirrköpfe‹: wie oft habe ich das Wort nicht von den Sozialdemokraten gehört im Laufe der langen Jahre meiner öffentlichen Tätigkeit! Jetzt hat die Zentrale des Dr. Levi es wieder aus dem Schutt gezogen (sodaß es auch Ringelmann in seinem letzten Brief mit schöner Geläufigkeit anwandte) und nun kriege ich es - und mit mir zugleich sämtliche Mitgefangene - von den Tröpfen der Ansbacher Kommunistenpartei an den Kopf geworfen, die die Klarheit der ›wissenschaftlichen‹ Marxweisheit mit Löffeln gefressen zu haben scheinen. (...) Zugleich hacken die Bibelgläubigen der andern Seite auf mir herum. Rudolf Grossmann poltert im ›Freien Arbeiter‹ wütend gegen mich los und beweist, daß Anarchismus und Bolschewismus unvereinbare Begriffe seien. Dabei leistet er sich die niedliche Unterstellung, mein Umschwenken zu Lenin erkläre sich aus der Möglichkeit, daß ich als Bolschewist zu Amt und Würden in der Räterepublik kommen wolle. Es ist ein Jammer, daß sich mit diesem Kaliber Dispute über theoretische Doktorfragen nur mit der Jauchespritze in der Hand führen lassen. Im Hinblick auf das Ziel kann einen Wehmut und Gänsehaut beschleichen. Aber trotzdem!« (Tagebucheintrag vom 27. Januar 1920)
Nun wandelt sich auch die Stimmung unter den Gefangenen: »Der arme Junge ist derart in Abhängigkeit der übelsten Demagogen geraten (die ihn vorher selbst aus der Partei herausintrigiert, ihn nach dem peccavi aber in Gnaden wieder aufgenommen haben), daß er in unglaublicher Verblendung jede Opposition gegen

---

folgen zu lassen. Er soll nach dem Bekanntwerden des Einrückens der Reichswehr seine Drohung, Amtsgebäude und Häuser reicher Leute in Brand zu stecken, an etlichen Villen verwirklicht haben, und flüchtig geworden sein, nachdem er die Geiseln freigelassen hatte. (Man wird ihn trotzdem als Mörder weiterverleumden und, wenn man ihn kriegt, auch behandeln). Hölz' Name wird mal als der Hutten unsrer Tage in der Geschichte fortleben. Aber dieser Mann scheint ein Revolutionär vom größten Wuchs zu sein. Ich hoffe, ihm noch einmal die Hand drücken zu können.« (Tagebucheintrag vom 13. April 1920) die KPD als Verrat ansieht. Die vielen Genossen, die angesichts der ruchlosen Opportunitätspolitik Levis und Genossen zur KAP übergetreten sind, nennt er ›Verräter‹ und ›Gesinnungslumpen‹. Mich persönlich sieht er ebenfalls schon im trübsten Licht und unterscheidet nur noch aus alter Anhänglichkeit zwischen dem Menschen Mühsam und dem Politiker. Rina de Haan hat offenbar einmal einen meiner Briefe in der Amsterdamer ›Tribune‹ veröffentlicht, der den Ochels schwer auf die Nieren gegangen ist. Ich sehe aus Ringelmanns Brief, der natürlich nur die Auffassungen der Bonzen wiedergibt, daß man mir besonders übel nimmt, daß ich die KPD vor Ausländern als opportunistisch blosgestellt habe. Ich soll ferner ›Geschichte gefälscht‹ haben bei der Darstellung der Verhältnisse in Baiern nach Eisners Ermordung. Ich habe Rina, von der vor einigen Tagen eine Sendung mit holländischen Lebensmitteln eintraf, gebeten, mir den Brief zu schicken, damit ich weiß, worum es sich überhaupt handelt. Toll ist der Vorwurf, ich arbeite gegen die KP, um mich bei der Zensur für die Freilassung zu empfehlen, was R. allerdings ›vorläufig‹ noch nicht annehmen wolle. Jedenfalls aber bin ich ›konterrevolutionär‹. Die KP ist also schon genau da angelangt, wo die alte Sozialdemokratie aufgehört hat, bei persönlicher Verleumdung, Verdächtigung, Verächtlichmachung, um die eigne Jämmerlichkeit zu bemänteln. Und so ein junger unerfahrener Mensch wie der Ernst wird in dieses System eingefangen. Es ist noch lange nicht sicher, ob ich nicht eines Tages statt von Offizieren, von Parteikommunisten an die Wand gestellt werde.« (Tagebucheintrag vom 3. Juni 1920) Im Juli 1920 heißt es dann kurz und knapp: »Politische Gespräche sind bei der Reizbarkeit der Genossen kaum mehr möglich.« (Tagebucheintrag vom 27. Juli 1920) Schließlich fühlt er sich gar dazu verdammt in »einer Art Irrenhaus leben zu müssen« (Tagebucheintrag vom 15. August 1920).

Zwischen Hoffnung und Pessimismus in Bezug auf die Möglichkeiten einer deutschen Revolution schwankend, ist es Sowjetrussland, das dem Einsamen immer wieder als Trost erscheint, denn die »Russen haben es verstanden. Rußland ist durch die revolutionäre Heiligung seines Unglücks die Hoffnungsfackel der

Welt geworden, es hat sein Unglück zu seinem Glück gemacht.« (Tagebucheintrag vom 15. Juli 1919) – Bestandsaufnahme Anfang 1920: »[E]in Wort über den Stand der Weltrevolution dann doch noch heute. Dabei unterlasse ich alle bitteren Betrachtungen über die revolutionäre Lage in Deutschland (Unglaublichkeiten der KP-Zentrale, Spaltung des Berliner Arbeiterrats, kleinere Wirtschaftskämpfe: Frankfurter Eisenbahner), da die Ereignisse, die wesentlich sind, vorläufig doch nur die sind, die sich in den Reihen der russischen Vorkämpfer abspielen, und da dürfen wir so stolz sein, daß wir beschämt sein müßten. Die Armee Koltschaks ist nahezu zerschmettert, die Denikins in wildem Rückzug an die Küste des Schwarzen Meers, mit Estland ist Waffenstillstand geschlossen, dem der Friedenschluß folgen wird. Sovjetrußland siegreich auf allen Linien und im Vordringen nach Sibirien, Nordpersien, Turkestan und an den Rand Indiens.« (Tagebucheintrag vom 8. Januar 1920) Aber es geht dabei nicht nur um das Siegen, es geht vor allem auch um das, was Mühsam in Sowjetrussland zu erkennen glaubt bzw. von diesem ausgehen sieht. »Der Genosse bestätigte mir, daß in Rußland in den Reihen der Bolschewisten längst auch kommunistische Anarchisten, sogar Menschewiki und alle möglichen Vertreter ständen, nur von seiner Leidenschaft für Marx war er nicht abzubringen, wenn er auch zugab, daß Lenin aus Marx etwas Eigenes und Neues weitergebildet habe, was ich in seiner Schrift, ›Der Imperialismus als höhere Stufe des Kapitalismus‹ nachlesen solle (da diese Schrift leider nicht deutsch erschienen ist, wird mir das schwer fallen).« (Tagebucheintrag vom 30. Juni 1919) Und in der Dritten Internationale erkennt er ähnliches: »In Luzern (...) tagen die abhängigen und ›unabhängigen‹ Sozialdemokraten der Länder Europas und versuchen, ihre zweite Internationale aus ihren unterschiedlichen Nationalismen heil zu kleistern, während die dritte Internationale, die im Bolschewismus die radikalen Marxisten und die kommunistischen Anarchisten zusammenführt und so endlich den Weg zur Einigung des Weltproletariats frei macht, von Moskau aus ihr warmes Sonnenlicht über die Welt ausstrahlt.« (Tagebucheintrag vom 8. August 1919) Selbst nach dem Heidelberger Parteitag deutet er die Zeichen von

Osten als günstig: »Eine große Genugtuung erlebte ich durch einen Brief, mit dem sich Sinowjeff im offiziellen Auftrag des Exekutivkomitees der kommunistischen Internationale an das Proletariat wendet, der eine Ohrfeige für die KPD-Zentrale bedeutet. Da wird die Einigung mit Syndikalisten und Anarchisten verlangt und das Bekenntnis zum Parlamentarismus als untergeordnete Frage aus den prinzipiellen Streitereien ausgeschaltet. Dann sollten sich die revolutionären Proletarier in einer toleranten großen kommunistischen Partei einigen. Fast mein Einigungsprogramm. Nur für Deutschland keine Partei, sondern eine Föderation!« (Tagebucheintrag vom 11. Dezember 1919)[10]

Der »Trost jedoch«, den er »immer wieder bei Rußland« findet (Tagebucheintrag vom 29. Mai 1920), weicht mehr und mehr der Skepsis: »Die revolutionäre Bewegung in Deutschland ist leider tief gespalten. Ich sehe die einzige Rettung in der kommunistischen Föderation. Aber die Bonzen! Und große Schwierigkeiten sehe ich bedauerlicherweise auch noch von Moskau kommen. Dort orientiert Radek die Genossen über die deutschen Angelegenheiten, und der vertritt ganz die Politik Levys. Hätte ich nicht meinen unerschütterlichen Glauben an Recht und Wahrheit, dann hätte ich Grund, recht trübe gestimmt zu sein. Aber die allgemeinen Auspizien sind günstig. Dazu rechne ich auch das neueste Gerücht, die Gegenrevolution in Rußland sei siegreich ausgebrochen, Trotzki sei (wieder einmal) tot, Lenin auf der Flucht und General Brussilow Diktator. Daß die Bourgeoisie immer wieder solche Lügen braucht, um ihre Gefolgschaft bei Stimmung zu erhalten, beweist ihre Schwäche. Die Weltrevolution läßt sich deswegen doch nicht aufhalten. Sie wird auch in Deutschland vordringen und über die Wilhelminer und Demokraten ebenso hinweggehn wie über die Bonzenkommunisten, die die Märzrevolution verraten haben. Ich werde noch in diesem Jahr unter den Meinigen stehn.« (Tagebucheintrag vom 15. Juni 1920)

Unmittelbar vor Beginn des 2. Weltkongresses der Komintern ist zu lesen: »Wichtiger als all dieses ist der Zusammentritt des 2.

---

10 Siehe Sinowjew: Der Parlamentarismus und der Kampf für die Sowjets (Sept. 1919). Im vorliegenden Band: S.178-185.

Kongresses der III. Internationale in Moskau. Ich habe große Befürchtungen, daß der unheilvolle Einfluß Radeks, der Sinowjew und leider auch Lenin schon ganz zugunsten der deutschen Levy-Kommunisten eingeseift hat, Beschlüsse durchsetzen wird, die mir und andern konzessionslosen Revolutionären den Stuhl vor die Tür setzen werden. Man scheint eine einheitliche ›Taktik‹ vorschreiben zu wollen mit Wählerei, reaktionärer Gewerkschaftspolitik, Opportunismus in allen möglichen Dingen und Trennungslinien nach links. Daran ist die I. Internationale zugrunde gegangen. Macht sich Moskau nach den herrlichen Taten der russischen Genossen, die ihnen die unbedingte Autorität beim Weltproletariat gesichert haben, zur Gouvernante aller radikalen Revolutionäre, so wäre die Folge das Ausscheiden der besten und radikalsten Revolutionäre aus dem Einfluß auf alles Geschehn und dadurch ein entsetzlicher Schlag für die Weltrevolution selbst.« (Tagebucheintrag vom 18. Juli 1920) Als die Nachrichten über den Kongress zu ihm dringen, wird die Stimmung düster: »Jetzt stellt sich heraus, was in Moskau beschlossen wurde. Es ist das Schlimmste, was sein kann. Das Moskauer Exekutivkomitee verlangt sowohl von den Unabhängigen wie von den linken Kommunisten blinde Unterwerfung unter alle ihre Befehle, Aufgabe des eignen Namens und Eingliederung in die einzige von Moskau genehmigte KP, deren Zentrale als maßgebende Instanz anzuerkennen sei. Die Vertreter der KAPD sind, nachdem sie erst in Moskau diese Vorschläge und Lenins Kinderkrankheitsschrift zu sehn bekommen hatten und sich verpflichten sollten, alle Beschlüsse, die der Kongreß fassen würde, unter allen Umständen zu akzeptieren, ohne an den Beratungen teilzunehmen, für die man ihnen Sitz und Stimme einräumte, wieder heimgereist. Die USP-Leute haben diese allein würdige Geste nicht über sich gebracht, sondern haben sich beteiligt. Natürlich wurde der Entwurf des Exekutivkomitees angenommen. Damit ist die 3. Internationale kaputt, existiert nur noch als Privatverein einiger Berufsbonzen. Ich werde alles versuchen, um nun eine Föderation aller Gruppen zustande zu bringen, die die proletarische Revolution als eine internationale Aktion der Massen betrachten, die sich überall ihre Kampftaktik selbst bestimmen wollen. Der Weltrevolution ist ein schwerer Schlag versetzt worden - und leider mit Hilfe derer, die ihr bisher die herrlichsten Dienste geleistet haben. Wie vernagelt ist doch der Mensch, wenn er mächtig sein möchte!« (Tagebucheintrag vom 28. August 1920) In einem Beitrag, den es ihm zu veröffentlichen gelingt, kommt er auf diese »verblüffend rapide[.] Rechtsschwenkung« zu sprechen: »gegen Antiparlamentarier, Föderalisten, Antiautoritäre jeder Art«. Diese sei um so »bedauerlicher, (...) als das Exekutiv-Komitee früher ausdrücklich die Gemeinschaft aller Revolutionäre, die den Kommunismus auf dem Wege über die Rätediktatur anstreben, proklamiert hat«.[11] Von Lenin höchstpersönlich kommen weitere schlechte Signale: »Bei uns in Deutschland sind die Bremser und Opportunisten obenauf. Parlamentarismus ist Trumpf. - Leider können sie neuerdings ein Argument für sich ins Feld führen, das unsern Gesinnungsfreunden die Arbeit furchtbar erschwert: das ist Lenins neueste Schrift ›Der ›Radikalismus‹, die Kinderkrankheit des Kommunismus‹. Du wirst sie wohl gelesen haben. Sie gibt den Opportunisten und Possibilisten alle Waffen gegen uns in die Hand. Bei uns in Deutschland liegen die Verhältnisse völlig anders als in Rußland. Die sozialdemokratische Tradition steckt der Arbeiterschaft tief in den Knochen, und es war unser stärkster Gewinn zu Anfang der Revolution, daß wir ihr den Wahn von der alleinseligmachenden Wählerei genommen haben. Nun führt die Kommunistische Partei (Spartakusbund) alle alten, endlich überwundenen Methoden der Sozialdemokratie wieder ein. (...) Er [Lenin] hat der deutschen Revolution einen sehr schweren Schlag versetzt. Schon schwingen die rechten Unabhängigen seine Broschüre als Freibrief für ihre Bourgeoispolitik, und in der Tat finden sie jede Bestätigung für ihre grundsatzlose Kompromißmacherei darin vor. Wenn Du die Möglichkeit hast, es Lenin wissen zu lassen, daß sein guter Name jetzt für die Bestätigung jeder Leisetreterei herhalten muß, dann tue es bitte.« (Mühsam 1920b: 411f.) Die Situation in der Haft bleibt niederschmetternd:

11 Erich Mühsam: Anarchismus und Revolution (Okt. 1920). Im vorliegenden Band: S.218.

»So sehr ich weiß, daß derartige Konflikte nie ganz dem andern Teil als Alleinschuld aufgebürdet werden dürfen - zumal wenn die andre Seite sich aus 4 Leuten zusammensetzt und man selbst nur einer ist, finde ich absolut nicht heraus, in welcher Weise ich zu einem derartigen solidarischen Affront gegen mich Anlaß gegeben hätte: es sei denn, daß wirklich nur meine syndikalistisch-anarchistische Stellung zu der Moskauer Provokation, die ich durchaus nicht aggressiv betont habe, ja, wegen der Nervosität im Haus kaum erörtert habe, als Grund angesehn wird, mich wie einen Aussätzigen zu meiden« (Tagebucheintrag vom 29. September 1920). Dennoch auch jetzt noch gilt: »Ein Trost ist in all dem Widrigen und Gemeinen: die Russen siegen wieder. Die Armee des Generals Wrangel in der Krim ist so gut wie zerschmettert.« (Tagebucheintrag vom 16./17. November 1920) Hoffnung scheint auch auf, als ihm übermittelt wird, dass Lenin ihn »für den besten revolutionären Polemiker in Deutschland« halte und ihn »deshalb an einen bestimmten Posten setzen« wolle: »Meine Bedingungen, nur in Begleitung Zenzls [Mühsams Frau] zu reisen und mich keinerlei Gewissenszwang in der Tätigkeit zu fügen, sind von vornherein angenommen. An meiner Stelle sollen mehrere preußische Generäle ausgetauscht werden. Ich hatte zuerst große Bedenken, darauf einzugehn, um nichts vor meinen Genossen hier voraus zu haben. Doch wird mir von den Kameraden, die ich einweihte, versichert, daß kein Vorwurf an mir hängen bleibe, da die Sowjetregierung nur mich verlange und es offenbar für aussichtslos halte, zugleich noch andere Genossen frei zu bringen. Natürlich mache ich mir keine Illusionen. Bis die Sache spruchreif wird, kann viel Zeit vergehn, außerdem ist es sehr zweifelhaft, ob die baierische Regierung sich auf derartige Geschäfte einlassen wird. Ich werds abwarten und denke mir vorläufig, daß garnichts geschehn wird. Nach meinen öffentlichen Angriffen gegen Radek-Sinowjew und die III. Internationale mit den Moskauer 21 Punkten ist es mir sehr zweifelhaft, ob ich noch die Gunst Lenins habe. Allerdings behauptet Zenzl, daß er trotz seiner ›Kinderkrankheit‹-Broschüre sehr tolerant sei und ganz genau wisse, wie ich zu den Dingen stehe. Möglich wärs ja, daß er grade durch mich gegen die Parteibonzen à la Sinowjew ein Gegengewicht schaffen will, um die deutsche Revolutionsbewegung den Levis aus der Hand zu nehmen. Auch der Sieg über Wrangel, den die Vereinigung der ukrainischen Anarchisten unter Machno mit der bolschewistischen Roten Armee entschieden hat, mag zu einer Änderung der Stimmung in Moskau beigetragen haben.« (Tagebucheintrag vom 24. November 1920) Aber wieder nichts: »Leider hat der große Sieg der Bolschewiki über Wrangel und Petljura ein trübes Nachspiel. Der Anarchist Machno, dem die Erfolge zu danken waren, sollte gezwungen werden, seine Strategie aufzugeben und seine Verbände völlig und bedingungslos der übrigen Roten Armee zu unterstellen. Da er das offenbar nicht wollte, ist es wieder zu Kämpfen zwischen Bolschewisten und Anarchisten gekommen, und die ersteren melden Siege. Dies ist das, was ich den sehr einseitigen Darstellungen der Roten Fahne entnehme. Ich hatte gehofft, daß endlich diese Bruderkämpfe aufhören würden, aber der Autoritätswahn der Marxisten ist hoffnungslos verrannt und macht es uns immer wieder unmöglich, mit ihnen fröhlichen Mutes durch Dick und Dünn zu gehn.« (Tagebucheintrag vom 11. Dezember 1920)

Eine auf theoretischer Ebene zu verzeichnende Variante des »Autoritätswahn[s] der Marxisten« begegnet ihm dabei auch noch in Gestalt des ehemaligen Sozialdemokraten und nunmehrigen Rätekommunisten, Anton Pannekoek, zu dem Mühsam Kontakt aufgenommen und geschrieben hatte: »Vor allem ist das Problem, das nach Heidelberg ein deutsches war, ein internationales geworden. (...) Wir stehn vor der blanken Tatsache, daß uns der Stuhl vor die Tür gestellt ist, daß in der sogenannten ›Kommunistischen Internationale‹ für Revolutionäre, die unmittelbar und direkt auf den Sieg des Proletariats hinarbeiten möchten, kein Platz ist. Wir müssen konstatieren, daß der Beschluß vom Haag 1872, mit dem Marx Bakunin und Guillaume wegen ihrer Ablehnung opportunistischer Methoden aus der 1. Internationale ausschließen ließ, daß der 24 Jahre später 1896 in London gefaßte Beschluß, nach dem Anarchisten und Antiparlamentaristen aus der 2. Internationale ausgeschlossen wurden und damit deren

Absturz zum 4. August 1914 vorbereitet wurde, - daß diese Beschlüsse nach abermals 24 Jahren 1920 in Moskau ihre getreue Wiederholung fanden, indem wiederum die Grundsatzlosigkeit zum Grundsatz erhoben, wiederum ein mit despotischer Macht ausgestatteter Generalrat praeceptor mundi wurde, wiederum eine internationalisierte Partei als Internationale ausgegeben wird, - diesmal aber inmitten der revolutionären Katastrophe selbst, sodaß das Unglück, das aus den Beschlüssen von 1872 und 1896 erwuchs, dieses mal potenziert und irreparabel hereinzubrechen droht.«[12] Pannekoek aber fertigt Mühsam kurzerhand ab: Die »1. Internationale [hatte] recht, als sie 1872 die Anarchisten ausschloß; daher hatte auch die 2. Internationale recht - trotzdem der Opportunismus schon in ihren Reihen emporkam - als sie diesen Ausschluß 1896 wiederholte. Denn die Kampftheorie, die allein das Proletariat zum Siege führen kann, ist der Marxismus. Nur auf dem Boden der umwälzenden Gesellschaftswissenschaft von Marx wächst die klare Erkenntnis der Bedingungen der proletarischen Revolution.« (Pannekoek 1921: 162)

In Deutschland die engherzige Marxologie - »Die Ereignisse draußen spitzen sich neuerdings zu. In Norddeutschland sperren die Unternehmer in größtem Maßstabe Arbeiter aus. So hat jetzt Borsig den gesamten Betrieb geschlossen. Ob das deutsche Proletariat nun nach italienischem Muster vorgehn und bewaffnet die Betriebe besetzen und in eigner Regie weiterführen wird? Es steht nicht bei Marx, und so wird es wohl ›konterrevolutionär‹ sein« (Tagebucheintrag vom 4. November 1920) - in Russland schließlich alles am Ende: »*8. März 1921*: Sehr bedenklich klingen die letzten Nachrichten aus Rußland. Alle bolschewistischen Dementis können die Tatsache nicht mehr verkleistern, daß die Kronstädter Matrosen gegen das gegenwärtige Regime aufgestanden sind. (...) Die Tendenz der Rebellen, die sich schon ein Revolutionskomitee geschaffen haben, ist noch gar nicht recht zu erkennen. Ich glaube vorläufig weder der bürgerlichen noch der kommunistischen Presse, die eine simple revolutionäre Erhebung

12 Erich Mühsam: Brief an Anton Pannekoek (27.9.1920). Im vorliegenden Band: S.226f.

daraus machen möchten. Ich glaube viel eher, daß es sich um einen Aufstand revolutionärer Räterepublikaner gegen die Verfälschung der Sowjetmacht durch den Parteidespotismus handelt.« Zu jener Zeit ist seine Schrift »Die Einigung des revolutionären Proletariats im Bolschewismus« schon längst geschrieben und aus der Haft geschmuggelt. Schon damals aber hatte er - nach den ersten schlechten Nachrichten aus Russland - klargestellt: »Wenn ich das Wort Bolschewismus weiterhin für die von mir verfolgten Tendenzen in Anspruch nehme, so tue ich das ohne Rücksicht auf die gegenwärtige taktische Politik der Bolschewiki und durchaus nur in dem Sinne, den der Begriff durch seinen großen Interpreten Lenin in dessen Schrift ›Staat und Revolution‹ ursprünglich erhalten hatte. Danach bedeutet Bolschewismus den Kampf um die gänzliche Zertrümmerung des Staats und seine Ersetzung durch die kommunistische Gesellschaft mit dem Mittel des von unten nach oben aufgebauten Rätesystems, das dem werktätigen Volk diktatorische Gewalt und absolute Machtvollkommenheit in Legislative und Exekutive in die eigenen Hände legt. Die Vereinbarkeit dieser Methoden mit den Lehren Bakunins, ja, ihre Konformität, habe ich in einer besonderen Schrift im einzelnen nachgewiesen, von der ich immer noch hoffe, sie in absehbarer Zeit der Öffentlichkeit unterbreiten zu können.«[13]

Die ›Einigungs‹-Broschüre

»Woran mir liegt«, so Mühsam über seine Broschüre, »ist das zu schaffen, was ich seinerzeit mit meinem Beitritt zur KPD beabsichtigte: eine breite organisatorische Basis, auf der sich gleichgerichtete Energieen unbeschadet akademischer Differenzen finden können. Der in München wirkende ›Verein kommunistischer Sozialisten‹ erstrebt offenbar ähnliches, läßt aber die Konsequenz vermissen, die die entschiedenste Schranke nach rechts hin erfordert. Das Bekenntnis zum Kommunistischen Manifest hilft garnichts: das kann ich von jedem Mehrheitsminister haben ›wie

13 Erich Mühsam: Anarchismus und Revolution (Okt. 1920). Im vorliegenden Band: S.219.

ich es auffasse‹. Die Basis ist das klare, eindeutige Anerkennen der III. Internationale ohne ledebourgeoise Verkrümmungen. Du wirst Sinowjeffs offenen Brief kennen, der mit der Aufforderung beginnt, Syndikalisten und Anarchisten tolerant aufzunehmen, soweit sie die proletarische Diktatur im Räteorganismus gutheißen. Da will ich einsetzen und an der Hand von Bakunin beweisen, wie rückhaltlos sich dessen Schüler Lenin anschließen können. Dazu werde ich allerdings nach beinah allen Seiten um mich schlagen müssen: die Leviten werden Zähne spucken und erst recht die gewisse Sorte von reaktionären Anarchisten (man sollte meinen, das wäre eine contradictio in adjecto, aber diese merkwürdige Zeit produziert die seltsamsten Bastarde), die leider jetzt die ganze antiautoritäre Presse in der Hand haben. Pierre Ramus (Rud. Grossmann-Wien) behandelt mich wie einen Abtrünnigen, weil ich mirs mit den bloßen Redensarten von Herrschaftslosigkeit und Anarchie nicht genug sein lasse und das erstrebte Ziel nicht als Werkzeug, es zu erreichen, gelten lassen kann.« (Tagebucheintrag vom 16. Februar 1920)

Den Grundgedanken dieser Schrift scheint er schon früh gehabt zu haben. So notiert er im Juli 1919 in sein Tagebuch: »Ich glaube, daß mich aus dem Dickicht des ›Literatur-Anarchismus‹ nun doch das neue Licht aus dem Osten in Klarheit geführt hat. Ich habe vor Gericht ausgesprochen, daß der Bolschewismus die Brücke schlägt zwischen Marx und Bakunin. Hier ist der Überbau aller kommunistischen Erkenntnisse. Das Rätesystem mit der weitestgehenden Autonomie der lokalen Sovjets, der Internationalismus bis zur Konsequenz der Aufhebung aller Staatsgrenzen, die proletarische Diktatur als Mittel zum Zweck der Sozialisierung der Wirtschaft, der vollständigen Beseitigung jeder Ausbeutung und endlich der Eliminierung des Proletariats selbst, die Herbeiführung der wirtschaftlichen Gleichheit der Konkurrenzbedingungen zwischen den Individuen und damit einer Gerechtigkeit, auf die der verjüngte Begriff der Demokratie in einer von allem Pharisäismus, aller Demagogie und Verlogenheit gereinigten Bedeutung Geltung gewinnt, die unbeirrbare Rücksichtslosigkeit im Destruieren kapitalistischer und staatsautoritärer Rudimente bei gleichzeitigem Neuschaffen sozialistisch-kommunistischer Grundlagen der Gesellschaft, die Besinnung auf die Organisierung der Produktion als Magd des Konsums und auf die Dezentralisation der Wirtschaft zum Zweck ihrer Intensivierung - das alles sind die praktischen Ergebnisse des Bolschewismus, die den Bonzen aller sozialistischen und anarchistischen Richtungen den Weg zeigen sollten, auf dem die Einigung des Proletariats und der Völker sich vollziehn kann, ohne daß die Frage, ob der große Affe Marx einen blauen oder einen feuerfarbenen Arsch hat, die Gemüter zu erhitzen brauchte. Ob Lenin selbst aber diese ganze ungeheure Bedeutung seines Werks als Fundament der über alle Theorieen und akademische Streitereien triumphierenden revolutionärsozialistischen Internationale ganz erkennt? Vielleicht bleibt es mir vorbehalten, den sittlichen Sieg des Bolschewismus der revolutionären Welt und mit ihr auch den Bolschewisten selbst aufzuzeigen und dazu beizutragen, daß in den bevorstehenden Endkämpfen der Weltrevolution der Bruderkrieg zwischen den Revolutionären selbst vermieden wird, und der Geist des Bolschewismus sich als das versöhnende Element, als das Element der Liebe und der Gerechtigkeit über alle Orthodoxie und Voreingenommenheit hinweg bewähren kann. Dann wird uns der Sieg sicher sein.« (Tagebucheintrag vom 14. Juli 1919) Die These, »daß der Bolschewismus die Brücke schlägt zwischen Marx und Bakunin«, demnach also als »Überbau aller kommunistischen Erkenntnisse« gelten könne, erklärt letztlich auch seine Titelwahl.

Es ist aber nicht Lenin, um den es Mühsam geht; seine Schrift sieht er vielmehr als einen »große[n] Hymnus auf Bakunin« (Tagebucheintrag vom 23. März 1920). Dieser wird ihm gerade in jener Zeit zum »Lehrmeister im revolutionären Geiste«, der ihm »Beispiel und Leitstern« sein soll (Tagebucheintrag vom 3. Februar 1920). Erstaunlich ist, dass sich Mühsam anscheinend erst zu jener Zeit intensiver mit Bakunin zu beschäftigen beginnt: »Ich lese eben wieder Bakunins Lebensgeschichte. Da ist das Vorbild, dem auch ich nachstrebe mit aller Wucht meines Wollens. Ein Psychiater würde mich jetzt wohl als Monomanen bezeichnen. Ich kann und mag nichts andres mehr im Herzen und im Hirn haben als

Revolution. Wie weit liegt alle Literatur, aller Theaterquark hinter mir! Revolution ist das Einzige, was ich denke und fühle - und Vorbereitung dazu im Geiste, Einwirkung auf die Genossen zur Vorbereitung dessen, was beim nächsten Mal geschehn muß, welche Fehler wir vermeiden, welche Lehren wir aus der verlorenen Schlacht zu ziehn haben.« (Tagebucheintrag vom 3. September 1919) Mühsam liest u.a. die Bakunin-Biografie Steklows, die von orthodoxen Marxisten kritisierte Marx-Biografie Franz Mehrings und die klassisch-libertäre Darstellung des Konfliktes zwischen Marx und Bakunin von Fritz Brupbacher. Und so kommt eins zum anderen: »Ich bin durch die Ereignisse seit 5 Monaten ein andrer geworden. Tolstoj ist überwunden - ich kenne und will nur noch Bakunin. Mit dem beschäftige ich mich intensiv. Immer deutlicher wird mir meine geistige und seelische Abstammung von diesem Rebellen sans phrase. Ich bin aber nun auch darauf gekommen, daß die Lehren Lenins durchaus von Bakunin kommen und nicht von Marx. Daß sogar Lenin selbst das leugnet und Marx und Engels als seine Evangelisten hinstellt, ist nur ein neues fast tragikomisches Licht auf dem Lebensbild Bakunins. Sein ganzes Leben hindurch hat der Idealist und Enthusiast von dem abstrakten Ökonomiker und ganz unrevolutionären Temperament Marxens Schläge bekommen. Jetzt wo sich Bakunins Methoden - das Rätesystem ist ganz sein Eigentum - praktisch durchsetzen, muß er sogar noch auf die Vaterschaft der Idee zugunsten des Säulenheiligen verzichten, der nun einmal nach der traditionellen Proletarierbibel das Privileg hat, daß alle Wahrheiten von ihm stammen müssen. Als Bakunin mit der Pariser Kommune eine herrliche Bestätigung seiner Ansichten erfuhr, da wollte ja auch Marx die ganze Organisation seinem Verdienst zuschreiben. Mein Übertritt zur KPD, der mir nicht leicht geworden ist (die Erklärung wird wohl in diesen Tagen in der kommunistischen Presse erscheinen, wenn nicht die Bonzen etwa ihr Veto einlegen), hat nicht zum mindesten den Zweck, Bakunin die Stellung im internationalen revolutionären Proletariat wiederzugeben, die ihm gebührt. Meine Broschüre ›Die Einigung des revolutionären Proletariats‹ wird den Versuch dazu im Größeren darstellen. War es

möglich, nach 50jähriger Besessenheit vom Marxismus die Arbeiter zur Erkenntnis zu bringen, daß wir sachlich recht hatten, dann kann auch vielleicht das schwerere Werk gelingen, die Persönlichkeit zu rehabilitieren, der die Revolution alles dankt und die zu entthronen, die das Unglück der Entseelung des revolutionären Temperaments zum großen Teil verschuldet hat. Wann ich die Broschüre beginnen werde, weiß ich noch nicht.« (Tagebucheintrag vom 19. September 1919) Zur selben Zeit schreibt er an Fritz Brupbacher: »Ich arbeite an einer Broschüre ›Die Einigung des revolutionären Proletariats‹, in der ich Lenin als Schüler Bakunins deklariere. Dazu benutze ich eifrig Ihr Marx-Bakunin-Buch. Viele Grüße Ihres alten getreuen Erich Mühsam.« (Mühsam 1919b: 353) Und im Oktober erwähnt er, dass er »jetzt seinen [Bakunins] ›Sozialpolitischen Briefwechsel mit Alexander Iw. Herzen und Ogarjow‹« lese (Tagebucheintrag vom 3. Februar 1920).
Mitte Oktober 1919 hatte er notiert, dass er »wohl in den nächsten Tagen« mit der Broschüre anfangen werde (Tagebucheintrag vom 14. Oktober 1919), tatsächlich aber wird nichts daraus und es dauert noch fast ein halbes Jahr, bis er - nunmehr in Einzelhaft die Muße zum Arbeiten findend - notiert: »Die Leithammel der Kommunisten wissen in dieser Zeit nichts besseres zu tun, als auszuschließen. Und die Herren Unabhängigen rennen unter Kautskys Führung geschäftig hinter den Regierenden bei uns und den Imperialisten der Entente her und suchen zu ›vermitteln‹. Wenn es mir gelingt, mit meiner Broschüre klarzulegen, wie die Situation ist und wie sie gerettet werden kann, dann wird meine Haft hier unten großen Nutzen stiften. Heut will ich noch Briefe schreiben. Morgen geht die Arbeit an. Ich wünsche mir Glück dazu.« (Tagebucheintrag vom 5. März 1920) Zügig kommt er voran: »Mein kleines Werk geht munter vorwärts. 3 Kapitel - 41 Manuskriptseiten - sind schon geschrieben. Ich habe Hoffnung, in 14 Tagen mit dem ganzen Buch - es wird wohl nicht mit einer Broschüre abgehn - zum Abschluß zu kommen. Allerdings leidet meine Korrespondenz sehr darunter.« (Tagebucheintrag vom 9. März 1920) Wenige Tage später: »Nur kurz, denn mir tut das Handgelenk vom vielen Schreiben weh. Mit meiner Ar-

beit gehts ausgezeichnet vorwärts. Die größere Hälfte habe ich wohl hinter mir. Wenns nur glatt hinausgeht, da habe ich noch Befürchtungen. Das wäre der Satan, wenn ichs nicht veröffentlichen könnte.« (Tagebucheintrag vom 14. März 1920) Die Schrift wird dabei »dicker und dicker«: »Gebe Gott, daß, wenn es in 14 Tagen fertig ist, sein Inhalt schon veraltet sei. Oder noch besser: daß die Gefängnistore sich öffnen mögen, ehe es fertig ist. Die Möglichkeit besteht ohne Frage. Aber auch noch die, daß der Karren nach der falschen Seite hinüberkippt.« (Tagebucheintrag vom 17. März 1920) Schließlich: »Mit meinem Buch komme ich jetzt dem Schluß nahe. Heute - bei der Frage Lumpenproletariat und Putschismus - ist mal ganz der alte Anarchist mit mir durchgegangen. Hätte ich blos das Manuskript erst draußen!« (Tagebucheintrag vom 22. März 1920) Und am folgenden Tag: »Das Buch ist spätestens übermorgen fertig. Dann schreibe ich das ganze ab, um vor der Konfiskation bei der Zensur gesichert zu sein. Das ganze ist ein großer Hymnus auf Bakunin. Es ist seltsam, ich habe ihn noch garnicht recht gekannt und auch jetzt kein einziges seiner Werke gelesen, alles nur aus Werken über ihn und seinem Briefwechsel mit Herzen und Ogarjow zusammengesucht. Früher habe ich überhaupt nur über ihn einiges wenige gewußt, von ihm garnichts gekannt. Und nun finde ich eine Übereinstimmung der Ansichten bis in die Einzelheiten, die mich verblüfft. In den gleichen Worten, in denen ich diesen und jenen Gedanken schon geäußert habe - die Abneigung gegen die Vergottung der Wissenschaft etc. - finde ich ihn bei ihm antizipiert. Wenn die Theosophen mit ihrer Reinkarnationslehre recht haben, möchte ich glauben, in mir wiederhole sich Bakunin. Seinem Pech sähe es auch ganz ähnlich, wenn sein Geist ausgerechnet in den Leib eines deutschen Juden gefahren wäre.« (Tagebucheintrag vom 23. März 1920) Am Folgetag: »Mir tut die Hand vom Schreiben weh. Morgen wird das Buch fertig. Dann kommt das Abschreiben. Mir graut. Und dann kommt das Schlimmste; das Ding in die Welt schicken. Gelingt es, das Manuskript glücklich aus dem Hause zu schaffen, dann wird es gelesen werden und Sensation machen. Meine Lösung der

Einigungsfrage ist die einzig mögliche. Und der Weg wird auch gegangen werden. Ich hoffe auf Rühle - und auf ein Machtwort Lenins. Denn die deutschen Parteitrottel brauchen Machtworte. Sonst versumpfen sie völlig. - Ich freue mich dieses Buchs. Da habe ich einen guten Dienst getan.« (Tagebucheintrag vom 24. März 1920) Furchtbar strenge ihn die Abschreiberei an, heißt es kurz darauf, »dabei bin ich noch nicht zur Hälfte fertig und schreibe den ganzen Tag, streiche sogar noch, wo es geht. Die Hand schmerzt abends niederträchtig von der Arbeit.« (Tagebucheintrag vom 28. März 1920) Und Probleme stellen sich ein: »Mit meiner Abschreiberei werde ich wohl noch die Woche durch zu tun haben. Aber gestern war der Staatsanwalt da und teilte mir auf Anfrage mit, daß ich das Manuskript, solange ich im Gefängnis bin, keineswegs herausgeben darf, das vertrage sich nicht mit der Gefängnisordnung. Ich müsse warten, bis ich wieder in Festung sei. Dann hätte ich es also dem Schnösel zur Prüfung vorzulegen. Der brächte es fertig, es einfach ›zum Akt‹ zu nehmen. Lieber nicht. Ich muß es schwarz herauskriegen. Einen Plan habe ich schon.« (Tagebucheintrag vom 31. März 1920) Anfang April hat Mühsam dann schließlich »den letzten Federstrich unter das Einigungsbuch gesetzt« (Tagebucheintrag vom 3. April 1920), jedoch wird das Manuskript erst einmal beschlagnahmt: »Von meinen durchsuchten Sachen vermisse ich bis jetzt: meine sämtlichen Tagebücher, vom Oktober 1918 ab; das Reinschriftmanuskript der Einigungsbroschüre (die Kladde ist gottseidank da)« (Tagebucheintrag vom 19. April 1920) Mühsam gelingt es schließlich, eine Abschrift der Broschüre nach Draußen zu schmuggeln, so dass er Mitte Juni an Léon Hirsch berichten kann: »Was meine Einigungsbroschüre anlangt, so unterliegt sie offiziell noch der Zensur. In Wirklichkeit ist es mir gelungen, das Manuskript hinauszuschaffen und meinem Freund Weigel, München, Adalbertstr. 37 zuzuschicken. Bitte setze Dich gleich mit ihm in Verbindung. Es liegt mir ungeheuer viel daran, daß sie recht bald gedruckt wird.« (Mühsam 1920c: 403)

Hofft Mühsam Anfang 1921 darauf, dass seine »Einigungsbroschüre (...) in etwa 5 Wochen bei Pfemfert erscheinen« wird (Tagebucheintrag vom 3. Januar 1921), dauert es noch einige Zeit bis der Text als Artikelfolge in der bakunistisch-rätekommunistisch orientierten Zeitschrift *Die Aktion* von Franz Pfemfert veröffentlichen wird.[14] Und Ärger gibt es zudem: »Es wird wahrhaftig immer noch netter, so schwer es auch hielt, sich noch eine Steigerung auszudenken. Gestern bekam ich einen offiziellen Wisch folgenden Inhalts: ›7. Oktober 20. Das Justizministerium hat verfügt, daß Ihre Abhandlung: ›Die Einigung des revolutionären Proletariats im Bolschewismus‹, weil propagandistischen Zwecken gegen die staatliche Ordnung dienend zurückzuhalten und bei Ihren Personalakten bis zu Ihrer Entlassung aufzubewahren ist. Helmes.‹ Also bloß bis 1934! – Nun hatte ich mich zum Staatsanwalt aus verschiedenen Gründen sowieso gemeldet. Eben ließ er mich holen. Ich fing von der Broschüre an und erklärte, ich würde das Ministerium verklagen. Plötzlich schwenkt H. drohend einen Brief in der Hand. Da sei ein Schreiben von Herrn Pfemfert, aus dem hervorgehe, daß die Broschüre schon draußen sei. Ich erhalte den Brief nicht ausgehändigt, er geht zum Akt. Im übrigen werde er jetzt sein Verhalten danach einrichten. Ich habe ihn getäuscht, und werde in Zukunft alle Besuche nur noch unten und unter Aufsicht empfangen dürfen. (...) Pfemfert (...) ist ein Rindvieh. Es wäre weiß Gott besser, er hätte sich nicht mit mir versöhnt. Jetzt wird meine Lage sehr fatal, da sich die angekündigte Änderung der Behandlung außer auf die Besuchsschikane jedenfalls auf die Ausübung der Zensur erstrecken wird. Damit wird die Verständigung mit der Außenwelt schrecklich erschwert.« (Tagebucheintrag vom 8. Oktober 1920)

In Verbindung zu Pfemfert war Mühsam erst kurz zuvor wieder getreten. Beide kannten sich schon lange, aber aufgrund einer unbedarften Äußerung Mühsams zu Beginn des Krieges, hatte Pfemfert diesen jahrelang als Kriegsbefürworter gebrandmarkt

14 Inwieweit Pfemfert Mühsams Text dabei gekürzt oder bearbeitet hat, war für mich nicht festzustellen. Möglicherweise geben Mühsams Tagebücher der Jahre 1921ff. darüber Aufschluss.

und gegen ihn polemisiert.[15] Mühsam hatte Pfemferts politische Haltung infolge und nach der Novemberrevolution verfolgt und hatte im August 1920 überrascht zur Kenntnis genommen, dass »Pfemferts ›Aktion‹ (...) eine überraschende Notiz« enthielt: »nämlich eine gradezu stürmische Begrüßung an meine Adresse wegen meines Verhaltens vor dem Standgericht (daß Toller bei dieser Gelegenheit als Feigling beschimpft wird, war mir ärgerlich). Jedenfalls freut es mich, daß diese Feindschaft, unter der ich schrecklich gelitten habe, da sie meine Reinheit als Revolutionär berührte, zu Ende ist. Ich werde mich Pfemfert gegenüber, solange sich kein Anlaß ergibt, dies Verfahren zu ändern, passiv verhalten.« (Tagebucheintrag vom 3. August 1919)
In erster Linie erkennt Mühsam in Pfemfert einen Gesinnungsgenossen. Lobend heißt es beispielsweise: »Eine vorzügliche Abfertigung von Lenins Schrift hat Pfemfert in der ›Aktion‹ gebracht[[16]], deren Haltung überhaupt recht gut ist. Vor einigen Tagen hat Pf. mir wieder direkt geschrieben, um Auskunft über einen ganz faulen Kopf von Lichtenauer Festungsgefangenen zu erhalten. Ich habe ihm nach einigem Schwanken und nach Überwindung starker Konträrempfindungen freundlich geantwortet. So mag denn auch diese Streitaxt begraben sein!« (Tagebucheintrag vom 22. August 1920) Und wenige Tage später schreibt er an Hirsch: »Sehr bedaure ich, Dich mit dem peinlichen Gang zu Pf. belästigt zu haben, umsomehr als er mir kurz danach (...) wegen eines höchst unsicheren Kantonisten, vor dem ich im ›Freien Arbeiter‹ warnen mußte, selbst geschrieben hat, sodaß nun also die direkten diplomatischen Beziehungen wieder aufgenommen sind. Du kannst Dir denken, daß ich allerlei Hemmungen zu überwinden habe, um mit ihm wieder verkehren zu können. Doch scheint

15 Siehe hierzu Mühsams Erklärung gegen den Vorwurf, dass er, »begeistert von dem Augustgeschehn des Jahres 1914, in patriotischem Überschwang ins nationale Lager geeilt« sei (Mühsam 1917: 235).

16 Mühsam meint wahrscheinlich Pfemferts Artikel »Die ›Kinderkrankheit‹ und die Dritte Internationale«, in: Die Aktion. Heft 31/32 (7.8.1920), Sp.421-428: »ein ungeheuerliches Buch! Damit ist auch die Belanglosigkeit der Argumente gemeint« (Sp.423).

mir jetzt die Sache über alles Persönliche gehn zu müssen. Die Haltung der ›Aktion‹ ist ausgezeichnet (wenn nur die dauernden Anstänkereien von zum Teil harmlosen, zum Teil gleichgültigen Personen nicht wären). Ganz vorzüglich war der Artikel gegen Lenins Kinderkrankheits-Broschüre und in der heute bei mir eingetroffenen Nummer der über die Engherzigkeit der Moskauer Beschlüsse[[17]].« (Mühsam 1920d: 416f.) Pfemfert, der sich ganz im Sinne Mühsams ebenfalls als »Bolschewist« verstand und wie Mühsam immer wieder auf die Bedeutung Bakunins hinwies –, wird dann seinerseits Mühsam gegen die erwähnte Polemik Pannekoeks in Schutz nehmen: »Sie, verehrter Genosse Pannekoek, polemisieren gegen Forderungen, die Mühsam nie gestellt hat. Weshalb überlassen Sie es nicht den ›buchstabenfesten Marxgelehrten‹, die von Ihnen ironisch abgetan werden, *Scheidewände zwischen Revolutionäre zu rücken*? Das pflegten die Marxpfaffen immer zu tun, und *deshalb* ist die proletarische Bewegung Jahrzehnte lang so verludert gewesen. Die Marxpfaffen sind nämlich gefährlicher noch als die anderen Pfaffen, denn sie leiten das Proletariat, das sich von der Lüge der Kirche befreit hat, in die Kirche der Phrase - wo genau ebenso wenig das Denken strapaziert, wo genau ebensoviel Buchstabengläubigkeit gefordert, wo genau ebensoviel Unduldsamkeit, Arroganz, Scheinheiligkeit gezüchtet wird! Wir wollen und sollen doch nicht sein wie die Marxpfaffen, werter Genosse Pannekoek! Und wir sollen doch auch dann die Augen offen halten, wenn wir etwas sehen müssen, was ein wenig gegen den Satz: ›Die Kampftheorie, die allein das Proletariat zum Siege führen kann, ist der Marxismus‹ zu verstoßen scheint, wie die *Oktoberrevolution*! Denn nach dem Siege der Oktoberrevolution in Rußland ist dieser Satz zumindest *diskutierbar* geworden, Genosse Pannekoek! Nicht *Marx*, sondern *Bakunin* hat da gesiegt!« (Pfemfert 1921: 166)

* * *

17 Gemeint ist wohl: Franz Pfemfert: »Die Parteidiktatur in der Dritten Internationale«, in: Die Aktion. Heft 33/34 (21.8.1920). Sp.449-461.

Anstatt einer Diskussion von Mühsams Schrift sei lediglich kurz darauf verwiesen, dass sie wirklich ins Herz revolutionärer Problemstellungen zielt: die Gewalt- und Diktaturfrage. Und in diesen Punkten ist seine Kritik an großen Teilen des zeitgenössischen deutschen Anarchismus überdeutlich: »Eine (...) betrübende Erscheinung ist bei den Anarchisten und Syndikalisten in Deutschland wahrzunehmen. Sie geraten mit ihrem Antimilitarismus immer mehr in die Bahnen des bürgerlichen Pazifismus hinein und predigen prinzipielle Waffen- und Gewaltlosigkeit. Also gegen die Bewaffnung des Proletariats, gegen die Aufstellung einer Roten Armee, - alles soll nur der Generalstreik zustande bringen. Ich hatte vor einigen Tagen den Besuch eines meiner ältesten Genossen aus Berlin, der mir bitter klagte, daß er mit ganz wenigen noch den Geist Bakunins hochhalte.[[18]] Die andern reden von Siedlungsgenossenschaften und kennen sonst nichts als Streik, Streik und wieder Streik.« (Mühsam 1920b: 412) Damit greift Mühsam zugleich einen alten Streitpunkt in der anarchistischen Bewegung auf, wie er sich im Kontext um den Stellenwert und die Rolle des revolutionären Syndikalismus schon gezeigt hatte.[19]

---

18 Hierbei dürfte es um Rudolf Oestreich handeln, da sich in seinem Tagebuch folgender Vermerk findet: »Östreich mußte im ›Besuchszimmer‹ empfangen werden und machte bei diesem Anblick die Bemerkung, daß der Empfangsraum im Zuchthaus zu Brandenburg (wo er vor 10 Jahren wegen antimilitaristischer Propaganda 3 Jahre und 10 Monate zugebracht hat) immer noch komfortabler war als hier der für Ehrenhäftlinge. Was er von den Anarchisten und Syndikalisten in Berlin berichtete, war noch trostloser als Weigels Erzählungen. Die anarchistischen Genossen bekennen sich fast alle zur ›Gewaltlosigkeit‹, lehnen die Bewaffnung des Proletariats, die Bildung einer Roten Armee etc. ab und suchen alles Heil im Generalstreik allein. Als ob durch Streiken ein einziger Weißgardist oder Bourgeois entwaffnet würde! Östreich vertritt vollständig meinen Standpunkt in Bezug auf den bewaffneten Aufstand sowohl wie auf die proletarische Diktatur. Aber er stehe mit nur ganz wenigen Genossen allein. Dabei rückt die Möglichkeit eines Aufstands, vielleicht der Revolutionskrieg immer näher.« (Tagebucheintrag vom 19. August 1920)

19 Siehe beispielsweise die Position des einflussreichen Anarchisten Errico Malatesta in dieser Debatte: »So, wie man uns den künftigen

Während nun Mühsam in dieser Frage ohne Probleme in die anarchistische Tradition eingereiht werden kann, wird es bei der Frage der Diktatur eine ungleich verzwicktere Angelegenheit, scheint diese es doch zu sein, an der sich die Differenz zwischen Anarchismus und Marxismus seit jeher festmacht. In seiner KPD-»Beitrittserklärung« heißt es dementsprechend dann auch: »Wir kommunistischen Anarchisten mußten allerdings einen wichtigen Differenzpunkt zwischen den beiden hauptsächlichen sozialistischen Schulen, Bakunins Widerstand gegen eine Diktatur des Proletariats zugunsten Marxens, preisgeben. Ich persönlich habe bereits zu Beginn der Revolution eingesehen, daß die proletarische Diktatur ein unumgängliches Mittel zur Eroberung der Macht darstellt, und meine propagandistische Tätigkeit dementsprechend ausgeübt.«[20] Wie aber seine »Einigungs«-Broschüre zeigt, hat Mühsam schließlich die erst einmal überraschende Position vertreten, dass Bakunin selbst schon eine solche Diktatur proklamiert habe. Noch Jahre später wird er, mittlerweile (vorzeitig) entlassen (Dezember 1924), in seiner Zeitschrift *Kain* festhalten: »Die deutsche Revolution ersoff in Proletarierblut. Die als Klasse vereinten Revolutionäre, denen Karl Liebknecht nie als Parteimann galt, sondern als liebeumbrandeter Fels im Kampf, haben sich allmählich alle wieder aus der unmittelbaren Verbindung mit den Klassengenossen gelöst und hinter den Thrönchen ihrer besoldeten Bonzen, hinter Parteiprogrammen, Prinzipienerklärungen, Organisations-

---

Generalstreik geschildert hat, ist er eine reine Utopie. Entweder wird der Arbeiter, nach drei Tagen Streik dem Hungertode nahe, mit hängendem Kopf wieder an den Arbeitsplatz zurückkehren, und wir sind um eine Niederlage reicher. Oder aber er wird sich der Produkte mit Gewalt bemächtigen. Wem sieht er sich gegenüber, der ihn daran hindern könnte? Soldaten, Polizisten und auch den Bourgeois selbst, und dann muss das Problem eben doch mit Gewehren und Bomben gelöst werden. Damit haben wir den Aufstand, und der Sieg gehört dem Stärkeren. Bereiten wir uns also lieber auf diesen unvermeidbaren Aufstand vor, anstatt uns darauf zu beschränken, den Generalstreik als ein alle Übel behebendes Allheilmittel zu preisen.« (Malatesta 1907: 91)

20 Erich Mühsam: Beitrittserklärung (Sept. 1919). Im vorliegenden Band: S.187.

statuten, hinter den Weisheitssprüchen ihrer unterschiedlichen Kirchenväter und den mit Vereinsfähnchen gezierten Thoraschränken des wahren Glaubens geborgen, von wo aus sie sich gegenseitig Dreck anschmeißen. Die Anarchisten zumal haben aus dem Erlebnis einer revolutionären Erhebung, die sie in die Reihen der Massen endlich hineinriß, nichts besseres zu lernen gewußt, als daß man Genossen, die endgültig aus der Sekte ausbrechen möchten, des Verrats zeiht. (Ich will hier von meinen eigenen Erfahrungen lieber schweigen.) Alle Vorurteile und überlebten Begriffsbedeutungen sind wieder da, und wer Diktatur des Proletariats sagt, nachdem doch die Klärung dieses Postulats durch die - übrigens durchaus anarchistische - Räte-Idee geschaffen ist und die russischen Anarchisten sich ausdrücklich zur proletarischen Revolutions-Diktatur bekannt haben, ist Renegat und wird als Anarchist nicht anerkannt. Es ist das Unglück der Anarchisten, daß sie vor jeder marxistischen Initiative scheu und schimpfend zurückweichen. Marx stellt als erster die Forderung nach der Diktatur des Proletariats auf. Bakunin bekämpfte diese Forderung, weil er mit Recht annahm, daß Marx darunter die Parteiherrschaft seiner Gefolgschaft verstehe, daß eine solche Parteiherrschaft keine Diktatur der arbeitenden Klasse über die besiegte Ausbeuterschaft, sondern eine Klüngeldespotie mit dem Charakter einer Staatsregierung bedeutet, erweist sich ja in Rußland. Ich habe in der ersten Nummer dieser Zeitschrift die Diktatur des Proletariats definiert als ›Diktatur der Klasse, solange die feindliche Klasse noch Atem hat: als Diktatur der Revolution gegen die Konterrevolution‹[21]. Daß Bakunin solche revolutionäre Diktatur keineswegs abgelehnt hat, läßt sich aus zahllosen Stellen seiner Schriften und erst recht aus seinen Handlungen nachweisen. Man sehe sich doch nur die Dekrete an, die er zur Proklamierung der Kommune in Lyon vorbereitet hatte. Wenn das keine Diktatur ist, weiß ich nicht, wo sie anfängt. Wollt ihr, verehrte diktaturfeindliche Genossen, keine Zwangsmaßnahmen ergreifen? Wollt ihr die reaktionäre Presse ungestört ihr Gift spritzen lassen? Wollt ihr die organisatorischen

21 Erich Mühsam: Staatsverneinung (1926). In vorliegendem Band: S.235.

Maßnahmen des Proletariats von entgegen wirkenden Kräften sabotieren und vernichten lassen, bloß um euch in dem Wahn schaukeln zu können. Revolution sei Freiheit, man brauche bloß zu verkünden: das Volk ist frei! und schon bedürfe es keines Zwanges mehr in aller Welt? Ihr meint das ja selber gar nicht, ihr ängstigt euch nur vor dem Wort Diktatur und so schreit ihr gegen die Sache! Von Theorien und Wortängsten unbeeinflußte Proletarier aber denken an die Sache und nennen sie bei dem ihnen geläufigen Namen. Da die Marxisten den Namen aussprechen, sich zu ihm bekennen, gewinnt er langsam die Bedeutung, die sie ihm beilegen. Ihr, Anarchisten, macht erst aus der Diktatur des Proletariats die Diktatur der Partei, die sie propagiert. Ihr, Anarchisten, habt alle die Zeichen, die dem Proletariat stets gemeinsam waren, sobald die Bolschewisten, sie für sich reklamierten, ihnen überlassen und damit anerkannt, daß sie Parteimonopole seien. Das alte Arbeiter-Symbol des mit der Sichel gekreuzten Hammers - die Parteikommunisten haben es zum Merkmal ihres Bekenntnisses gewählt, und wenn ein Anarchist es ansteckt, so hört er von den eigenen Kameraden, dies Zeichen gehöre der Partei. Durch die Annahme der schwarzen Fahne anstelle der roten, die bisher das verbindende Banner der ganzen proletarischen Klasse war, bringen gerade die Anarchisten es dahin, daß das rote Tuch der Bourgeoisie als die kommunistische Parteifahne gilt. Wo aber ihr eigenes Abzeichen von guten Menschen akzeptiert wird, die mit revolutionären Tendenzen schon gar nichts zu tun haben, da finden unsre braven Anarchisten nichts dabei. Es bringt sie nicht einmal auf den Gedanken, ob denn dieses Abzeichen überhaupt etwas mit Anarchismus und Staatsverneinung zu schaffen hat. Früher, als wir in Deutschland die allgemeine Wehrpflicht hatten, war der wichtigste Kampf gegen den Staat der antimilitaristische. Das Zeichen des zerbrochenen Gewehrs hieß damals: Zerschlagt dem Staat seine Waffen, weigert euch, sie für den Staat zu tragen! - Inzwischen ist der alte deutsche Militärstaat kaputt gegangen, und die antimilitaristische Propaganda, die früher Reservat der radikalsten Mannschaft des Proletariats war, ist Gemeingut aller bürgerlichen Pazifisten geworden. Man schreit: Nie wieder Krieg! und predigt salbungsvoll gegen das Blutvergießen. Daß diese schöne Zukunftsvision niemals Wirklichkeit werden kann, solange der Kapitalismus nicht im revolutionären Kampf beseitigt ist, will kein Bürger sehn, denn es ist nicht seine Art, einem Übel an die Wurzeln zu gehen. Er reformiert gern Methoden, aber ans System zu rühren ist ihm ein zu unruhiges Geschäft. Und die Anarchisten? Konservativ und verloren in holden Kindheitsträumen vergaßen sie ihre Gewehrnadeln abzunehmen, und als die Pazifisten sie ansteckten, da vergaßen sie sogar die ursprüngliche Bedeutung des Sinnbildes und übernahmen fröhlich die, die ihm die neuen Freunde beilegten. In der anarchistischen Bewegung konnten sentimental-pazifistische Gewaltverneiner Fuß fassen! Die deutschen Anarchisten, deren besten einer, August Reinsdorff, den Kopf aufs Schafott gelegt hat, wurden als gewaltlose Kohlrabiapostel zum Gespött der revolutionären Arbeiter. Gewiß, diese unglaubliche Verirrung scheint so ziemlich in allen anarchistischen Kreisen außerhalb Klosterneuburgs überwunden, aber es ist trübe genug, daß sie möglich war.« (Mühsam 1927: 100ff.) Etwas anders nuanciert, aber in der Sache gleich, hält Mühsam noch in seinem »politischem Testament« *Die Befreiung der Gesellschaft vom Staat* fest: »Die Anarchisten tun gut, sich des Ausdrucks *Diktatur des Proletariats* so wenig wie möglich zu bedienen, obwohl bei richtigem Auffassen des Rätebegriffs und ohne Hinterhältigkeit kaum etwas anderes darunter verstanden werden könnte als die Niederhaltung von Widerständen gegen die proletarische Revolution durch die proletarische Klasse. (...) Eine revolutionäre Diktatur von Klasse gegen Klasse ist im Kampfzustand unerläßlich, aber diese Diktatur ist nichts anderes als die Revolution selbst. Jedoch kann keiner revolutionären Einzelperson, keiner Gruppe, keiner Partei und keiner Auslese der Revolution das Recht zugestanden werden, sozialistische Proletarier, sei es unter welchen Vorwänden immer, zu beherrschen und zu verfolgen. Die Marxisten verstehen unter Diktatur des Proletariats die Diktatur eines marxistischen Parteivorstandes, dem sie Regierungsgewalt auch über die Räte, das Recht zur Gesetzgebung, zur Steuererhebung und zu jeder Art Vertretung der Revolution, bis zu Kriegserklärungen und Verträgen mit auswärtigen Staatsregierungen zuerkennen. (...) Die Durchführung des Sozialismus ist (...) unter solcher vorgeblich proletarischen Diktatur nie zu erreichen, und die neue Macht wird nicht eher abtreten, als sie nicht von einer neuen Revolution zugunsten der Räte endgültig verjagt ist.« (Mühsam 1932: 107f.)

Was auch immer man von den Ausführungen Mühsams halten mag, es gilt sie - gerade aus anarchistischer Perspektive - ernst zu nehmen. Mühsam hat zu Recht angemerkt, dass er es nicht »mit den bloßen Redensarten von Herrschaftslosigkeit und Anarchie (...) genug sein lasse« (Tagebucheintrag vom 16. Februar 1920). Und im Gegensatz zu vielen anderen hat er sich an diesen Fragen wirklich abgearbeitet und dies überdies in die Form einer theoretischen und historischen Darstellung gekleidet. »Die Einigung des revolutionären Proletariats im Bolschewismus« ist daher viel mehr, als eine angeblich »leidenschaftliche Parteinahme des bürgerlichen Anarchisten für den Befreiungskampf des Proletariats und (...) ein so verzweifelter wie aufrichtiger Versuch, Anschluß an die revolutionäre Massenbewegung zu finden« (in: Mühsam 1984: 806). Sie ist zum mindesten ... beachtenswert.

Danksagung

Gedankt sei Werner Portmann für den Hinweis auf das Proudhon-Zitat, sowie Michael Halfbrodt, der es für mich aus dem Französischen übersetzt hat. Siegbert Wolf war ein immer verständiger und hilfsbereiter Gesprächspartner am Telefon und Jörn Schütrumpf half mir freundlicherweise in Sachen Paul Levi und Franz Mehring weiter. Jochen Schmück und die Anarchistische Bibliothek Wien halfen mir überdies mit ihren Scan-Künsten.

Literatur

Cornelissen, Christiaan (1908): Ueber die Evolution des Anarchismus, in: Archiv für Sozialwissenschaft und Sozialpolitik. Nummer 26 (1908). S.343-361.

Hirte, Chris (2009): Erich Mühsam. Eine Biographie. Freiburg: Ahriman Verlag.

Malatesta, Errico (1907): Redebeitrag auf dem Internationalen anarchistischen Kongress in Amsterdam, in: ders.: Anarchistische Interventionen. Ausgewählte Schriften (1892-1931). Münster: Unrast Verlag, 2014. S.84-94.

Mühsam, Erich (1906): Bohême, in: ders. Trotz allem Mensch sein. Gedichte und Aufsätze. Stuttgart: Reclam Verlag, 2003. S.93-99.

Mühsam, Erich (1917): An Karl Franz Kocmata und die Leser der »Ver!«, in: ders.: In meiner Posaune muß ein Sandkorn sein. Briefe 1900-1934. Band 1. Herausgegeben von Gerd W. Jungblut. Vaduz: Topos Verlag,1984. S.234-238.

Mühsam, Erich (1919a): An Albert Reitze (14.10.1919), in: ders.: In meiner Posaune muß ein Sandkorn sein. Briefe 1900-1934. Band 1. Herausgegeben von Gerd. W. Jungblut. Vaduz: Topos Verlag, 1984. S.358-360. Mühsam, Erich (1919b): An Fritz Brupbacher (25.9.1919), in: ders.: In meiner Posaune muß ein Sandkorn sein. Briefe 1900-1934. Band 1. Herausgegeben von Gerd W. Jungblut. Vaduz: Topos Verlag, 1984. S.353.

Mühsam, Erich (1920a): An Martin Andersen Nexö (23.6.1920), in: ders.: In meiner Posaune muß ein Sandkorn sein. Briefe 1900-1934. Band 1. Herausgegeben von Gerd W. Jungblut. Vaduz: Topos Verlag, 1984. S.405-406.

Mühsam, Erich (1920b): An Martin Andersen Nexö (21.8.1920), in: ders.: In meiner Posaune muß ein Sandkorn sein. Briefe 1900-1934. Band 1. Herausgegeben von Gerd W. Jungblut. Vaduz: Topos Verlag,1984. S.410-412.

Mühsam, Erich (1920c): An Léon Hirsch (15.6.1920), in: ders.: In meiner Posaune muß ein Sandkorn sein. Briefe 1900-1934. Band 1. Herausgegeben von Gerd W. Jungblut. Vaduz: Topos Verlag, 1984. S.401-403.

Mühsam, Erich (1920d): An Léon Hirsch (28.8.1920), in: ders.: In meiner Posaune muß ein Sandkorn sein. Briefe 1900-1934. Band 1. Herausgegeben von Gerd W. Jungblut. Vaduz: Topos Verlag, 1984. S.416-418.

Mühsam, Erich (1927): Die Anarchisten, in: Fanal. Nummer 7 (1927). S.97-112.

Mühsam, Erich (1929): Von Eisner bis Leviné. Die Entstehung der bayerischen Räterepublik. Berlin: Fanal Verlag.

Mühsam, Erich (1932): Befreiung der Gesellschaft vom Staat. Berlin: Karin Kramer Verlag, 2005.

Mühsam, Erich (1984): Streitschriften, Literarischer Nachlaß. Herausgegeben und mit Anmerkungen versehen von Christlieb Hirte. Berlin: Verlag Volk und Welt.

Pannekoek, Anton (1921): A. Pannekoek an Erich Mühsam, in: Die Aktion. Heft 11/12 (1921). Sp.162-163.

Pfemfert, Franz (1921): Anmerkung zu Pannekoek, in: Die Aktion. Heft 11/12 (1921). Sp.163-168.

Piens, Conrad (2014): Nachbemerkung, in: Erich Mühsam: Tagebücher. Band 6: 1919. Herausgegeben von Chris Hirte und Conrad Piens. Berlin: Verbrecher Verlag, 2014. S.451-461.

Die Zitate aus den Tagebüchern stammen aus:

Erich Mühsam: Tagebücher. Band 6: 1919. Herausgegeben von Chris Hirte und Conrad Piens. Berlin: Verbrecher Verlag, 2014.

Erich Mühsam: Tagebücher. Band 7: 1919-1921. Herausgegeben von Chris Hirte und Conrad Piens. Berlin: Verbrecher Verlag, 2014.

Philippe Kellermann, Januar 2015

Die Einigung des revolutionären Proletariats im Bolschewismus

»Nicht von Sultanen, Wesiren, Statthaltern, Kadis, Schatzmeistern, Zollpächtern, Fakiren und Bonzen zu wissen ist ein Glück, wovon der größte Teil der Menschen keine Vorstellung hat.«

C. M. Wieland (Geschichte des weisen Danischmed)

[I.][1] »Proletarier aller Länder, vereinigt euch!«

Der Ruf, in den Marx und Engels ihr Kommunistisches Manifest ausklingen ließen[2], steht im Anfang aller proletarisch-sozialisti-

1 In der »Aktion« (Heft 1/2 (1922)) leitete Franz Pfemfert das Kapitel folgendermaßen ein: »Genosse Erich Mühsam verfaßte die Schrift, mit deren Veröffentlichung ich im nachfolgenden beginne, März 1920 im Gefängnis zu Ansbach und widmete sie Lenin, dem sogleich eine Abschrift zugesandt wurde. Das war lange vor dem zweiten Kongreß der ›Kommunistischen Internationale‹. Es galten damals noch die revolutionären Beschlüsse des ersten Kongresses, in denen ein Block mit allen revolutionären Arbeitern der Welt (›in erster Linie mit den syndikalistischen Genossen‹) gefordert und die schärfste Trennungslinie gegen Sozialpatrioten und Opportunisten gezogen ist. Erich Mühsam konnte natürlich nicht voraussehen, daß aus der Kommunistischen Internationale ein Gebilde werden würde, ähnlich den früheren sozialdemokratischen Partei-Internationalen. Er und wir anderen Bolschewisten Westeuropas konnten damals nicht ahnen, daß der Moskauer Kreml in Lenin, Trotzki und Genossen die rücksichtslosesten Sowjetfeinde, die gefährlichsten Antibolschewisten bekommen würde. Erich Mühsams Schrift setzt also an einigen Stellen etwas als gegeben voraus, was heute nicht mehr vorausgesetzt werden kann; er kommt, in einem Zusatzartikel, darauf noch zu sprechen. Doch von diesen (wenigen) Stellen abgesehen, hat Mühsams Arbeit heute den gleichen Wert als zur Zeit ihrer Niederschrift. Und daß die Hand, die sich den russischen Genossen entgegenstreckte, heute ins Leere greift, ist nur eine Anklage mehr gegen die Parteidiktatur, gegen die Führerparteien. Unter Bolschewisten haben wir immer verstanden: die Räteherrschaft des Proletariats. In diesem Sinne gilt noch immer die Forderung: ›Einigung des Proletariats im Bolschewismus!‹« Sämtliche Anmerkungen stammen vom Herausgeber, ausgenommen jene, die in eckigen [ ] Klammern gesetzt sind.

2 Karl Marx/Friedrich Engels: Manifest der Kommunistischen Partei (1848), in: Marx-Engels-Werke (MEW). Band 4. Berlin: Dietz Verlag, 1964. S.459-493. Hier: S.493.

schen Manifeste, die seit siebzig Jahren für Umsturz und Neuerung, für Klassenkampf und Revolution werben. In ihn münden alle Erlasse und Kundgebungen unserer siegreichen Genossen in Rußland. Er schmückt als Aufschrift die rote Fahne der jungen Sowjet-Republik.

So weit im einzelnen die Forderungen der verschiedenen sozialistischen Richtungen auseinandergehen, in der Anerkennung *dieses* Satzes besteht Einigkeit. Er enthält in der knappsten Form alles, was zum Erfolge der sozialen Revolution wesentlich ist. Der Appell wendet sich nur an die Proletarier. Darin liegt das Bekenntnis zum reinen, bedingungslosen Klassenkampf, die Bekräftigung der Einsicht, daß die Befreiung der Arbeiterklasse nur das Werk der Arbeiterklasse selbst sein kann.[3] Aufgerufen werden die Proletarier »aller Länder«. Es wird also die Internationalität des Klassenkampfes betont, die Notwendigkeit der Erkenntnis, daß die Ausbeutung von Menschenkraft durch privilegierte Menschen nirgends von Landesgrenzen aufgehalten wird und also die Pflicht zur kämpferischen Abwehr sich ausnahmslos auf die Proletariate aller Länder erstreckt. Die Mahnung zur Vereinigung endlich weist auf die Voraussetzung hin, unter der der Kampf gegen das tausendfach vertrustete, koalierte und versippte Welt-

3 Vgl. Karl Marx: Provisorische Statuten der Internationalen Arbeiter-Assoziation (1864), in: Marx-Engels-Werke (MEW). Band 16. Berlin: Dietz Verlag, 1964. S.14-16. Hier: S.14. Diesen Satz nahmen Anarchisten immer wieder für sich - als Ausdruck des Kampfes gegen jede Form autoritärer Bevormundungspolitik (durch Parteien, Führer etc.) - in Anspruch. So erklärte beispielsweise der revolutionäre Syndikalist Pierre Monatte auf dem »Internationalen anarchistischen Kongress« in Amsterdam (1907): »Die Devise der Internationale lautete, wie [S]ie sich wohl erinnern: *Die Emanzipation der Arbeiter muß das Werk der Arbeiter selbst sein.* Und dies ist auch noch unser Wahlspruch, der Wahlspruch von uns allen, die wir Anhänger der direkten Aktion und Feinde des Parlamentarismus sind. Die Ideen der Autonomie und der Föderation, die heute bei uns in Ehren gehalten werden, haben einst alle jene geleitet, die sich in der Internationale gegen die Machtmißbräuche des Generalrats aufgelehnt und auf dem Haager Kongreß offen Partei für Bakunin ergriffen haben.« (zit.n. Erwin Oberländer (Hg.): Dokumente der Weltrevolution. Band 4: Der Anarchismus. Olten: Walter Verlag, 1972: 328)

kapital allein aufgenommen werden kann: die Verbündung des Weltproletariats.

Wie ein Fanal weist der lapidare Satz der entrechteten Klasse ihren Weg zur Befreiung. Daher fehlt es ihm auch nicht an allgemeiner Zustimmung. Zu ihm schwören Marxisten, Anarchisten und Syndikalisten ohne Unterschied.[4] Denn das proletarische Klassenbewußtsein ist ihnen gemeinsam, die internationale Bedingtheit ihres Loses haben sie anerkannt, und Instinkt und Erkenntnis drängen sie zur Vereinigung im Kampf gegen die vereinigten Mächte des Kapitalismus.

Käme es also nur auf das Verständnis der Richtigkeit des Appells an, dann könnten wir befriedigt feststellen, daß die Einigung des Proletariats schon vollzogen sei, wenigstens soweit es über seine Lage aufgeklärt ist, und daß als einzige Aufgabe noch übrig sei, den indifferenten Teil der Arbeiterschaft zum revolutionären Klassenkampf wachzurütteln. Leider wäre aber ein solcher Schluß eine arge Verkennung der Tatsachen. Leider kann nicht entfernt davon die Rede sein, daß wir ein einiges revolutionäres Proletariat haben. Leider besteht die ganze Einigkeit des revolutionären Proletariats in der Anerkennung der *Notwendigkeit* dieser Einigkeit.

---

4 Diesen Appell nutzten dabei auch Anarchisten, um sich gegen die Engherzigkeit der Sozialdemokratie zur Wehr zu setzen. So erklärte der Anarchist Errico Malatesta im Kontext der sozialdemokratischen Ausgrenzungspolitik gegenüber dem Anarchismus: »Wir fordern für jeden Arbeiter das Recht, Hand in Hand mit seinen Brüdern gegen den Kapitalismus zu kämpfen, ohne Unterscheidung der politischen Überzeugungen; wir fordern, dass alle so kämpfen sollen, wie sie es für am besten halten, mit denen, die an das gleiche glauben wie sie, aber dass alle im wirtschaftlichen Kampf vereinigt sein sollen. Dann also, falls die Sozialdemokraten auf ihrem Bestreben beharren, militärische Gewaltherrschaft auszuüben und so Zwietracht zwischen den Arbeitern zu säen, so mögen diese imstande sein, Marx' edle Worte zu verstehen und ihnen zu einem glorreichen Sieg zu verhelfen: ›Arbeiter der Welt, vereinigt Euch!‹« (Errico Malatesta: Sollten Anarchisten zum kommenden internationalen Kongress zugelassen werden? (1896), in: ders.: Anarchistische Interventionen. Ausgewählte Schriften (1892-1932). Münster: Unrast Verlag, 2014. S.42-48. Hier: S.48)

Eine der tiefsten Ursachen dieses Übelstandes scheint mir in einem grundsätzlichen Mißverstehen der Marx-Engelsschen Mahnung zu liegen. Oberflächliches Denken hat die Auffassung möglich gemacht, als ob der Aufforderung »Proletarier aller Länder, vereinigt euch!« Genüge getan sei, wenn gewisse proletarische Organisationen des einen Landes mit gewissen proletarischen Organisationen anderer Länder bei gelegentlichen Kongressen diese oder jene Abrede[5] für das Verhalten in dieser oder jener Frage treffen.[6] Dem kommunistischen Manifest [nach] handelt es sich aber nicht darum, bestimmte Klüngel oder Parteien zu internationalisieren, sondern das *ganze Proletariat* zu einer kampfbereiten Gemeinschaft zu vereinigen, die internationalen Charakter haben müsse. Voraussetzung für die Vereinigung aller Proletariate ist daher der Zusammenschluß der Proletarier innerhalb der *einzelnen* Länder, und zwar keineswegs der Zusammenschluß in nur einer Partei mit ihren engen Statuten und paragraphierten Verhaltungsvorschriften, sondern die Einigung auf die ganz großen gemeinsamen Prinzipien ohne Rücksicht auf taktische Differenzen, die bei verschiedenen Temperamenten unvermeidlich sind. Die praktische Verständigung der verschiedenen revolutionären Gruppen der nationalen Proletariate - ich spreche hier hauptsächlich von *deutschen* Verhältnissen - muß dem Zusammenschluß des inter-

5 Abrede = Verabredung.

6 Wohl in erster Linie eine polemische Anspielung auf die Praxis der Zweiten Internationale. Vergleich hierzu seinen Brief an Pannekoek vom 27.9.1920: »Wir müssen konstatieren, daß der Beschluß vom Haag 1872, mit dem Marx Bakunin und Guillaume wegen ihrer Ablehnung opportunistischer Methoden aus der 1. Internationale ausschließen ließ, daß der 24 Jahre später 1896 in London gefaßte Beschluß, nach dem Anarchisten und Antiparlamentaristen aus der 2. Internationale ausgeschlossen wurden und damit deren Absturz zum 4. August 1914 vorbereitet wurde, - daß diese Beschlüsse nach abermals 24 Jahren 1920 in Moskau ihre getreue Wiederholung fanden, indem wiederum die Grundsatzlosigkeit zum Grundsatz erhoben, wiederum ein mit despotischer Macht ausgestatteter Generalrat praeceptor mundi wurde, wiederum *eine internationalisierte Partei als Internationale* ausgegeben wird« - Erich Mühsam: Brief an Anton Pannekoek (27.9.1920). Im vorliegenden Band S.226f. Hervorhebung von mir.

nationalen Proletariats vorangehen, darf ihm aber jedenfalls nicht nachgeordnet werden.

Nun soll hier beileibe nicht versucht werden, alle möglichen verschiedenen sozialistischen Parteien, Gruppen und Sekten zu einem Brei zusammenzurühren. Noch viel weniger soll einer Tolerierung aller Leute oder Verbindungen das Wort geredet werden, die sich selbst als sozialistisch ausgeben. Die deutsche Revolution hat, ebenso wie die ungarische, mit der Vertrauensseligkeit gegen scheinsozialistische Elemente verdammt schlechte Erfahrungen gemacht.[7] Im Gegenteil: hier soll eine äußerst scharfe, unübersteigbare Linie *gegen rechts* gezogen werden, um den links davon gruppierten Revolutionären die Möglichkeit und die Notwendigkeit des revolutionären Zusammenschlusses um so eindringlicher begreiflich zu machen.

Der Titel dieser Schrift zeigt an, wie weit links der Trennungsstrich gezogen werden soll. Nur das *revolutionäre* Proletariat kommt in Frage, d. h. der Teil des Proletariats, der über seine Lage Bescheid weiß, der sich selbst als Vorhut des sozialen Klassenkampfes einschätzt und der fähig und willens ist, die große Masse der minder interessierten Arbeiterschaft, die nur aufmerkt, wenn ein Erdbeben ihr Gleichgewicht erschüttert, und die dann ebenso leicht zum 4 August wie zum 7. November zu begeistern

7 Mühsam denkt hier an die Einbindung von SPD und USPD im Rahmen der deutschen Novemberrevolution. Für die Ereignisse in Ungarn hatte Mühsam einiges Interesse. Wohl auf seine Initiative hin, wurde von dem Münchener Arbeiterrat ein Telegramm gen Ungarn gesandt: »An Volkskommissar Bela Kun Budapest. Der Revolutionäre Arbeiterrat in München, der Träger der bayerischen Revolution seit dem 7. November [1918], begrüßt mit Begeisterung die junge ungarische Republik der Räte. Er gelobt dem russischen und ungarischen Vorbild getreu nicht nachzulassen, ehe nicht auch in Bayern das arbeitende Volk souverän die sozialistische Gerechtigkeit und die Verbrüderung mit den Proletariern Rußlands und Ungarns hergestellt hat. Es lebe der internationale Sozialismus! Es lebe die Weltbefreiung.« (An Bela Kun (24./25.3.1919), in: Erich Mühsam: In meiner Posaune muß ein Sandkorn sein. Briefe 1900-1934. Band 1. Vaduz: Topos Verlag, 1984. S.315)

ist[8], in der Stunde der Entscheidung zu sich hinauf und mit sich vorwärts zu ziehen.[9] Die Einigung aber soll »im Bolschewismus« erfolgen. Damit ist eine bestimmte Basis gegeben, die sehr viel breiter als die einer Partei ist und sich bedeutend schmäler als der bloße Begriff Kommunismus oder gar Sozialismus ausgedrückt hätte. Um die im Temperament und revolutionärer Erscheinungsform weit verschiedenen, im Drange nach Befreiung ganz einigen

8 4. August (1914): Beschluss der Kriegsanleihen mit Stimmen der Sozialdemokratie (»Burgfrieden«) und Einmarsch der Reichswehr in Belgien. 7. November (1918): Ausrufung der bayerischen Räterepublik.

9 Auf diesen Aspekt kommt Mühsam in einem Brief zu jener Zeit wie folgt zu sprechen: »[I]ch unterscheide zwischen Masse und Masse. Ich könnte, wenn ich heute nach München käme, mich auf vielleicht 10.000 Arbeiter absolut verlassen. Sie würden auf meinen Wink die Waffen nehmen und für die Sache, die ich ihnen geläufig mache, in den Tod gehen. Sind diese 10.000 Münchner Arbeiter ›Masse‹? Sicher. Aber sind sie ›die Masse‹ schlechthin? Keineswegs. Bei 700.000 Einwohnern sind sie kaum der zwanzigste Teil auch nur der Arbeiter. Die übrigen hunderttausende sind für mich die Masse, die ich als Dreck bezeichne. Auf sie stimmt alles, was Du schreibst. Ihre Meinung kaufe ich mit Freibier, Weißwürsten, Hühnerbratereien und Stufenbahn. Aber weißt Du, wo das Wesentliche sitzt? Darin, daß diese Hunderttausende das Bewußtsein ihrer Klasse nicht haben. Sie sind Bürger, - oder möchten es doch sein. Daher ihre Gesinnungslosigkeit. Du projizierst Deine Antipathie gegen den Begriff der Menge einseitig auf den Proletarier. Sehr mit Unrecht. Das Übel ist der Bourgeois. (...) Masse ist Bürgertum - ihr zu schmeicheln, fällt mir nicht ein und ist mir nie eingefallen. Ich habe seit 20 Jahren dieselben Tendenzen vertreten wie heute noch. Früher wurde ich deswegen in Arbeiterversammlungen verhauen. Das Erlebnis des Kriegs hat das Proletariat in seinem aktiven Teil entbürgert, proletarisiert, - daher sind ihm die Lehren, die ich ihm vortrage, jetzt adäquat. Vorläufig sind diese Lehren aber noch keineswegs so vorteilhaft, daß ihnen die Menge aus Spekulation nachliefe. Das kommt später von selbst, wie denn jede soziale Aktion nur das Werk des Teils der Masse ist, der sich aus Überzeugung zur Aktivität bereit findet. Deshalb eben bin ich ein so fanatischer Feind der ›Demokratie‹, wie sie heute ist, weil hier Macht durch Auszählung legitimiert wird. Das bedeutet die Diktatur der Passivität und der Indolenz. Erst die Räte-Diktatur wird eine wirkliche Demokratie schaffen, nämlich eine solche, die die aktive Teilnahme jedes einzelnen Beteiligten bedingt.« (An Carl Georg von Maasen (7.4.1920), in: Erich Mühsam: In meiner Posaune muß ein Sandkorn sein. Briefe 1900-1934. Band 1. Vaduz: Topos Verlag, 1984. S.391-396. Hier: S.394f.)

revolutionären Gruppen und Individuen zu einem Verbande zusammenführen zu können, werden ihre Differenzen kritisch untersucht werden müssen; hier und da wird eine Nachprüfung gewisser Einzelheiten im theoretischen Aufbau der Meinung empfohlen werden können, um ein wechselseitiges Entgegenkommen zu erleichtern. Nur darf das Einigungsbestreben nie und nimmer auf den Versuch einer allgemeinen Verschmelzung hinauslaufen. Es ist einfach die Form zu suchen, unter der die heute noch gegeneinander arbeitenden Koalitionen neben- und miteinander wirken können. Die einigende Kraft ist vorhanden; der revolutionäre Wille zur Beseitigung der Kapitalsknechtschaft und zur Errichtung einer kommunistischen Gesellschaft.
Diese schäumende Kraft muß allerdings durch das selbe Bett fließen, sonst wäre jedes Bemühen um ein Zusammenfluten schädlich. Bedingung für Einigung ist das klare Bekenntnis zum Bolschewismus, d. h. zur proletarischen, auf den Räten aufgebauten, revolutionären Diktatur, zur revolutionären Umformung der gesamten kapitalistischen Wirtschaft in einen kommunistischen, das ganze arbeitende Volk umfassenden Organismus...

II. Die Lehrmeister des deutschen Proletariates

Das deutsche Proletariat hat zu seiner Revolutionierung schwerere innere Kämpfe durchfechten müssen als irgendein anderes. Das liegt daran, daß es gar keine revolutionäre Tradition hat[10] und daß seine Erziehung zum Sozialismus von Anfang an die Erziehung zum Abwarten, zur Evolution und zum Reformismus war.

---

10 Auch an dieser Stelle kann Mühsam an alte anarchistische Thesen anknüpfen. Victor Dave hatte beispielsweise in dem u.a. gegen ihn gerichteten Hochverrats-Prozess ausgesagt: »Ich muß aber sagen, daß Deutschland sich niemals hat beschäftigt viel mit der internationalen Arbeiter-Assoziation. (...) Deshalb aber auch glaube ich – die internationale Arbeiter-Assoziation ist die wirkliche Schule des Sozialismus in Europa gewesen, ich glaube, daß es daher kommt, daß die deutschen Sozialisten so wenig vom Sozialismus verstehen. (Heiterkeit.) Ja sie verstehen wirklich sehr wenig davon!« (zit.n. E. Künzel (Hg.): Der erste Hochverratsprozeß vor dem deutschen Reichsgericht. Leipzig: Max Hesse's Verlag, 1881. S.25)

Von Anfang an. Es hat keinen Zweck, um die Dinge herumzureden, um die bengalische Beleuchtung um die Häupter etlicher deutscher Volksführer nicht zu verdunkeln. Schon der Bankerott der Ersten Internationale 1872 hatte seine Ursache in der halsstarrigen Unduldsamkeit der Deutschen[11], denen Bismarck mit einem psychologischen Scharfblick, dessen er sich selbst nicht bewußt war, das Danaergeschenk[12] des allgemeinen, gleichen, geheimen und direkten Wahlrechts in die Hand geworfen hatte. Ihnen galt jetzt der Gebrauch dieser stumpfen Waffe als so wesentlich zur Eroberung der politischen Macht, daß sie ihn für die ganze Internationale obligatorisch machten und jede Zusammenarbeit mit den Sektionen anderer Länder von der Anerkennung dieser Forderung, die doch die Unfähigkeit der Massen zur direkten Aktion bezeugte, abhängig sein ließen.[13] Die Romanen

---

11 Mühsam hat hier den berüchtigten Kongress von Den Haag (Sept. 1872) im Auge, auf dem nicht nur Michael Bakunin (und James Guillaume) unter dubiosen Umständen und Anschuldigungen aus der Internationale ausgeschlossen wurden, sondern durch die Verlegung des Generalrates nach New York auf Initiative von Marx und Engels auch die bisherige Internationale de facto zu existieren aufhörte. Die generalratskritische Strömung setzte ihre Arbeit als Internationale allerdings noch einige Jahre fort. Zu alledem siehe: Wolfgang Eckhardt: Michael Bakunin. Konflikt mit Marx. Teil 2: Texte und Briefe ab 1871. Ausgewählte Schriften. Band 6. Berlin: Karin Kramer Verlag, 2011.

12 An die griechische Mythologie (»Trojanische Pferd«) angelehnt, ist hiermit ein Geschenk gemeint, dass sich für den Beschenkten als Gefahr oder unheilvoll herausstellt.

13 Es waren dies in erster Linie Marx und Engels, die erst auf der Londoner Konferenz und dann auf dem Kongress von Den Haag, als Grundsatz in die Statuten aufnehmen ließen: »Art. 7a – In seinem Kampf gegen die kollektive Macht der besitzenden Klassen kann das Proletariat nur dann als Klasse handeln, wenn es sich selbst als besondere politische Partei im Gegensatz zu allen alten, von den besitzenden Klassen gebildeten Parteien konstituiert. (...) Da die Herren des Bodens und des Kapitals sich ihrer politischen Privilegien stets bedienen, um ihre ökonomischen Monopole zu verteidigen und zu verewigen und die Arbeit zu unterjochen, wird die Eroberung der politischen Macht zur großen Pflicht des Proletariats.« (Karl Marx/Friedrich Engels: Resolutionen des allgemeinen Kongresses zu Haag vom 2. bis 7. September

und Belgier[14], die in ihrer großen Mehrheit hinter Bakunin und Blanqui[15] standen, räumten zwar den Deutschen das Recht ein, nach eigenem Belieben zu verfahren, konnten sich aber ihrer ganzen inneren Einstellung nach nicht in die selbe Taktik fügen, und das deutsche Proletariat geriet nun in eine Isolierung, die es immer weiter und tiefer in den Opportunismus hineintrieb.

Marx und Engels sahen dieser Entwicklung keineswegs unkritisch zu. Sie fanden, daß »in Deutschland sich ein fauler Geist in der

---

1872, in: Marx-Engels-Werke (MEW). Band 18. Berlin: Dietz Verlag, 1964. S.149-158. Hier: S.149)

14 Mit den »Romanen und Belgiern« sind hier die jeweiligen Landesföderationen der Internationalen Arbeiter-Assoziation gemeint. Der Zusammenhang zwischen den unterschiedlichen Gebieten in Europa und den jeweils dort vorherrschenden politischen Strömungen ist ein seit jener Zeit wahrgenommenes und diskutiertes Thema. James Guillaume merkte schon im Laufe der Auseinandersetzungen um den Kongressort von 1872 an: »Und was für eine Umgebung wird das diesmal sein? Exakt die ungeeignetste von allen, eine, die man sorgsamst hätte vermeiden müssen: eine *germanische* Umgebung. Man komme uns diesbezüglich nicht schon wieder mit der lächerlichen Beschuldigung, wir predigten den Rassenhaß. Ganz im Gegenteil: eben um diesen Rassenhaß zu verhindern, zu dem es in der Internationale unweigerlich kommen würde, *wenn eine Volksgruppe die anderen dominieren wollte*, halten wir es für notwendig, offen über diese Frage zu reden. – Wessen wird der Londoner Generalrat seitens der Spanier, der Italiener und der Franzosen beschuldigt? *Pangermanischer Tendenzen*, mit anderen Worten der Neigung, der gesamten Internationale den deutschen Geist, die Autorität der deutschen Theorien aufzwingen zu wollen. Und es gibt Fakten, die dieser Anschuldigung leider sehr viel Glaubwürdigkeit verleihen. (...) – Man muß zugeben, daß diese Spaltung der internationalen Presse in zwei Lager, in deren einem man französisch, italienisch und spanisch spricht, während man in dem anderen ausschließlich deutsch redet, Anlaß zum Nachdenken gibt.« (Guillaume zit.n. Wolfgang Eckhardt: Michael Bakunin. Konflikt mit Marx. Teil 2: Texte und Briefe ab 1871. Ausgewählte Schriften. Band 6. Berlin: Karin Kramer Verlag, 2011. S.331f.)

15 Louis-Auguste Blanqui (1805-1881): Berufsrevolutionär, der die Vorstellung einer revolutionären Avantgarde und die Notwendigkeit einer Diktatur derselben vertrat. Verbrachte mehrere Jahrzehnte in verschiedenen Gefängnissen.

Partei, nicht so sehr unter den Massen, als unter den Führern (höherklassigen und ›Arbeitern‹) geltend macht«[16]; und am 19. September 1879 schrieb Marx an Sorge, nachdem er sich in scharfen Worten über Bebel, Liebknecht, Singer, Eduard Bernstein und andere geäußert hat[17], die er ein »Gemisch von Doktoren, Studenten und Kathedersozialisten« nennt: »Diese Leute, theoretisch Null, praktisch unbrauchbar, wollen dem Sozialismus (den sie sich nach den Universitätsrezepten zurechtgemacht) und namentlich der sozialdemokratischen Partei die Zähne ausbrechen, die Arbeiter aufklären, oder, wie sie sagen, ihnen ›Bildungselemente‹ durch ihre konfuse Halbwisserei zuführen und vor allem die Partei in den Augen der Spießbürger respektabel machen. Es sind arme konterrevolutionäre Zungendrescher.«[18]

Die Nachwirkungen des triumphalen Sieges über Frankreich[19] führten naturgemäß die schandbarste Reaktion herauf. Der plötzlich und parvenuehaft hochaufgeschossene Industrialismus in einem Lande, das wesentlich auf bäuerlicher und handwerklicher Wirtschaft fußte, fand seinen Ausdruck in den berüchtigten »Gründer«-Spekulationen (Strousberg und Konsorten[20]), die die Arbeiterausbeutung zu bisher unbekannten Formen steigerten. Bismarcks Politik förderte konsequent diese Entwicklung und widersetzte sich mit allen Mitteln sozialen Bestrebungen, besonders natürlich dem wirtschaftlichen Koalitionsbegehren des Proletari-

16 [Marx und die Anarchisten von Georg Stekloff. Verlag Kaden & Co., Dresden (1913), Seite 58.]

17 August Bebel (1840-1913), Wilhelm Liebknecht (1826-1900), Paul Singer (1844-1911), Eduard Bernstein (1850-1932). Allesamt führende Sozialdemokraten. Marx wendete sich an dieser Stelle aber in erster Linie gegen das »Trio (Höchberg - Bernstein - C. A. Schramm)«.

18 Karl Marx: An Friedrich Adolph Sorge (19. Sept. 1879), in: Marx-Engels-Werke (MEW). Band 34. Berlin: Dietz Verlag, 1966. S.410-414. Hier: S.411f.

19 Gemeint ist der Sieg der deutschen Armeen im deutsch-französischen Krieg, infolge dessen im Januar 1871 in Versailles das Deutsche Reich gegründet wurde.

20 Bethel Henry Strousberg (1823-1884): Unternehmer und Spekulant (»Eisenbahnkönig«).

ats, in dem er eine Gefahr für die kapitalistische Konkurrenzfähigkeit des jungen deutschen Reiches auf dem internationalen Markt erblickte. Die mit den Kriegen von 1866[21] und 1870/71 gelungene Aufsaugung Deutschlands in Preußen sollte weiter wirken. Der groteske Siegesdünkel reifte den Plan, eine preußisch-deutsche Wirtschaftshegemonie über Europa aufzurichten, nachdem die politische Hegemonie, was im Berliner Kongreß 1878 in die Erscheinung trat[22], tatsächlich schon erreicht war. Dieses Ziel stellte zur Bedingung die vollständige Niederhaltung der Arbeiterklasse in ihrem Kampf gegen den Kapitalismus. Die Gewerkschafts- und Genossenschaftsbewegung lag in Deutschland noch in den Windeln. Die sozialdemokratische Partei sah sie mit Mißmut ihren Kopf aus dem Steckkissen heben, konnte aber ihr von den sehr spärlichen anarchistischen Elementen des Landes gefördertes Wachstum nicht verhindern. So nahm sie das Baby in die eigenen Arme und fütterte es mit der Milch des Opportunismus zu dem pausbäckigen und wohlgesitteten Kinde auf, das sich im Besitze einer gefüllten Sparbüchse über alle Beschwerden des Daseins hinweggesetzt wußte. Aus klassenkämpferischen Gewerkschaften, deren ganzes Handeln von unversöhnlicher Gegnerschaft gegen die Ausbeutung geleitet wäre, wurden Verhandlungskonsortien, deren Wortführer mit dem Hute in der Hand den Unternehmern langfristige Tarifverträge abbettelten, und Wohltätigkeitsanstalten zur Unterstützung kranker und zufällig arbeitsloser Mitglieder. Was im Laufe der Jahrzehnte an Streikgeldern verausgabt wurde, ist ein lächerlich geringer Bruchteil der Riesensumme, die zur Linderung privater Bedrängnisse ausgezahlt und als ausbeutendes Kapital auf Bankzinsen angelegt wurden. Statt revolutionärer

---

21 Gemeint ist der 1866 geführte Krieg zwischen Österreich und Preußen (und ihren jeweiligen Verbündeten), in dessen Gefolge das siegreiche Preußen seine Hegemonialstellung ausbauen konnte.

22 Auf Einladung Bismarcks kamen 1878 u.a. die führenden europäischen Großmächte in Berlin zusammen, um über die Krisensituation in Südeuropa zu verhandeln. Schon die Tatsache, dass der Kongress in Berlin - unter dem Vorsitz Bismarcks - stattfand, demonstrierte die Machtposition, die das Deutsche Reich mittlerweile auf internationaler Ebene erlangt hatte.

Konsum- und Produktivgenossenschaften, die in bewußtem Klasseneigennutz den Zwischenhandel ungeheuer hätten schädigen und der Übernahme der Gesamtproduktion in die Hände des Proletariats gewaltig hätten vorarbeiten können, schuf man Einkaufsvereine, deren ganze Attraktion in der Gelegenheit bestand, etwas billiger zu kaufen als im kapitalistischen Laden, und die Produktivgenossenschaften sind nie über schwache Versuche hinausgelangt, eine Bäckerei oder Schuhwerkstatt korporativ zu betreiben und ihre Produkte dann an den kapitalistischen Markt weiterzugeben.[23]

Wohl hat auch die deutsche Sozialdemokratie einmal einen revolutionären Kursus durchgemacht, der vielleicht einem weniger disziplinierten, aber etwas stürmischer veranlagten Volk zur dauernden Befolgung radikaler Kampfmethoden gegen die Bourgeoisie verholfen hätte. Das war das Sozialistengesetz 1878/91[24]. Bismarck, der aus guten Gründen die Tiraden der sozialistischen Bonzen immer feierlicher nahm, als sie zu nehmen waren, und dem zur Erreichung seiner weltdespotischen Ziele aufs äußerste daran gelegen war, die feudalistische Aristokratie, der er angehörte und der er die gouvernementale Alleinherrschaft im Reich um jeden Preis erhalten wollte, mit der aufstrebenden Finanz- und Industriebourgeoisie, deren egoistisches Interesse er als Werkzeug seiner Politik brauchte, in einer gemeinsamen fundamentalen Gegnerschaft zusammenzubringen, erkannte bald, daß der zu diesem Zweck von ihm inszenierte »Kulturkampf«[25] keine dauer-

---

23 Klassische Polemik. Vergleich beispielsweise die Kritik Gustav Landauers von 1893 an der Sozialdemokratie: »Der Arbeiter muß in den Gewerkschaftsorganisationen reif werden, um selbstthätig mitzuarbeiten an den Einrichtungen des künftigen Staates. Aber Sie haben die Gewerkschaft in Grund und Boden verpfuscht. (...) Was sind Ihre Gewerkschaften anders als Unterstützungsvereine? Was sind sie anders als die Hirsch-Dunckerschen?« (zit.n. Tilman Leder: Die Politik eines »Antipolitikers«. Eine politische Biographie Gustav Landauers. Lich: Edition AV, 2014. S.105)

24 Korrekt: Vom Oktober 1878 bis September *1890*.

25 »Kulturkampf« meint die von Bismarck verfolgte Politik gegen die (Sonder)Rechte der katholischen Kirche in den 1870er Jahren.

hafte Grundlage zu solchem Bündnis schaffen könne. An Stelle der vorhergehenden antiklerikalen Stimmungen, die überdies niemals über alle Teile des Reichs greifen konnten, mußte er die vitalen materiellen Instinkte der ganzen Klasse aufputschen. Mit einem Wort: was die Sozialdemokratie versäumte, das tat Bismarck, er proklamierte den offenen Klassenkampf und ging zur Offensive über. Es braucht hier keine Schilderung der Zustände zu folgen, unter denen die deutsche Arbeiterschaft unter dem »Schandgesetz« litt, wie es bis 1914 genannt wurde. Ausweisungen, Verhaftungen, Aufhebung der Presse- und Versammlungsfreiheit, Verfolgungen, Spitzeleien wurden zur geltenden Übung. Da wir das alles heute, unter der »sozialistischen Republik«, der »freiesten Demokratie der Welt«[26] in vielfach potenziertem Maße und verschärft durch reichlichen Waffengebrauch gegen das Proletariat von neuem erleben, ist es leicht, sich ein Bild von dem Deutschland unter dem Sozialistengesetz zu machen.[27] In dieser Zeit war den deutschen Arbeitern in der Tat Gelegenheit geboten, Revolution zu studieren. Sie mußten sich zu subversiver Tätigkeit erziehen, geheime Konventikel[28] gründen, einen ausgedehnten Schmuggel von verbotenen Druckschriften organisieren, einen Spitzel-Erkennungsdienst einrichten, Inhaftierten- und Verbannten-Fonds schaffen und was weiter zur Arbeit unterdrückter Kampfgemeinschaften gehört.[29]

---

26 Polemische Verwendung des von den Anhängern der Weimarer Verfassung gebrauchten Ausdrucks zur Beschreibung der Weimarer Republik.

27 Mühsam hat hier vor allem die Strafjustiz im Auge, der er selbst, sowie die anderen Revolutionäre unter der SPD-Regierung von Ebert zu leiden hatten, wie auch das brutale Vorgehen gegen aufbegehrende Streikende etc. in jener Zeit.

28 *Konventikel*: Kleine, geheim arbeitende Gruppen.

29 Erstaunlicherweise erwähnt Mühsam in diesem Zusammenhang nicht die Auseinandersetzungen, die zu dieser Zeit innerhalb der Sozialdemokratie ausgetragen wurden, und in deren Folge die revolutionären Parteiführer wie Wilhelm Hasselmann (1844-1916) oder der später dann äußerst populäre Anarchist Johann Most (1846-1906) aus der Partei (Parteitag von Wyden, 1880) ausgeschlossen wurden.

Natürlich bröckelten unter diesen Umständen große Teile aus dem Gefüge der Organisation heraus. Was nicht aus gefestigter revolutionärer Überzeugung allen Schikanen zum Trotz standhielt, fiel ab. Aber ebenso natürlich hob sich das Ansehen der deutschen sozialdemokratischen Partei als der verfolgten und bedrängten Vorkämpferin für die Befreiung des Proletariats in den proletarischen Klassenverbänden der ganzen Welt bedeutend.[30] Daher konnten die Deutschen bei der Wiederbelebung der Internationale 1889[31] ohne weiteres die Führung übernehmen. Dennoch hatte die Schule des Sozialistengesetzes bei den Führern der deutschen Arbeitermassen keine Läuterung bewirkt. Ihre erste Tat nach seiner Aufhebung im Jahre 1891[32] war das unsägliche unselige Erfurter Programm[33] und der Ausschluß der radikalen

---

30 Diese »Erfolge« verfehlten ihre Wirkungen auch auf Teile der anarchistischen Bewegung nicht. So erinnert sich der italienische Anarchist Malatesta: »Einige der einflußreichsten und beliebtesten Mitglieder der Internationale (ich kann nicht umhin, den Namen Andrea Costas zu nennen) bevorzugten, beeindruckt von den scheinbaren Erfolgen des Sozialismus in Deutschland [der Sozialdemokratischen Arbeiterpartei, Anm. P.K.], überdrüssig eines Kampfes, der ohne unmittelbare Ergebnisse war oder zu sein schien und vielleicht der Verfolgungen müde, die nunmehr sehr viel heftiger geworden waren, gegen ihre frühere Genossen und gegen ihre ganze Vergangenheit jetzt eine Taktik [den Parlamentarismus, Anm. P.K.], die relative Ruhe und rasche persönliche Sicherheit versprach.« (Errico Malatesta: »Vorwort zu ›Bakunin und die Internationale in Italien‹ von Max Nettlau« (1928), in: ders.: Gesammelte Schriften. Band 2. Berlin: Karin Kramer Verlag, 1980. S.17-32. Hier: S.30)

31 Mühsam meint hier die 1889 in Paris gegründete Zweite Internationale, die bis zum Ersten Weltkrieg bestehen wird und die - nach dem Ausschluss vor allem der anarchistischen Strömungen (endgültig auf dem Londoner Kongress 1896) - in erster Linie sozialdemokratische Parteien versammelte, bzw. von diesen - und hier vor allem der deutschen - dominiert wurde.

32 Korrekt: *1890*.

33 Das auf dem Parteitag von Erfurt (1891) verabschiedete - von Kautsky und Bernstein verfasste - Programm, ist *das* programmatische Grunddokument der historischen Sozialdemokratie bis zum Ersten Weltkrieg. Obligatorisch legte dieses die Sozialdemokratie u.a. auf den ›parlamentarischen Kampf‹ fest.

»Jungen« aus der Partei, die sich gegen die jetzt erst recht als unbrauchbar erwiesene Taktik der Wahlbeteiligung und für die Agitation des sozialen Generalstreikes erklärten, und die dann größtenteils bei den Anarchisten Unterkunft fanden.[34]
Die größte Sorge der wieder frei beweglichen Parteihirten war, die in den Zeiten der Gefahr von der Herde versprengten Schafe in die alte Hürde[35] zurückzuflöten. Die nächsten Wahlen sollten den Bürgern schon zeigen, wie gewaltig das Schandgesetz die Zahl der »klassenbewußten Sozialisten« hatte anschwellen lassen. Und selbstverständlich hatte die Partei bei der nächsten Wahl einen stattlichen Stimmenzuwachs. Sie kamen ja jetzt alle wieder gesprungen, die sich, als es gefährlich war, seitwärts gedrückt hatten. Als ob nicht die Unsinnigkeit des Stimmensammelns gerade dadurch kraß erwiesen würde, daß man jeden verärgerten Bourgeois um seinen Zettel anschnorrt, um ihn dann als »klassenbewußten Genossen« registrieren zu können. Und als ob nicht gerade die Erfahrungen unter dem Sozialistengesetz, die Bebel, Singer und Genossen hätten lehren müssen, daß nur eine Schar - sei sie noch so klein - überzeugungstreuer, zu Kampf und Tod bereiter Revolutionäre dem Sozialismus Halt und Festigkeit und gesicherte Wurzelung im gesamten Proletariat schaffen kann, aber niemals eine breiige, über den Rand sich ergießende Masse von Mitläufern! Das ist's ja gerade, worum es heute wieder geht: die rücksichtslose Abschüttelung aller Unsicheren und

34 Unter der Bezeichnung der »Jungen« wird eine oppositionelle - vor allem parlamentarismuskritische - Strömung innerhalb der deutschen Sozialdemokratie in den 1890er Jahren verstanden. Wenngleich die Behauptung Mühsams, dass diese »größtenteils bei den Anarchisten Unterkunft« gefunden hätte, so nicht stimmt, ist es dennoch richtig, dass aus diesem Kreis führende Figuren des deutschen (und internationalen) Anarchismus hervorgingen: z.B. Rudolf Rocker (1873-1958). Auch Mühsams Mentor Gustav Landauer (1870-1919) begann seine politische Tätigkeit im Umkreis dieser Strömung. Zu den »Jungen« und ihren Auseinandersetzungen mit dem Parteivorstand, siehe: Tilman Leder: Die Politik eines »Antipolitikers«. Eine politische Biographie Gustav Landauers. Lich: Edition AV, 2014. S. 51ff.)

35 Hürde = eine Einzäunung von Vieh.

Halbseidenen, aber die Sammlung der entschlossenen und zielklaren Kämpfer - und von denen darf keiner draußen bleiben. Die Aufklärungstätigkeit unter dem Proletariat, die die sozialdemokratische Partei nach dem Fall des Sozialistengesetzes und dem Rücktritt Bismarcks betrieb, entsprach vollständig dem Bestreben, »sich in den Augen der Spießbürger respektabel zu machen«, um möglichst viel Stimmen für die Reichstagswahl einzufangen. Der Opportunismus ging schon damals bis zur würdelosen Liebedienerei gegen die Sachwalter der Bourgeoisie. So stieß ich jüngst beim Blättern in alten »Zukunft«-Heften auf ein Zitat, das Harden[36] im Januar 1894 aus dem »Vorwärts« abdruckte. Das Zentralorgan der deutschen Sozialdemokratie, geleitet von Wilhelm Liebknecht und Sprachrohr Bebels und Singers , erteilte danach dem Nachfolger Bismarcks, dem General Graf Caprivi[37], folgendes rührende Lob: »Er verabscheut den Giftbaum der Börse, er verachtet den Großwucher des Junkertums, die Begehrlichkeit der Schlotbarone; er meint es gut mit den Arbeiten, er will niemandem Unrecht tun, kein Unrecht leiden.« Der damals ganz in bismärckisch-konservativen Anschauungen gefangene Maximilian Harden macht dazu die ironische Anmerkung: »Für einen in den Anschauungen des ›Militarismus‹ lebenden Mann, der mit starkem rhetorischem Nachdruck die Sozialdemokratie zu bekämpfen versucht, ist das an Lob so ziemlich das Menschenmögliche.«[38] Und warum diese Begeisterung für den General der hohenzollernschen Armee? Weil ihm dazumal eine Weinsteuer besser in den Kram paßte als eine Biersteuer und weil er allgemein der liberalistischen Freihandelspolitik geneigter war als dem Schutzzollsystem der Großagrarier. So wurde die deutsche Arbeiterschaft schon zur Heroenzeit ihrer Päpste »sozialistisch« aufgeklärt.

---

36 Maximilian Harden (1861-1927): Schriftsteller und Schauspieler. Ursprünglich Monarchist, näherte er sich mehr und mehr kritischeren Positionen, schließlich sozialistischen Positionen an.

37 Leo Graf von Caprivi (1831-1899): Nachfolger Bismarcks, von 1890 bis 1894 Reichskanzler.

38 [»Die Zukunft« Nummer 70 vom 27. Januar 1894 Seite 152]

Unter diesen Umständen war der übermächtige deutsche Einfluß auf die Zweite Internationale von katastrophaler Schädlichkeit. Die statistischen Erfolge der sozialdemokratischen Partei und der Gewerkschaften verfehlten den Eindruck auf die übrigen westeuropäischen Proletariate nicht, zumal die revolutionäre Phrase um so lebhafter in Schwung kam, je weniger die sozialdemokratische Politik den primitivsten Anforderungen sozialistischen Geistes entsprach.[39] Die Reformisten und Opportunisten gewannen unter

39 Ähnlich hatte Gustav Landauer schon 1893 angemerkt: »Vielfach ist man im Ausland geneigt, aus dem Vorhandensein einer sozialdemokratischen Partei, die in der Tat stark ist und bedeutendere Anziehungskraft als die alten bürgerlichen Parteien ausübt, zu schließen, die *Arbeiterbewegung* in Deutschland sei ganz besonders weit voran. Dem ist aber nicht so. (...) Die Sozialdemokratie nämlich in Deutschland - auch sie verspricht, bald Reformen, bald das goldene Zeitalter, aber sie hat es sich fast gänzlich abgewöhnt, etwas anderes zu tun: nämlich gründliche, prinzipielle Aufklärung zu verbreiten über die sozialistische Ideen und über ihre Verwirklichung und dann aufzufordern zum Handeln. Die Massen, die der Sozialdemokratie folgen, sind über alle Beschreibung unselbständig, und diese Unselbständigkeit wird von den Parteiführern noch künstlich gezüchtet. Die Führer der sozialdemokratischen Partei, über alle Maßen vergöttert von den gläubigen, immer nach oben blickenden Scharen der Parteigenossen, haben es verstanden, die ursprünglich proletarische Massenbewegung so einzudämmen und zu zügeln, dass sie vollständig seicht und flach geworden in das parlamentarische Fahrwasser eingemündet ist. Die Massen treten bei uns fast nur noch in Aktion bei den *Wahlen*; große wirtschaftliche Aktionen werden beinahe von der Sozialdemokratie verpönt. Aus jedem einzelnen Akt der Sozialdemokraten spricht die Furcht, Opfer zu riskieren und eine Niederlage zu erleiden. Die Sozialdemokraten fürchten die Massen, die sie beschworen und halten sie deswegen in eiserner Disziplin (...) Man berauscht sich dafür an Scheinerfolgen, an Siegen bei allen möglichen Wahlen. Siege, die nichts gemein haben mit der Aufhebung des Privateigentums, mit dem Ende der Ausbeutung, mit Freiheit und Gerechtigkeit, weil diejenigen, die jetzt Sozialdemokraten wählen, gestern Deutschfreisinnige gewählt haben und morgen vielleicht Antisemiten wählen werden. Es sind unzufriedene, wirtschaftlich gedrückte Philister, ganz und gar unselbständig und ohne Energie zu eigenem Vorgehen, zu selbständiger Erhebung, die aber bei der geheimen Wahl, wo sie nichts riskieren, immer bereit sind, für die Partei zu stimmen, die am lautesten schreit.« (Gustav Landauer: An den Züricher

der deutschen Protektion in Frankreich, in Holland, in Belgien und England Oberwasser, und die Singer, Bebel e tutti quanti erlebten ihren größten Triumph, als sie auf dem Londoner Kongreß 1896 den Ausschluß der Anarchisten und Antiparlamentaristen durchsetzten. Man berief sich darauf, daß »nur Sozialisten und Gewerkschaftler« zugelassen seien[40]. Domela-Nieuvenhuis[41] fragt: »Sind die kommunistischen Anarchisten Sozialisten oder nicht? Ja oder nein? Sind Krapotkin[[42]] und Reclus[[43]] nicht Sozialisten?« Und Landauer[44] erklärt: »Wir sind Sozialisten - wir kämpfen mit Einsatz all unserer Kraft gegen das Privateigentum, den Kapitalismus, wollen das wirtschaftliche Leben sozialisieren und auf dem Boden des Sozialismus die Freiheit aufrichten; - wollen die Sozialdemokraten etwas anderes, dann ist das ihre Sache; aber wenn Sie

---

Kongress! Bericht über die Arbeiter-Bewegung in Deutschland (1893), in: ders.: Anarchismus. Ausgewählte Schriften. Band 2. Herausgegeben von Siegbert Wolf. Lich: Edition AV, 2009. S.145-154. Hier: S.146ff.)

40 Zum Londoner Kongress, siehe Tilman Leder: Die Politik eines »Antipolitikers«. Eine politische Biographie Gustav Landauers. Lich: Edition AV, 2014. S.216ff.

41 Ferdinand Domela Nieuwenhuis (1846-1919): Anfangs sozialdemokratischer Parteiführer, dann führender niederländischer Anarchist.

42 Peter Kropotkin (1842-1921): Anerkannter Geograph und bekanntester (kommunistischer) Anarchist seiner Zeit. Seine Bücher wie »Die Eroberung des Brotes« (1892), »Gegenseitige Hilfe in der Tier- und Menschenwelt« (1902) oder seine »Memoiren eines Revolutionärs« (1899) gehören zu den am weitest verbreiteten und wirkungsmächtigsten anarchistischen Schriften.

43 Élisée Reclus (1830-1905): Französischer Geograph und einflussreicher Anarchist. Siehe Max Nettlau: Élisée Reclus. Anarchist und Gelehrter (1830-1905). Berlin: Fritz Kater Verlag, 1928.

44 Gustav Landauer (1870-1919): Wichtiger, auch umstrittener Anarchist. Ursprünglich klassisch klassenkämpferische Positionen vertretend, wendete er sich mehr und mehr dem Aufbau alternativer Lebensformen zu (so mit dem 1909 gegründeten »Sozialistischen Bund«), um schon im Hier und Jetzt das Erlernen sozialistischen Lebens zu ermöglichen. Landauer war - wie Mühsam - führend an der Münchener Räterepublik beteiligt und wurde in deren Folge von Freikorps-Soldaten brutal umgebracht. Mühsam selbst hatte ein von Bewunderung geprägtes distanziert-freundschaftliches Verhältnis zu seinem Mentor Landauer.

ehrlich sind, müssen Sie eingestehen, daß wir Sozialisten sind.« Darauf lautet die Antwort, die Richard Fischer-Berlin[45] gab: »Wir wollen die Anarchisten hier nicht haben. Wir sind nicht hier, um Diskussionen zu führen; wir haben nichts mit Ihnen gemeinsam, wir wollen von Ihnen nichts wissen.«[46] So war der revolutionäre Sauerteig aus der allgemeinen sozialistischen Bewegung entfernt, und der Geist der Rebellion, des revolutionären Feuers, des Klassenkampfes überhaupt schwand in fast allen Ländern immer mehr dahin und wurde nur gehegt und geschürt in den kleinen einflußlosen Zirkeln und Sekten derer, die man aus den Reihen der »Sozialisten« ausgestoßen hatte und die man als Quertreiber und Spitzel verdächtigte.

Wir wenigen Anarchisten in Deutschland haben ein wahres Martyrium hinter uns. Als einzige, die es wagten, der allmächtigen Partei und ihren sakrosankten Leitern dauernd und überall den Spiegel vorzuhalten, den Klassenkampfcharakter jeder sozialistischen Proletarierbewegung zu betonen und ihm immer wieder der kompromißlerischen Mächlerei der Realpolitiker entgegenzusetzen, waren wir ununterbrochen nicht nur den Verfolgungen der Behörden mit ihren Zwangsmaßnahmen gegen unsere Arbeit und unsere Personen ausgesetzt, sondern mußten zugleich auch die wüstesten Beschimpfungen und Verleumdungen der Parteisekretäre, Parteiredakteure, Gewerkschaftsbeamten und des ganzen besoldeten Gelichters des »wissenschaftlichen Sozialismus« über uns ergehen lassen. Kaum einem von uns ist es erspart geblieben, der Masse als Polizeispitzel denunziert zu werden, man schlich uns ins Privatleben nach, um uns womöglich mit sexuellen Angelegenheiten kompromittieren zu können; kein Mittel war zu schlecht und zu erbärmlich, um es nicht gegen die zu gebrauchen, die die Massen aus dem Sumpfe des Opportunismus her-

---

45 Richard Fischer (1855-1926): Journalist. Zwischen 1892-1894 im Parteivorstand und von 1893 bis 1918 Reichstagsabgeordneter der Sozialdemokraten.

46 [Der Londoner Kongreß. Zur Beleuchtung der Vorgänge auf demselben. Separatabdruck aus dem »Sozialist«, Seite 16 ff. Berlin 1896. Verlag Gust. Friedrich.]

ausführen, sie die Wege des revolutionären Kampfes, das Wesen und den Wert des Kommunismus erkennen lehren wollten. Es ist sogar vorgekommen, daß man in sozialdemokratischen Versammlungen die Verbreiter anarchistischer Flugblätter und Werbeschriften festnahm und der Polizei übergab.[47]

Das Schlimmste an alledem war, daß die deutschen Proletariermassen kritiklos glaubten, was ihnen ihre Führer sagten und vorlogen. Bei den an selbständiges Denken gewöhnten Arbeitern des Auslands kann man sich keine Vorstellung machen von der geradezu knechtischen Abhängigkeit des Geistes, in der das deutsche Proletariat sich bis zu seinem Erwachen durch den Weltkrieg und das, was darauf folgte, halten ließ. Man hat in den letzten Jahren viel vom preußisch-deutschen Militarismus gesprochen, und von Deutschland aus ist darauf immer erwidert worden, daß der Militarismus eine internationale Sache sei, da doch auch in Frankreich, Rußland, Italien und neuerdings selbst in England und Amerika Heere gehalten würden und militärischer Drill gepflegt würde. Das ist auch richtig. Soweit man den Militarismus als Einrichtung betrachten will, ist er eine durch die kapitalistischen und imperialistischen Staatsinteressen bedingte Erscheinung. Trotzdem ist der spezifisch preußisch-deutsche Militarismus immer noch etwas anderes, nämlich eine Volkseigentümlichkeit, eine geistig-seelische Eigenschaft, die im Charakter der Nation wurzelt.[48] Man spricht vom ehemals zaristischen Rußland. Das

---

47 Das hier beschriebene »Martyrium« lässt sich anhand vieler anarchistischer Biografien nachvollziehen. Siehe zum Beispiel Friedrich Kniestedt: Fuchsfeuerwild. Erinnerungen eines anarchistischen Auswanderers nach Rio Grande do Sul. Hamburg: Verlag Barrikade, 2013; oder Josef Peukert: Erinnerungen eines Proletariers aus der revolutionären Arbeiterbewegung. Frankfurt am Main: Edition AV, 2002.

48 Mühsams Einschätzung ähnelt hier derjenigen Bakunins, der z.B. gemeint hatte: »Während dieser Zeit, d.h. im Verlauf von fast zweieinhalb Jahrhunderten, hat sich endgültig gerade unter dem Einfluß dieser Lehre [der Luthers] sein Gehorsam und seine an wahres Heldentum grenzende sklavische Ergebenheit als deutscher Charakterzug herausgebildet. In dieser Zeit entwickelte sich ein System von bedingungslosem Gehorsam und Verehrung der Obrigkeit, das jedem Deutschen in

stimmt insofern, als Rußland einen Zaren hatte und seine Verwaltung zaristisch war. Das russische Volk ist jedoch nie zaristisch gewesen. Es hat den Zarismus anerkannt, solange es nichts anderes wußte, aber die Einrichtung des Zarismus war ihm niemals Wesensbedingung. Wohl aber war das verpreußte deutsche Volk bis vor kurzem militaristisch und ist es zum guten Teil jetzt noch. Der Drill, die Disziplin, die Exaktheit des militärischen Schmisses war diesem Volk ins Blut übergegangen. Das seit der Zeit der ersten Preußenkönige gepflegte methodische Exerzieren mit all seinen stumpfsinnigen und dabei raffinierten Griffen, Bewegungen und Verrenkungen hat seine Wirkung auf den ganzen Volkscharakter ausgeübt. Es ist, als verließe schon der Säugling den Mutterleib im Stechschritt und trüge dabei den Bauchnabel als Kokarde vor sich her. Der Kasernengeist sitzt im Deutschen drin, ehe er je eine Kaserne von innen gesehen hat, und erweitert sich zum Unteroffiziersgeist in dem Augenblick, der ihm den geringsten Einfluß auf Nebenmenschen eröffnet.
Diese Vorbildung des Volkscharakters durch die Methoden der preußischen Militärzuchtmeisterei hat sich die Sozialdemokratie in erschreckender Weise zunutze gemacht. Sie hat Partei und Gewerkschaft zu einem riesigen Kasernenhof degradiert, zu einem Exerzierplatz für brave Gesinnung, stramme Disziplin und gedankenlosen Kadavergehorsam. Der Unteroffizier, d. h. der Partei- oder Gewerkschaftssekretär und jeder besoldete Funktionär, ist absolute Autorität; Widerspruch gegen seine Meinung, auch nur Zweifel an der Richtigkeit seiner Entschlüsse ist Kapitalverbrechen. »Habt Vertrauen zu euren Führern!« Das ist das Allheilmittel für alle Ängste und Leiden des Proletariats, und »Laßt euch nicht provozieren!« das Rezept gegen alle Versuche, die Interessen

---

Fleisch und Blut überging und sein ganzes Leben durchdrang. Gleichzeitig entwickelte sich die Wissenschaft von der Verwaltung und die pedantisch systematische, unmenschliche und unpersönliche Praxis. Jeder deutsche Beamte wurde zum Priester des Staates, der bereit war, seinen Lieblingssohn nicht mit dem Messer, sondern mit der Kanzleifeder auf dem Altar des Staatsdienstes abzuschlachten.« (Michael Bakunin: Staatlichkeit und Anarchie (1873). Berlin: Karin Kramer Verlag, 2007. S.240f.)

der Arbeiter von dem kleinen Tagestratsch hinaufzulenken zu den großen Aufgaben, die die sozialistische, die kommunistische Idee von den Ausgebeuteten und Entrechteten verlangt.

Die Massen aber hörten es und glaubten, klebten Marken, wählten ihre Beamten - immer dieselben, die die Leitung oben präsentierte - und gehorchten willig wie Maulesel.[49] Wer wider den Parteistachel rieb, war ein Lump, ein Gauner, ein Bandit, ein Volksverräter; wer aber schön im Chor sang und das Maul hielt auf Kommando, wer als Rekrut Stimmzettel austrug und Säumige zur Wahlurne schleppte, der konnte sich selbst die Tressen[50] erwerben und nach Absolvierung einer Parteischule, wo er an der Hand Kautskyscher oder Bernsteinscher Broschüren Marx studierte und alle Parteischlagworte so lange büffelte, bis er ein Redner war, als Unteroffizier mit dem Marschallstab im Tornister selbst »wissenschaftlichen Sozialismus« verbreiten.[51]

---

49 Die Attraktionskraft des Anarchismus als Gegenmodell zu diesem Typus des gehorsamen Vereinsmeiers hat Victor Serge folgendermaßen beschrieben: »Der Anarchismus nahm uns ganz und gar gefangen, weil er alles von uns verlangte, weil er uns alles bot. Da gab es keinen Winkel des Lebens mehr, den er nicht erhellte - wenigstens schien es uns so. Man konnte Katholik, Protestant, Liberaler, Radikaler, Sozialist, sogar Gewerkschaftler sein ohne irgend etwas am eigenen Leben, folglich am Leben überhaupt zu ändern. Schließlich genügte es, die entsprechende Zeitung zu lesen; im Notfall, im Stammcafé der Einen oder der Anderen zu verkehren.« (Victor Serge: Erinnerungen eines Revolutionärs. 1901-1941 (1951). Hamburg: Verlag Association, 1977. S.26)

50 Tressen = Abzeichen; bekannt vor allem von Militäruniformen.

51 Ähnlich spottete der mit Mühsam in Kontakt stehende Brupbacher: »Die deutschen *Arbeitermarxisten* sind eine ganz besondere Art Menschen gewesen. Ihr Typus war mein Freund *Broschürowitsch*, den wir so nannten, weil bei ihm aus jeder Rocktasche eine Broschüre, herausschaute. In die Hirne dieser Arbeiter war eine Art *Wurstmaschine* hineingebaut, *Marke Marx* nach *Kautsky*. Wenn man nun oben irgendeine Tatsache hineinwarf, kam unten diese Tatsache marxistisch formuliert wieder heraus. Die Leuten hatten ein Apperzeptionsapparat, das heißt ein Eintrittsloch an der Wurstmaschine, das nur marxistische Wörter passieren ließ. Tatsachen, die nicht marxistisch ausgedrückt waren, ganz gewöhnliche Tatsachen, wie sie Natur und Gesellschaft liefern, verstunden die armen Knaben nicht.« (Fritz Brupbacher: 60

Was mit dem Schreckenswort »wissenschaftlich« in der deutschen Arbeiterklasse für ein Unfug getrieben wurde, geht auf keine Kuhhaut. Kam unsereiner in eine Versammlung, in der den Hörern etwa plausibel gemacht wurde, warum sie in der Stichwahl nicht für den Liberalen stimmen dürften, sondern den Klerikalen wählen müßten, und wurde einem das Wort wirklich erteilt (was keineswegs sicher war), und man setzte dann auseinander, welche Pflichten sich für das Proletariat aus der gegenwärtigen Situation den Prinzipien des Klassenkampfes gemäß ergäben, dann kanzelte einen der Esel von Referent mit einer Suada ab, von der einem das Wort »utopistischer Sozialist« wie ein Dreckspritzer hängen blieb, während die eigene Weisheit, daß nämlich der Arbeiter auf sein »einziges Recht«, zu wählen, niemals verzichten dürfe und daher in der Stichwahl dem Zentrumsmann[52] zum Siege verhelfen müsse, als »wissenschaftlicher Sozialismus« gepriesen wurde. Ging der Parteiprophet aber wirklich mal auf die Vor[be]halte ein, so kam bestimmt die Einleitung: »Der wissenschaftliche Sozialismus lehrt«, und dann brachte er einen Mist daher, vor dem es jeder Sau gegraust hätte. Unverdaute Marxbrocken, halbverstandene Bernsteiniaden, Leitartikelextrakte aus irgendeinem sozialdemokratischen Provinzblättchen. Die Masse aber erfuhr, daß dies »wissenschaftlich« und das andere »utopisch« sei, fühlte sich geschmeichelt, für die Wissenschaft Partei nehmen zu können, und der Opponent mußte begossen abziehen.[53]

Jahre Ketzer. »Ich log so wenig als möglich« (1935). Zürich: Verlagsgenossenschaft, 1973. S.141)

52 Mit »Zentrumsmann« meint Mühsam wohl ein Parteimitglied der konservativen Zentrumspartei; nicht einen Vertreter der zentristischen Richtung der Sozialdemokratie.

53 Landauer hatte in seinem »Aufruf zum Sozialismus« (1911) hierzu angemerkt: »Zwischen den beiden Bestandteilen des Marxismus, der Wissenschaft und der politischen Partei, hat Karl Marx eine künstliche Brücke geschlagen, so daß es dann das Aussehen bekam, als sei etwas ganz Neues in die Welt gekommen, was sie vordem nicht gesehen hat, nämlich die wissenschaftliche Politik und die Partei auf wissenschaftlicher Grundlage, die Partei mit dem Wissenschaftsprogramm. Das war etwas wirklich Neues und dazu etwas überaus Zeitgemäßes und Mo-

Daß die Sozialdemokratische Partei bei dieser systematischen Verbonzung und Verknöcherung, die notwendig auch auf ihre Theoretiker abfärben mußte (siehe Kautsky[54]), in immer rapiderem Tempo in die ödeste Bourgeoispolitik hineinsteuern mußte, lag in der Natur der Sache. Die Katastrophe vom 4. August 1914 konnte nur dem Außenstehenden überraschend kommen, der unter der roten Drapierung[55] der äußeren Erscheinung die innere Hohlheit und Verlogenheit nicht kannte. Ich schrieb schon im Februar 1912 in meiner Zeitschrift »Kain« den Satz: »...wenn der Kaiser eines Tages den beliebten ›Ernstfall‹ erlebt, dann kann er sich auf vier und eine halbe Million sozialdemokratischer Wähler, repräsentiert durch 110 Abgeordnete, verlassen.«[56]

Lange vorher schon hatte Bebel seine berühmte Äußerung getan, wenn die Grenzen des Deutschen Reiches einmal bedroht wären, würde er selbst das Gewehr über seinen alten Buckel laden und mitmarschieren.[57] Im Jahre 1911 aber, als wegen der Marokko-

---

dernes, und wie schmeichelte es überdies den Arbeitern, daß gerade sie die Wissenschaft, die allerneueste Wissenschaft vertraten; willst du die Massen gewinnen, so schmeichle ihnen, willst du sie zu ernstem Denken und Tun unfähig, willst du aus ihren Repräsentanten Urbilder der hohlen Aufgeblasenheit machen, die mit halb oder ganz unverstandenen Worten um sich werfen, so rede ihnen ein, sie seien Vertreter einer wissenschaftlichen Partei; willst du sie ganz mit der Bosheit der Dummheit erfüllen, so bilde sie auf Parteischulen aus.« (Gustav Landauer: Aufruf zum Sozialismus (1911). Berlin: Oppo Verlag, 1998. S.36)

54 Karl Kautsky (1854-1938): *Der* zentrale marxistische Theoretiker der deutschen und internationalen Sozialdemokratie bis 1914.

55 Im Sinne von »sozialistischer« Verkleidung.

56 »Der deutsche Soldat ist der verlässlichste, den es gibt, in seine Seele ist noch kein zweifelnder Gedanke eingezogen, wenn der Kaiser eines Tages den beliebten ›Ernstfall‹ erlebt, dann kann er sich auf vier und eine viertel Million sozialdemokratischer Wähler, repräsentiert durch einhundertzehn Abgeordnete, verlassen.« (Erich Mühsam: Vom politischen Kasperltheater, in: Kain. Zeitschrift für Menschlichkeit. Nummer 11 (1912). S.174-175.)

57 Am 7. März 1904 hatte Bebel in einer Reichtagsrede erklärt, dass er bei einem russischen Angriff auf Deutschland selbst zur Waffe greifen würde. Hierauf beriefen sich die meisten der sozialdemokratischen

krise die Kriegsgefahr unmittelbar drohte, stellte sich die Sozialdemokratie auf ihrem Parteitag in Jena in aller Form hinter die Regierung, und Bebel hielt eine Rede, in der er die grundsätzliche Berechtigung der deutschen Haltung in der Marokkofrage anerkannte und nachdrücklichst gegen den Gedanken eines Generalstreikes als Erwiderung auf eine Mobilisierung polemisierte.[58]

Das deutsche Proletariat selbst hatte allerdings keine Ahnung von dem, was vorging. Es fand sich auch getrost mit der Milliardenabgabe ab, mit der 1913 die letzte Kriegsvorbereitung durch eine ungeheure Heeresverstärkung finanziert wurde; hatte doch die Partei mit der tiefsinnigen Begründung dafür gestimmt, daß diese Milliarde von den Vermögen erhoben werde, die Kapitalisten also ihre Armeevergrößerung selbst bezahlten![59]

So kam, was kommen mußte. Der Charakter, die Gesinnung, die Grundsätze, mit einem Wort: der Sozialismus war längst gefallen.

Fraktionsmitglieder bei ihrer Zustimmung zu den Kriegskrediten beim Ausbruch des Ersten Weltkriegs.

58 [Ich habe diesen Gegenstand in einem 1916 begonnenen Buch »Die Abrechnung. Erster Rückblick auf die ›große Zeit‹ « ausführlich behandelt und nachgewiesen, daß die deutsche Sozialdemokratie schon 1911 unter Bebel gerüstet war, mit flatternden Fahnen ins patriotische Lager einzumarschieren, ja, daß wahrscheinlich schon 1905, als der Marokkohandel seine ersten Funken aufs imperialistische Pulverfaß spritzte, die Haltung der Partei der von 1914 genau entsprochen hätte. Der Eingriff der Staatsgewalt in meine persönliche Freiheit hinderte mich, die Arbeit fortzusetzen. Obgleich inzwischen infolge der russischen Revolution der ganze prinzipielle Teil des Werkes einer Änderung bedürfte, die ich in meiner Gefangenschaft schlecht vornehmen kann, gedenke ich doch, das Buch wegen des darin zusammengetragenen, großenteils unbekannten Materials zur Vorgeschichte des Krieges als Fragment erscheinen zu lassen.] In seinem Tagebuch notierte er hierzu: »Hoffentlich komme ich noch einmal dazu, meine ›Abrechnung‹ vorwärts zu bringen. Da wird es bei aller Berücksichtigung der in den allgemeinen gesellschaftlichen Einrichtungen begründeten Kollektivschuld zutage treten, daß die Absicht, den automatisch angesammelten Sprengstoff durch manuelle Entzündung zur Explosion zu bringen, durchaus nur in Deutschland bestand.« (Tagebucheintrag vom 16. Mai 1919)

59 Im Juni 1913 hatte die Mehrheit der SPD-Fraktion Gelder für die Aufrüstung des Reichs bewilligt.

Am 4. August fiel nur noch die Maske. Jetzt war die Bahn frei für alle Erbärmlichkeiten. Der Burgfriede und die Durchhalterei - alles wurde mitgemacht. Die Arbeiterführer waren die willfährigen Lakaien der preußischen Generäle geworden. Nicht einmal den scheußlichen Verbrechen von Brest-Litowsk setzten sie Widerstand entgegen.[60] Sie enthielten sich der Abstimmung. Und den sogenannten Friedensschlüssen mit der Ukraine und Rumänien gaben sie ausdrücklich ihre Zustimmung. Dies alles setzte das deutsche Proletariat in Unruhe, ohne daß es sich noch zur Unbotmäßigkeit gegen die gewohnten Lenker seines Schicksals aufzuraffen vermochte.

Den entscheidenden Stoß erhielt meiner Ansicht nach die sozialdemokratische Partei erst dadurch, daß sie den schurkischen Eroberungszug der deutschen Imperialisten ins revolutionäre Rußland hinein nach Abschluß des Friedensvertrages mit den Bolschewiki geschehen ließ, ohne der Regierung nun endlich die Gefolgschaft zu kündigen. Das hat auch dieses langmütigste aller Proletariate zur Erkenntnis gebracht, daß es bis dahin Ehrlosen und Verrätern gefolgt war. Der Zusammenbruch des Reiches und die ruhmreiche Entwicklung der Scheidemänner zu Nachfolgern der Hohenzollern[61], die Erscheinung Noske-Albas[62] als schwertgegürteter Erzengel vor dem Paradiese des Kapitalismus, das Blut der Besten des Volkes, Liebknechts[63]

---

60 Friedensschluss zwischen dem Deutschen Reich und Sowjetrussland (März 1918), wobei die Hoheitsrechte der östlichen Gebiete weitgehend im Sinne der Forderungen der deutschen Politik umgestaltet wurden.

61 Herrschaftslinie der preußischen Könige.

62 Gustav Noske (1868-1946): Deutscher Sozialdemokrat und Ministerpräsident mit Zuständigkeit für das Militärwesen. Spielte eine maßgebliche Rolle bei der blutigen Niederschlagung der revolutionären Bewegungen nach der Novemberrevolution - und bei der Ermordung führender Sozialisten, bzw. Kommunisten: so im Fall Luxemburgs und Liebknechts.

63 Karl Liebknecht (1871-1919): Sohn des bekannten Sozialdemokraten Wilhelm Liebknecht und selbst in der Sozialdemokratie auf dem linken Flügel organisiert. Liebknecht lehnte als erster sozialdemokratischer Parla-

und Rosa Luxemburgs[64], Jogiches'[65] und Landauers, Leviné's[66] und tausend und aber abertausender klassenbewußter treuer Proletarier, hingegossen von den Inhabern der »sozialistischen Republik«, die das Proletariat und die Revolution entwaffnete und der Bourgeoisie und dem Offizierkorps des alten Regimes die ganze Wehr des Landes auslieferte.

Dies alles und noch vieles mehr, was im Herzen und im Gedächtnis des Volkes unverlierbar und unaustilgbar eingegraben ist, hat die deutsche Arbeitermasse erweckt. Jetzt hat auch sie die rote Fahne entfaltet. Sie hat herausgefunden aus der Enge ziel- und grundsatzloser Reformpolitik, in der verräterische Bonzen sie gefangen hielten. Hinter ihr liegt das ewige Kreislaufen auf demselben ausgetretenen Fleck, vor ihr liegt der Kampf und sein erkanntes Ziel: der Kommunismus.

[III.] Die revolutionäre Prädisposition des deutschen Proletariats

Deutschland ist das Land ohne Revolutionen. Seit den Bauernkriegen des späten Mittelalters, deren sozialrevolutionäre Bedeutung von den zünftigen Historikern noch kaum erkannt ist, hat das deutsche Volk sein Schicksal werden lassen, wie es Gott und den Herren des Landes gefiel. Die großen Revolutionen in England und Frankreich gingen an Deutschland ohne innere Erschüt-

---

mentarier die Kriegskredite im Reichstag ab und wurde daraufhin aus der Partei ausgeschlossen. Führungsfigur des Spartakusbundes und der revolutionären Kämpfe in Berlin. 1919 in Berlin von Freikorps ermordet.

64 Rosa Luxemburg (1871-1919): Polnisch-stämmige linke Sozialdemokratin, dann führend im Spartakusbund und an den revolutionären Ereignissen in Berlin beteiligt. 1919 in Berlin durch Freikorps ermordet.

65 Leo Jogiches (1867-1919): Russisch-stämmiger, in der polnischen Sozialdemokratie organisierte Führungsfigur. Später Mitbegründer des Spartakusbundes und im Parteivorsitz Nachfolger von Luxemburg und Liebknecht. In einem Berliner Untersuchungsgefängnis 1919 erschossen.

66 Eugen Leviné (1883-1919): Russisch-stämmiger Sozialdemokrat, dann in der Kommunistischen Partei Deutschlands und der sogenannten Zweiten Münchener Räterepublik aktiv. 1919 in München wegen »Hochverrats« hingerichtet.

terung vorüber, und die beiden demokratischen Bewegungen des neunzehnten Jahrhunderts, von 1830[67] bis 1848[68], von denen nur die zweite überhaupt zu einer eigentlichen Erhebung führte, waren nur die Auswirkungen unerträglich gewordener reaktionärer Verwaltungsmethoden ohne sozialen Antrieb, die an der Dürftigkeit ihrer Ziele und Forderungen in sich zusammenbrachen.

Die geringen Anpassungen an die vorgeschrittenen politischen Systeme des Westens verdankt das Volk nicht eigener Einsicht oder gar entschlossenem Kampf, sondern den Berechnungen der beherrschenden Klassen, deren kapitalistisch-geschäftliche Interessen ein gewisses Entgegenkommen an die zivilisatorischen Ansprüche der Konkurrenzstaaten verlangte. Die großen politischen Wandlungen Deutschlands aber sind nie die Folgen von Revolutionen, sondern immer nur die Ergebnisse von Kriegen gewesen.

»...Blut und Eisen« hieß Bismarcks Mittel, um die sogenannte deutsche Reichseinheit zu »schmieden«.[69] Was dabei zustande

---

67 Gemeint sind die Auswirkungen der französischen »Julirevolution« von 1830.

68 Gemeint ist die vor allem vom Bürgertum dominierte 1848er Revolution in Deutschland. Bakunin war zu jener Zeit führend an den Kämpfen in Dresden (1849) beteiligt und erklärte rückblickend: »Man sagt, daß die Revolution [von 1848] nicht nur in Deutschland, sondern auch in ganz Europa erfolglos gewesen sei. Aber in allen anderen Ländern wurde die Revolution nach langen schweren Kämpfen von fremdländischen Truppen niedergeschlagen: in Italien vom österreichischen Heer, in Ungarn von den vereinigten österreichischen und russischen Truppen; in Deutschland aber ist sie an der eigenen Unfähigkeit der Revolutionäre gescheitert.« (Michael Bakunin: Staatlichkeit und Anarchie (1873). Berlin: Karin Kramer Verlag, 2007. S.298)

69 In einer Rede im September 1862 vor der Budgetkommission des preußischen Abgeordnetenhauses hatte Bismarck erklärt: »Nicht auf Preußens Liberalismus sieht Deutschland, sondern auf seine Macht; Bayern, Württemberg, Baden mögen dem Liberalismus indulgieren, darum wird ihnen doch keiner Preußens Rolle anweisen; Preußen muß seine Kraft zusammenfassen und zusammenhalten auf den günstigen Augenblick, der schon einige Male verpaßt ist; Preußens Grenzen nach den Wiener Verträgen sind zu einem gesunden Staatsleben nicht günstig; nicht durch Reden oder Majoritätsbeschlüsse werden die großen

kam, war eine Karikatur dessen, was die schwarzrotgoldne[70] Sehnsucht der 48er erträumt hatte, wodurch jedoch diese liberalen Bürger nicht abgeschreckt wurden, dem neuen Gebilde mit tropfender Begeisterung zuzujubeln. Man wollte die Zusammenschließung aller deutschen Stämme zu einem einheitlichen Staate, und man erhielt ein Reich, aus dem der älteste deutsche Stamm, Österreich, ausgeschlossen war, und das dafür große französische, dänische und polnische Gebietsteile umfaßte. Man wollte die Vereinigung Deutschlands, um die Einzelvölker in einem großen nationalen Schmelztiegel aufgehen zu lassen - ein psychologisch, ethnologisch, historisch und geographisch absurder Wunsch -, und man erreichte, daß eines der zu absorbierenden Länder, Preußen, das schon Schleswig-Holstein, Hannover, Hessen-Nassau und Frankfurt in seinen hungrigen Magen geschlungen hatte, formell und de facto die unbestrittene Vorherrschaft im Deutschen Reiche gewann und Berlin zu dessen Hauptstadt gemacht wurde.
Aus den ihrem ganzen Wesen nach imperialistischen Kriegen gegen Dänemark, Österreich und Frankreich war das Reich hervorgegangen und bestand nun zur Hälfte aus Ländern, die in den ersten beiden dieser Kriege gegen die Vormacht im Felde gestanden hatten. Daraus bestimmte sich die innerdeutsche Politik. Die nicht direkt einverleibten Gebiete, also Sachsen und die süddeutschen Staaten, mußten von preußischem Geist so durchfressen werden, daß die Assimilierung den Schaden wettmachte, der aus den bei der Reichsgründung unvermeidlich zugestandenen Reservaten zu befürchten war. Diese Länder, vor allem Bayern und Württemberg, waren von der Woge des Industrialismus noch sehr wenig erfaßt, ihre klein- und mittelbäuerliche Landbevölkerung war durchaus nicht so gottergeben, wie ihre norddeutschen Standesgenossen, und dabei vom ausgeprägtesten Selbständigkeitswillen beseelt, und das politische Zivilisationsniveau hier überragte

---

Fragen der Zeit entschieden - das ist der große Fehler von 1848 und 1849 gewesen - sondern durch Eisen und Blut.«

70 Seit dem ersten Drittel des 19. Jahrhunderts bildete die schwarz-rot-goldene Fahne das Symbol für die (erstrebte) deutsche Republik.

dank der Erziehung in der Rheinbundepoche[71] das des weit rückständigen Preußens beträchtlich.

Kurzsichtig und trotz ihrer historisch-materialistischen Schulung unvermögend, die einfachsten geschichtlichen und ökonomischen Zusammenhänge zu erkennen, dabei auf »realpolitische« Tageserfolge versessen, hat die deutsche Sozialdemokratie dieser bismärckischen Verpreußungspolitik nicht nur nicht widerstrebt, sondern sie sogar wie ein selbstausgebrütetes Küken unter ihren Fittichen gewärmt und gedeihen lassen. Zweck dieses sinnvollen Beginnens war, den bourgeois-demokratischen Traum der Achtundvierziger noch nachträglich zu verwirklichen, wie ja denn alle »positive Mitarbeit« der Sozialdemokraten immer bloß aufs Demokratische aus war und die Erinnerung an die Pflichten von Sozialisten Haare gesträubt hochtrieb; ein Zeichen, daß im Unterbewußtsein die Erkenntnis pickte, daß beide Begriffe, zumindest in ihrer gewohnten Anwendung, unerreichbar sind und daß man sich schon entweder für bourgeoise Demokratie oder für proletarischen Sozialismus entscheiden muß, will man nicht à la Kautsky und seinem unabhängigen Troß[72] beide Dinge verfälschen, um unter sozialistischer Flagge das demokratisch-bürgerlich-kapitalistische Schiff steuern zu können.

Die Sozialdemokratie förderte also die altpreußischen Tendenzen des Reichskurses in dem naiven Glauben, dadurch jener zentralistischen Staatsmaschinerie vorarbeiten zu können, deren Hebel sie bei dem erträumten friedfertigen »Hineinwachsen in den Zukunftsstaat« einfach in die Hand zu nehmen brauchte, um der erstaunten Welt alsdann das nebelige Phantasiegebilde eines »freien Volksstaates«[73] in Freiheit dressiert vorzuführen.

---

71 Der Rheinbund war ein zwischen 1806 und 1813 bestehendes Bündnis, in dem sich die beteiligten deutschen Staaten unter die Schirmherrschaft Napoleons stellten und staatliche Reformen nach französischem Vorbild vorgenommen wurden.

72 Gemeint sind die USPD-Anhänger Kautskys, der selbst Mitbegründer der USPD und dort einer der führenden Persönlichkeiten war.

73 Der Begriff des »freien Volksstaates« stammt aus der Lassalle'anischen Tradition der Sozialdemokratie. Im auf dem Gründungskongress der

Derartige Pläne sind heute wieder lebendiger als je und werden in allerlei unitaristischen Experimenten praktiziert, denen man den wunderschönen Namen »Verreichlichung« gegeben hat. Das hat nichts mit dem Wort reichlich zu tun, wie heftig auch das Volk danach begehrt, aus den Abfällen der kapitalistischen Gewinnhäufung etwas reichlicher mit Lebensbedarf versorgt zu werden. »Verreichlichung« bedeutet in der gegenwärtigen Sprach- Begriffs- und Gesinnungsverwirrung einfach: Überführung in Reichsregie. In Wirklichkeit ist die »Verreichlichung« aller erdenklichen einzelstaatlichen Rechte und Schutzvorrichtungen eine »Verärmlichung« des völkischen Sonderwesens, von der gerade die deutschen Stämme betroffen werden, deren Eigenart vor Verpreußung zu schützen die internationalen Revolutionäre am meisten Ursache hätten. Deshalb spreche ich davon.

Die alte sozialdemokratische Partei mag ja von ihrem Standpunkt aus ganz recht haben mit der eifernden Betreibung der gänzlichen Auflösung des Reiches in Preußen. Ihr traditioneller Bürokratismus - das ist eine Blüte auf demselben Stiel, aus dem auch der Militarismus sproßt - hat mit seinen tolpatschigen Pfoten schon immer jede selbständige Beweglichkeit süddeutscher Arbeiter verhindert, alle Münchener oder Stuttgarter Beschlüsse erst in

---

sozialdemokratischen Arbeiterpartei in Eisenach (August, 1869) beschlossenen Programm, heißt es programmatisch: »I. Die *sozial-demokratische* Arbeiter-Partei erstrebt *die Errichtung des freien Volksstaats*. II. *Jedes Mitglied* der sozial-demokratischen Arbeiter-Partei verpflichtet sich, mit ganzer Kraft einzutreten für die folgenden Grundsätze: (...) 4. Die *politische Freiheit* ist die unentbehrlichste Vorbedingung zur ökonomischen Befreiung der arbeitenden Klassen. Die soziale Frage ist mithin *untrennbar* von der politischen, ihre Lösung durch diese bedingt und *nur* möglich im *demokratischen Staat*. (...) III. Als die *nächsten* Forderungen in der Agitation der sozial-demokratischen Arbeiter-Partei sind geltend zu machen: 1. Ertheilung des allgemeinen gleichen direkten und geheimen Wahlrechts an alle Männer vom 20. Lebensjahr an.« (zit.n. Daniela Münkel (Hg.): »Freiheit, Gerechtigkeit und Solidarität.« Die Programmgeschichte der Sozialdemokratischen Partei Deutschlands. Berlin: Vorwärts Verlag, 2007. S.388f.)

der Kreuzbergstraße[74] abgestempelt und jeden Lindauer oder Memminger Streik von Legien[75] und Sassenbach[76] bewilligen oder verbieten lassen. Daß da die im Denken und Handeln total verpreußte Bonzenschaft das 48er Idol aus dem alten Schutt wieder ausgräbt, es mit dem Lack der bismarckschen Reichsherrlichkeit aufpoliert und die zerschundene Reliquie als Symbol ihres Sieges in der Novemberrevolution mit Weihrauch besprengt, ist nicht verwunderlich. Auch das ist nicht verwunderlich, daß die Unabhängigen geschäftig Steine zu dem Bau der neuen deutschen kapitalistischen Staatseinheit heranschleppen und damit ihre marxistische Pflicht streng wissenschaftlich zu erfüllen meinen. Sehr zu verwundern aber ist, daß auch Kommunisten an staatsunitarischen Ideen kranken und sich die deutsche Räterepublik als ein Unternehmen vorstellen, das gerade in dem Umkreis errichtet werden muß, wo Bismarck Grenzplatten gebaut hat bzw. wo sie jetzt in Versailles zurechtgesteckt worden sind.[77]

---

74 1900 bis 1905 hatten Parteivorstand und Kassierer der Sozialdemokratischen Partei ihren Sitz in der Kreuzbergstraße 30, Berlin.

75 Carl Legien (1861-1920): sozialdemokratischer Politiker und seit 1892 Vorsitzender der gesamtnationalen Gewerkschaftsbewegung.

76 Johannes Sassenbach (1866-1940): Deutscher Sozialdemokrat und von 1902 bis 1919 Mitglied der Generalkommission der Gewerkschaften Deutschlands.

77 »Die Herren Haase, Kautsky und Barth haben uns nach Eisners Tod die ganze Kompromißsuppe, die uns jetzt im Magen liegt, eingebrockt. Und nun erläßt die Partei einen beweglichen Aufruf gegen die centrifugalen Bestrebungen in Deutschland. Jetzt, wo es nur eins geben kann: die Zertrümmerung des Staats von Grund aus, die Zerrüttung seiner Wirtschaft so schnell wie möglich, damit nicht der etappenweise Einsturz noch viel mehr Opfer fordert, - jetzt regen sie sich über die Pfälzer, Rheinländer etc auf, die Sehnsucht haben, unter lebensmögliche Verhältnisse zu kommen. Das ist die marxistische Verblödung. Einheitsstaat! brüllen sie - die Spartakisten sind die Schlimmsten dabei - und wollen deshalb den alten Bismarckstaat retten, der je eher je lieber zusammengeschlagen gehört. Wenn die Menschen blos zu der Einsicht kommen wollten, daß es völlig gleichgiltig ist, wo entlang die Staatsgrenzen laufen. Auf die Glückseligkeit der Menschen kommt es an, nicht auf die Art ihrer Einpferchung. Größtmögliche Bewegungsfreiheit des Einzelindividuums ist anzustreben, deshalb größtmögliche

Es ist uns, die wir am 7. April 1919 zur Proklamation der bayerischen Räterepublik schritten[78], später wiederholt vorgehalten worden, daß das isolierte Vorgehen Bayerns ein Unding gewesen

---

Selbständigkeit aller Gemeinden und föderative Verbindung der Bezirke, Länder und Reiche, bei der die Abgrenzung Nebensache, die Berücksichtigung der Eigenarten alles ist. Sie sind für das Rätesystem und für die Zentralisation. Wenn das kein Widerspruch in sich selbst ist, bin ich ein Esel. Lenin, dieser stramme Marxist, hat es schließlich eingesehn und den Lokalsovjets Autonomie gegeben. Aber in Deutschland scheint es unmöglich zu sein, eine Dummheit auszulassen. Nun Landauer tot ist, werde ich der Einzige sein, der den Weg der Revolution klar erkennt. Ob ich aber der Aufgabe gewachsen bin, die parteibesessenen Genossen aller revolutionären Richtungen auf diesen Weg zu drängen, ist eine bange Frage. Ich habe viel Schweres hinter mir in den letzten 7 Monaten, - ich fürchte aber, daß ich das Schwerste noch vor mir habe. Aber stark sein ist alles.« (Tagebucheintrag vom 9. Juni 1919)

78 Siehe die von Gustav Landauer verfasste Proklamierung:
»*An das Volk in Baiern!*
Die Entscheidung ist gefallen. *Baiern ist Räterepublik.* Das werktätige Volk ist Herr seines Geschickes. Die revolutionäre Arbeiterschaft und Bauernschaft Baierns, darunter auch alle unsere Brüder, die Soldaten sind, durch keine Parteigegensätze mehr getrennt, sind sich einig, dass von nun an jegliche Ausbeutung und Unterdrückung ein Ende haben muss. Die Diktatur des Proletariats, die nun zur Tatsache geworden ist, bezweckt die Verwirklichung eines wahrhaft sozialistischen Gemeinwesens, in dem jeder arbeitende Mensch sich am öffentlichen Leben beteiligen soll, einer gerechten sozialistisch-kommunistischen Wirtschaft.
Der Landtag, das unfruchtbare Gebilde des überwundenen bürgerlich-kapitalistischen Zeitalters, ist aufgelöst, das von ihm eingesetzte Ministerium zurückgetreten. Von den Räten des arbeitenden Volkes bestellte, dem Volk verantwortliche Vertrauensmänner erhalten als Volksbeauftragte für bestimmte Arbeitsgebiete außerordentliche Vollmachten. Ihre Gehilfen werden bewährte Männer aus allen Richtungen des revolutionären Sozialismus und Kommunismus sein; die zahlreichen tüchtigen Kräfte des Beamtentums, zumal der unteren und mittleren Beamten, werden zur tatkräftigen Mitarbeit im neuen Baiern aufgefordert. Das System der Bürokratie aber wird unverzüglich ausgetilgt.
Die Presse wird sozialisiert.
Zum Schutz der baierischen Räterepublik gegen reaktionäre Versuche von außen und von innen wird sofort eine rote Armee gebildet. Ein Revolutionsgericht wird jeden Anschlag gegen die Räterepublik sofort rücksichtslos ahnden.

sei und daß ganz Deutschland auf einen Schlag diese Aktion hätte vornehmen müssen. Ich bekenne mich ohne Einschränkung schuldig, an der Ausrufung der Räterepublik im unrechten Augenblick und in ungeeigneter Form, dazu noch in Gemeinschaft mit unsicheren Kantonisten und unlauteren Elementen treibend und aktiv mitgewirkt zu haben und berufe mich als einziges Entschuldigungsmoment auf den Mangel an praktischer revolutionärer Erfahrung und auf das Fehlen einer organisierten Aktionsgemeinheit unter den konsequenten Revolutionären selbst, das die der KPD nicht beigetretenen Kommunisten im Revolutionären Arbeiterrat mit zu großer persönlicher Verantwortung belastete.[79] Aber den Einwand, Bayern hätte nicht allein handeln dürfen, lasse ich auch heute noch nicht gelten.

Das war auch nicht immer die Meinung der kommunistischen Partei. Ich erinnere nur daran, daß ich am 1. März schon im Einverständnis mit den führenden Persönlichkeiten der Partei im Rätekongreß den Antrag stellte, Bayern zur Räterepublik auszurufen. Bei der Abstimmung, die die Ablehnung mit 230 gegen

---

Die Baierische Räterepublik folgt dem Beispiel der russischen und ungarischen Völker. Sie nimmt sofort die brüderliche Verbindung mit diesen Völkern auf. Dagegen lehnt sie jedes Zusammenarbeiten mit der verächtlichen Regierung Ebert, Scheidemann, Noske, Erzberger ab, weil diese unter der Flagge einer sozialistischen Republik das imperialistisch-kapitalistisch-militaristische Geschäft des in Schmach zusammengebrochenen deutschen Kaiserreiches fortsetzt.« (Gustav Landauer: An das Volk in Baiern (1919), in: ders: Nation, Krieg und Revolution. Ausgewählte Werke. Band 4. Herausgegeben von Siegbert Wolf. Lich: Edition AV, 2011. S.317-318.)

79 [Ich behalte mir vor, die Geschichte des Werdens und Entstehens der bayerischen Räterepublik zu gegebener Zeit in einer besonderen Schrift niederzulegen, da bisher alle darüber vorhandenen Abhandlungen irreführend und teilweise direkt falsch sind - auch die der Kommunisten, die ja erst nach unserm Sturz am 13. April Einblick gewannen.] Mühsam verfasste einen derartigen, an Lenin adressierten Rechenschaftsbericht - »Von Eisner bis Leviné« - kurz nach der Abfassung der vorliegenden »Einigungsbroschüre«.

70 Stimmen ergab, stimmten Genosse Levien[80] und die übrigen Mitglieder der KPD geschlossen dafür, und ich erinnere an das stürmische Drängen der Massen dabei, die vor den Landtag gezogen kamen und die Landauer, Levien und ich nur mit Aufbietung aller unserer Überredungskunst zurückhalten konnten, das Gebäude zu stürmen, den Kongreß auszuheben und die Räterepublik von sich aus zu erzwingen. Ich erinnere aber auch daran, daß in dem Funkspruch, in dem Genosse Tschitscherin uns von der »unbeschreiblichen Begeisterung« der großen russischen Schwesterrepublik Kunde gab, keine Silbe enthalten war, die auf ein Bedenken wegen unseres isolierten Vorgehens schließen ließ.[81] Und daß die russischen Genossen auch bei dergleichen Gelegenheiten kein Blatt vor den Mund zu nehmen pflegen, hat doch Genosse Bela Kun erfahren müssen.[82]

In der Tat lagen die Verhältnisse so, daß Bayern - mindestens seine südlich der Donau gelegenen Teile - der übrigen deutschen Revolution von Anfang an um etliche Schritte voraus war. Wieweit die historischen Befruchtungen durch die Bauernkriege, von denen ja Norddeutschland kaum berührt war[83], oder durch französische Einflüsse in der Rheinbundzeit daran Anteil hatten, kann hier nicht untersucht werden. Kein Zweifel ist aber, daß das natürliche Temperament der Bayern empfänglicher ist für neue Eindrücke und freiheitliche Lehren als das der Norddeutschen. Die Gesinnungsbasis etwa des Berliner Proletariats mag stabiler sein als die

---

80 Max Levien (1885-1937): Deutsch-russischer Sozialdemokrat, dann Parteivorsitzender der KPD in Bayern. Führend beteiligt an beiden Münchener Räterepubliken.

81 Georgi Tschitscherin (1872-1936): Bolschewistischer Diplomat und Politiker. Von 1918 bis 1930 Volkskommissar für Auswärtige Angelegenheiten der Sowjetunion.

82 Bela Kun (1886-1936): Mitbegründer der Kommunistischen Partei Ungarn und führende Figur der ungarischen Räterepublik (März-August 1919). Emigrierte 1920 in die Sowjetunion und arbeitete dort in der Kommunistischen Internationale.

83 Die Bauernkriege der Frühen Neuzeit hatten ihren Schwerpunkt in den südlichen deutschen Regionen: Schwarzwald, Schwaben, und Franken.

des Müncheners, aber sie ist langsamer zu gewinnen. Daß der Kommunismus sie gerade bei den Berlinern gewonnen hat, das mag uns in aller Pein dieser Zeit die größte Tröstung sein.

Vielleicht war für die plötzlichere und entschiedenere Aufbrandung des revolutionären Elans in Bayern auch der Umstand maßgebend, daß hier die Sozialdemokratie in ihrer verwaschensten und bürgerlichsten Gestalt die Herrschaft gehabt hatte. Die maßgebenden Politiker, die die bayerische Arbeiterschaft jahre- und jahrzehntelang um jeden revolutionären Seelenrest geredet hatten, waren die Herren von Vollmar[84] und Erhard Auer.[85] Von Vollmar stammt das zynische Wort, man müsse die Pariser Kommune für Schaufenster aufbewahren[86], also der offen vor

84 Georg von Vollmar (1850-1922): Führender Vertreter der reformistischen Flügels der Sozialdemokratie und bayerischer Landesvorsitzender von 1894-1918.

85 Erhard Auer (1874-1945): Vorsitzender der bayrischen SPD und erster Innenminister des Freistaats Bayern.

86 In seiner Haft notiert Mühsam hierzu in seinem Tagebuch: »Wer die Regierung des Volks durch seine Räte, also durch sich selbst, für besser hält als die durch faule Parteifunktionäre, muß, ehe noch ein Urteil gefällt ist, im Zuchthaus lange Wochen abgesperrt von jedem Verkehr mit den Seinigen in banger Sorge um deren Ergehn - nur wissend, daß seine liebsten Freunde inzwischen ermordet, viele hunderte seiner Gefährten verwundet, viele Tausende eingesperrt sind, immer mit dem Gedanken, daß die Allernächsten auch gefangen, krank oder tot sein können, isoliert gehalten sogar von den Leidensgenossen, die aus demselben Anlaß, von denselben Schurken geknebelt, in den Nachbarzellen der Verzweiflung überlassen sind - der muß leiden, leiden, leiden - so wollen es die ›sozialistischen‹ Gewalthaber Bayerns, und da ihnen das seelische Leiden neben der Pein des Eingeschlossenseins und dem Schweinefraß nicht genügt, um sich in ihrem Racheerlebnis befriedigt zu fühlen, verfügen sie auch noch, daß der Kapitalistenfeind die Folgen seiner Gesinnung im Gestank der eigenen Exkremente überdenken soll. - O ja, den Kampf gegen den Kommunismus führen die Bekenner des Kommunistischen Manifests gründlich. Jetzt sind die Truppen des Generals Märker (Braunschweiger Angedenkens) in Leipzig eingezogen, da man dort die Ausrufung der Räterepublik befürchtete. Pfaff, Adel, Kapital, brüderlich vereint mit der militaristisch umgürteten Sozialdemokratie. Deutschlands Anblick nach dem Sturz Ludendorffs ist nicht anmutiger geworden. Vollmar hat auf einem Parteitag einmal

dem Parteitag ausgesprochene Rat, revolutionär zu tun, ohne es zu sein. Auer ist der »Arbeiterführer«, der den Münchener Streik Ende Januar 1918 abwürgte und der am 7. November gegen die sich erhebende Masse Truppen anforderte; doch fand sich kein Soldat mehr, der für seine Zwecke zu brauchen war. Dieser ohne jede Verschminkung zur Schau getragene Opportunismus, der dem leichtlebigen Bayern in der Zeit des ruhigen Gesellschaftsbetriebes vor dem Kriege sehr behagt hatte, erwirkte er doch ganz annehmbare und sehr langfristige Tarifverträge und sorgte für die völlige bierruhige Verbürgerung des Proletariats, – dieser staatstreue Sozialliberalismus verlor in dem Moment den Halt, als das ganze Gefüge, das er stützte, um sich darauf stützen zu können, in Trümmer ging. Der bayerische Arbeiter erwachte aus der bourgeoisen Illusion, die der Wortradikalismus der Scheidemänner, wenigstens in den Friedensjahren, bei den preußischen Brüdern doch nicht hatte in dem Maße aufkommen lassen. So war die Stunde seiner Besinnung zugleich die seiner Radikalisierung. Aus dem zufriedensten Proletarier Deutschlands wurde mit einem Schlag der rabiateste. Weil er der Hort des Opportunismus gewesen war, wurde Bayern die Vorderfront der Revolution.
Schon am 7. November, zwei Tage vor Berlin[87], stand München auf, verjagte die Wittelsbacher[88], proklamierte die Republik,

---

das niederträchtige Wort gesprochen: ›Die Erinnerung an die Pariser Commune gehört ins Schaufenster.‹ Die Betreuer der ›internationalen, revolutionären, völkerbefreienden‹ Sozialdemokratie, die in Märzreden jahraus jahrein auf die höchste Auslage hingezeigt haben, täten gut, den verschimmelten Ladenhüter auch aus dem Schaufenster zu entfernen. Sie haben jetzt gezeigt, wie sie sich die revolutionäre Völkerbefreiung vorstellen – und der Vergleich zwischen Noske und Gallifet fällt keinesfalls zugunsten der ›Sozialisten‹ aus. Aber es gibt eine Vergeltung. Sie wird im Zeugnis künftiger Geschichtsbücher bestehn.« (Tagebucheintrag vom 13. Mai 1919)

87 In Berlin kommt es am 9. November zur Abdankung Kaiser Wilhelm II. Philipp Scheidemann ruft die »Deutsche Republik« aus, wenige Stunden später Karl Liebknecht die als Räterepublik gedachte »Freie Sozialistische Republik Deutschland«.

88 Herrschaftslinie der Könige von Bayern.

setzte Arbeiter- und Soldatenräte ein. Sollte es warten, bis Berlin das Signal gab? War es sicher, daß das Signal kommen würde? War nicht vielleicht Münchens Beispiel erst das Signal für Berlin? Und könnte es nicht wieder so kommen? Konnte der Anstoß, den München am 7. April gab, nicht ganz Deutschland in neue Bewegung setzen? Revolutionen wickeln sich nicht nach Leitsätzen ab. Sie kommen und sind da. Den Zeitpunkt zu erkennen und ihn richtig zu nützen, das ist Aufgabe der Revolutionäre. Daß wir den Zeitpunkt falsch bemaßen, daß wir falsch handelten, das werft uns vor ,- nicht, daß wir ohne Kommando handelten.

Der ganze Verlauf der Dinge zwang die bayerische Revolution zu selbständigen Entschlüssen. Als Exponent des revolutionären Regimes stand Kurt Eisner[89] an der Spitze der jungen Republik, ein Mann, dessen persönlicher Initiative das Gelingen des 7. November zum guten Teil zu danken war und der die eigene Haut tapfer zu Markte getragen hatte. Sein Ministerium stellte er nach eigenem souveränem Ermessen zusammen; der begeisterte Arbeiter- und Soldatenrat stimmte natürlich zu, wenn auch, als der Name Auer fiel, gemurrt wurde. Eisner war ein fanatischer Feind des preußisch-deutschen Militarismus, die Sozialpatrioten haßte er und nahm sie nur in sein Kabinett auf, um leichter mit ihnen fertig zu werden (natürlich wurden sie mit ihm fertig), und schließlich hatte er als Organisator des Januarstreiks neun Monate im Gefängnis gesessen, bis seine Stunde kam. Der 7. November selbst trug trotz seines unblutigen Verlaufes ganz und gar den Charakter einer wirklichen Revolution. Der Sturm auf die Kasernen wurde jedenfalls unternommen, wenn sich dann auch zeigte, daß es nichts mehr zu stürmen gab, da die Revolutionäre von fast allen Kasernen mit Enthusiasmus empfangen wurden und sich die ganze Münchener Garnison sofort der Bewegung anschloß.

Vergleicht man mit dieser Entwicklung der Dinge die Vorgänge in Berlin, wo die kompromittiertesten Sozialpatrioten die Zügel

---

89 Kurt Eisner (1867-1919): Sozialdemokratischer Publizist und Politiker. Spielte als Führer der Unabhängigen Sozialdemokraten bis zu seiner Ermordung eine führende Rolle in der revolutionären Umbruchszeit 1918/1919.

ergriffen und eine Politik machten, die von der ersten Minute an gegen die Revolution gerichtet war, so erhellt, daß von einer deutschen Revolution als einer zwischen den Reichsgrenzen einheitlich zusammenhängenden Volkserhebung von vornherein nicht gesprochen werden konnte. Eisner ging sofort an die Veröffentlichung der politischen Geheimakten des alten Regimes, Ebert[90] und Scheidemann[91] richteten ihr ganzes Bemühen darauf, die geborstene Reichsherrlichkeit mit republikanischem Leim wieder zusammenzukitten und der wirksamen Agitation Karl Liebknechts entgegenzuarbeiten. Eisner stützte sich in seiner, zwar ganz bürgerlich-demokratischen, aber doch temperamentvollen Republik auf die revolutionäre Masse, die ihm in vertrauender Liebe anhing. Ebert-Scheidemann, kaum behindert von den schwächlichen Warnungen Haases und Kautskys, betrieben ungeniert die alte, offen gegen das Proletariat gerichtete Politik weiter.

Dabei war Eisner keineswegs ein Revolutionär im Sinne des sozialistischen Klassenkampfes. Seine erste Proklamation als Vorsitzender des Arbeiter- und Soldatenrates Bayerns am 8. November 1918 verhieß die schleunige Einberufung einer Nationalversammlung, also die Auslieferung der Revolution an die kapitalistische Bourgeoisie. (Der Tag der Einlösung dieses Versprechens wurde Eisners Todestag und sein Märtyrertod für den Augenblick die Rettung der Revolution.[92]) Seine zweite Kundgebung als Vorsitzender des Ministerrates am 10. November vertagte jede Sozialisierung ad

---

90 Friedrich Ebert (1871-1925): Sozialdemokrat, kurz vor Ausbruch des Ersten Weltkrieges zum Vorsitzenden der Sozialdemokraten gewählt und seit 1919 erster Reichspräsident der Weimarer Republik.

91 Philipp Scheidemann (1865-1939): Führende Figur der Sozialdemokratie und 1919 zum ersten Reichsministerpräsidenten der Weimarer Republik gewählt. Interessante Einblicke zu den Gedanken des späten Scheidemanns über die Rolle der SPD in der Weimarer Republik finden sich in: Philipp Scheidemann: Das historische Versagen der SPD. Schriften aus dem Exil. Herausgegeben von Frak R. Reitzle. Lüneburg: Zu Klampen Verlag, 2002.

92 Kurt Eisner wurde im Februar 1919 von Graf Arco, einem rechtsnationalistischen Studenten erschossen.

calendas graecas[93], denn man könnte doch nicht sozialisieren, wo nichts zu sozialisieren da sei. Erst müsse laut Marx die kapitalistische Wirtschaft bis zu ihrer höchsten Entwicklungsstufe wieder aufgerichtet werden, dann dürfe das Proletariat daran denken, sie zu übernehmen. Endlich stammte von ihm die absurde Idee, mit der er schon im November herausrückte, die Räte in der (bürgerlich- demokratischen) Verfassung zu »verankern«, sie als kontrollierendes »Nebenparlament« im Schatten der Bourgeois-Schwatzbude vegetieren zu lassen. »Welch eine genial-philisterhafte Idee!« ruft Lenin aus, der sie im Februar 1919 in der »Berliner Freiheit« als Erfindung des Vorstandes der deutschen unabhängig-sozialdemokratischen Partei plakatiert fand.[94] »Wer bei der Lektüre von Marx nicht begriffen hat«, fährt er fort, »daß in der kapitalistischen Gesellschaft, in jedem kritischen Moment, bei jedem ernsten Zusammenstoß der Klassen, entweder die Diktatur der Bourgeoisie oder die Diktatur des Proletariats möglich wird, der hat weder von der ökonomischen noch von der politischen Lehre Marx' etwas verstanden.« So bot Eisner, der eigentlich überhaupt kein Sozialist, sondern ein westlich orientierter Demokrat, man kann geradezu sagen, ein pazifistischer Entente-Chauvinist war, einer klassenkämpferischen Opposition hinlänglich Stoff, um bei den von ihm selbst zur Revolution erzogenen Arbeitern gegen seine Politik zu operieren.
Die prachtvolle revolutionäre Dreiheit in Berlin, Karl Liebknecht, Rosa Luxemburg und Leo Jogiches, mußte erst das rebellische Temperament der Massen anblasen, um kommunistisch einheizen zu können, als wir in München schon das lodernd flackernde Feuer brennen sahen, dem wir nur die rechte Nahrung zu geben brauchten. Ich konnte daher noch im November mit ein paar jungen Leuten die erste organisierte Kampftruppe gegen das de-

93 Meint: auf unbestimmte Zeit verschieben.

94 [Die Dritte Internationale, ihr Platz in der Geschichte. von N. Lenin. (»Kundgebungen«, vgl. »Die Aktion«.)] Lenin: Die Dritte Internationale und ihr Platz in der Geschichte (1919), in: ders.: Ausgewählte Werke. Band 2. Moskau: Verlag für fremdsprachige Literatur, 1947. S.548-555. Hier: S.555.

mokratische Gemächel der rein »sozialistischen« Regierung auf die Beine stellen, die »Vereinigung revolutionärer Internationalisten«, die sich zu bolschewistischen Grundsätzen bekannte, als Hauptforderung die unverzügliche Aufnahme der Beziehungen zu Rußland aufstellte (gegen die sich Eisner aus Leibeskräften wehrte) und in der sofort einsetzenden Versammlungstätigkeit trotz der ungeheueren Popularität Eisners die vorderen Elemente des Proletariats, die die Massen nach sich zogen, im Sinne des Kommunismus radikalisierte. Vor allem gelang es, das spontane Gebilde des 7. Novembers, den »revolutionären Arbeiterrat«, der nicht aus Wahlen, sondern aus dem Kampf selbst hervorgegangen war, und der sich nicht auflöste, sondern innerhalb des Münchner und des Landesarbeiterrats die treibende Kraft blieb, zur Kernschar der Opposition gegen Eisner zu machen, der dem Titel nach selbst der Vorsitzende dieser fünfzig Köpfe zählenden Korporation war.
Unsere ganze Position war demnach ungleich günstiger als die der Kommunisten in Preußen. Unser autonomes Handeln war bedingt durch die besonders gelagerten Verhältnisse, die Bayern zum vorgeschobenen Posten der ganzen revolutionären Bewegung in Deutschland machten. So blieb die Situation ununterbrochen. Die Ermordung Eisners am 21. Februar und die daraus unmittelbar entspringenden Ereignisse, vor allem aber die Auseinandersprengung des eben zusammengetretenen Landtages, zwangen das bayerische Proletariat immer wieder zu eigenen Entschlüssen, die unmöglich von Berliner Direktiven abhängig gemacht werden konnten. Damals war der Augenblick für entschlossenes Handeln gegeben; aus dieser Erwägung kam auch mein Antrag auf sofortige Ausrufung der Räterepublik. Alles war bereit, aber da kamen von Berlin her die Herren Haase, Kautsky und Barth[95], brachten ihre unabhängigen Genossen zum Umfallen, pfropften ihre preußische »Realpolitik« dem bayerischen Revolutionsgeschehen auf und inszenierten das verruchte Nürnberger Kompromiß, nämlich

95 Emil Barth (1879-1941): Sozialdemokrat und führendes Mitglied des Deutschen Metallarbeiter Verbands. Während der Novemberrevolution Mitglied des Rats der Volksbeauftragten.

ein Komplott der Unabhängigen mit den Sozialpatrioten, das der bereits tatsächlichen souveränen Gewalt Bayerns, dem Rätekongreß, die Vaterschaft über eine neue demokratische Regierung, die natürlich aus lauter »Sozialisten« bestehen sollte, und die Vormundschaft über das zu berufene Parlament aufdrängte. Daß das nur die Abdankung der proletarischen Regierung zugunsten der Bourgeoisie bedeuten konnte, braucht nicht gesagt zu werden. Die Folge hat es schrecklich offenbart. Zum ersten Male hatten die preußischen Politiker in die bayerische Revolution eingegriffen. Das war der Sündenfall. Haase, Kautsky und Barth kamen als die Totengräber der Revolution nach München. Von ihrer Betriebsamkeit und von dem Eifer, mit dem ihre unabhängigen bayerischen Freunde das Seil ergriffen, an dem sie sich wieder aus dem kalten Keller revolutionärer Energie an die Oberfläche des bequemen Opportunismus heraufziehen konnten, ist der Niedergang und der Zusammenbruch der schönen, hoffnungsvollen, proletarischen Revolution Bayerns herzuleiten. Die Lage war durch das geschlossene Kompromiß unsicher und gefährlich geworden. Das Ministerium war entgegen der Abrede anders zusammengesetzt worden, als der Kongreß es beschlossen hatte, und als unter Bruch des Kompromisses dann der Landtag viel früher einberufen werden sollte, als ausgemacht war, wurde die überstürzte Proklamation der Räterepublik vorgenommen. Heute wissen wir, die wir die Schiebenden zu sein glaubten, die wir durch eine Verzweiflungsaktion die Revolution retten wollten, daß wir die Geschobenen waren, geschoben von Leuten, die sich, den Verrat im Brustlatz, an dem Werk beteiligten, dessen Mißlingen ihnen die Bahn zur offenen Konterrevolution frei machen sollte.
Die Lehren, die aus diesem Verlauf zu ziehen sind, sind mannigfaltig. Zunächst erwies es sich, daß Revolution und Kompromisse unvereinbare Dinge sind und daß daher die kommunistische Revolution in Deutschland keine dringendere Pflicht hat, als jedem Kompromiß wie dem Feuer auszuweichen. Da nun die unabhängige Sozialdemokratische Partei ihrem ganzen ursprünglichen Wesen nach ein Kompromißgebilde ist und all ihre Nahrung aus Kompromissen zieht, so ergibt sich hier die Folgerung von selbst.

Dies mußte erst gelernt werden, wie alle Fehler erst gemacht werden müssen, um sie als Fehler zu erkennen. Dann aber zeigt sich – und diese Feststellung scheint mir zur Verhinderung künftiger Fehler unendlich wesentlich –, daß nicht mehrere Revolutionen, mögen sie auch gleichzeitig stattfinden und aus dem gleichen Anlasse entstanden sein, von einer Stelle aus geleitet werden können. Ich glaube es aber deutlich gemacht zu haben, daß man von einer einheitlichen »deutschen Revolution« vom November 1918 nicht wohl reden kann, daß die bayerische Revolution gegenüber der norddeutschen eine besondere und gesonderte war. Wie weit dieselbe auf die übrigen revolutionären Kulminationspunkte im Reiche, auf Bremen, Braunschweig, Düsseldorf und das Ruhrgebiet, zutrifft, mag von den Genossen beurteilt werden, die dort Einblick haben. Sie werden schwerlich der Meinung sein, daß ihre Aktion vom Ohrenwackeln eines Berliner Parteivorstandes hätte abhängig gemacht werden können. Niemand kann mit einer Flinte gleichzeitig auf zwei Hasen zielen. Zentralisation ist möglich und notwendig, wo für einen Kampf die Einheitlichkeit einer Voraussetzung besteht. Im andern Falle wirkt jede Behinderung der freien Beweglichkeit einer Kampfgruppe verwirrend und lähmend.
Wir Deutsche sind Neulinge in der Revolution. Unser Proletariat wurde unvorbereitet von ihr überfallen. Es geriet hinein in sie aus Schrecken und Enttäuschung am Kriegserlebnis. Die langjährige und intensive Schulung, die den russischen Genossen die Pforte zum Siege eröffnete, fehlte den deutschen Arbeitern vollständig. Statt revolutionärer Bereitschaft war ihnen der Parademarsch zur Wahlurne eingedrillt worden. Ihr ganzes Wissen um die Revolution entstammt ihren Erfahrungen aus der Revolution selbst, und da muß ihnen das Zeugnis ausgestellt werden, daß sie schnell und glänzend gelernt haben. Seit November 1918 ist das deutsche Proletariat revolutionär, und zwar bewußt im kommunistischen Geiste. Welches Zeugnis für die fünfzigjährige Erziehungstätigkeit der Sozialdemokratie, die diese Entzündbarkeit nie bemerkt und jede Reibfläche verscharrt hat, die sie hätte erproben können.
In Rußland hatten die Nihilisten gute Vorarbeit getan, hatten die Intellektuellen der sechziger und siebziger Jahre das Feld bestellt,

hatte das revolutionäre unterirdische Feuer nie aufgehört, um sich zu fressen.[96] Rußland war ein ewig gärender Kessel, aus dem die Funken spritzten. Und die Revolution selbst war schon 1905 akut geworden[97], nach jahrelangem Grollen unter der Oberfläche, war bis 1907 lebendig geblieben und auch seitdem nie ganz erloschen. Als dann 1917 ihre Zeit erfüllt war, kam es ihr leicht an, die Menschewiki und rechten Sozialrevolutionäre, die russischen Scheidemänner und Kautskyniker über den Haufen zu rennen und das Werk zu beginnen, das der vom Kapitalismus entstellten und verdunkelten Welt die Sonne kommunistischer Gerechtigkeit bringen soll. Das deutsche Proletariat ist ohne Übergang vor diese Aufgabe gestellt worden. Es hat sich rascher hineingefunden, als erwartet werden konnte. Höchst ungerecht ist daher die in Deutschland auch unter Revolutionären beliebte Äußerung: Dies Volk ist hoffnungslos. Es hat seine alten Propheten durchschaut und wird sie zum Teufel jagen. Mögen die neuen Propheten sich hüten, die Fehler der alten zu wiederholen!

IV. Parlamentarischer Kretinismus

Das »allgemeine, gleiche, geheime und direkte Wahlrecht« war von jeher das A und 0 der sozialdemokratischen Agitation in Deutschland. Zwar genoß man ja die endlosen Wohltaten dieses »einzigen und heiligsten Rechtes« der Arbeiterklasse bei den Wahlen für den Reichstag, was während des Weltkrieges den patriotisch geschwellten Gemütern des Reichskanzlers Bethmann-Hollweg[98] und seiner »sozialistischen« Servierkellner immer erneuten Anlaß gab, den aus dem Westen drohend erschallenden Vorwürfen man-

---

96 Gemeint ist die vor allem seit den 1870er Jahren einsetzende Bewegung der *Narodniki* (Volksfreunde), eine sich vor allem aus den höheren Klassen zusammensetzende Gruppe, die sich programmatisch »ins Volk« begaben, um diesem - je nach Richtung - zu helfen, es aufzuklären und/oder zur Revolution anzutreiben.

97 Gemeint sind die sich an den Petersburger »Blutsonntag« anschließenden revolutionären Erhebungen.

98 Theobald von Bethmann-Hollweg (1856-1921): Von 1909 bis 1917 Reichskanzler.

gelnder demokratischer Einrichtungen mit stolzer Entrüstung zu begegnen. Daß das also gewählte Parlament nur ein Feigenblatt vor der Blöße des preußisch-deutschen Hohenzollern-Despotismus war und so gut wie aller selbständigen Bestimmungsbefugnisse entbehrte, hinderte Herrn Dr. David in Stockholm[99] nicht daran, seine auf dem »freiesten Wahlrecht der Welt« begründete demokratische Autorität ins Licht zu rücken; von der Erkenntnis, daß kein wie immer geartetes allgemeines Wahlrecht im kapitalistischen Staate bei noch so universaler Souveränität seines Produktes etwas anderes als ein Unterdrückungsinstrument der Bourgeoisie gegen das Proletariat sein kann, gar nicht zu reden. Die primitive Meinung, daß eine proletarische Mehrheit zur Durchsetzung sozialistischer Postulate ja nur die bürgerlichen Parteien zu überstimmen brauche, einem Kindertraum, in dem sich zur Zeit mit besonderem Behagen der große Marxtheoretiker Karl Kautsky wiegt, hat bekanntlich schon Wilhelm Liebknecht 1869 in seiner berühmten Rede gegen den Parlamentarismus mit dem Hinweis auf eine Kompagnie Soldaten beantwortet[100];

99 Eduard David (1863-1930): Reformistischer Sozialdemokrat des rechten Flügels. Auf den in Stockholm stattfindenden Sozialistenkonferenzen 1917 wandte sich David vehement gegen die Ansicht, dass die Kriegsschuld für den Ersten Weltkrieg bei Deutschland zu finden sei.

100 In seiner Rede »Über die politische Stellung der Sozialdemokratie, insbesondere mit Bezug auf den Norddeutschen ›Reichstag‹ « (1869) hatte Wilhelm Liebknecht gegen »jene unverständige Überschätzung des allgemeinen Stimmrechts, die, hauptsächlich auf Lassalles Autorität sich stützend, zu einem förmlichen Götzendienst geworden ist«, erklärt: »Namentlich in Norddeutschland halten viele das allgemeine Stimmrecht für die wundertätige Springwurzel, welche den ›Enterbten‹ die Pforten der Staatsgewalt öffnet; sie leben in dem Wahne, sich mitten im Polizei- und Militärstaat an dem allgemeinen Stimmrecht, wie weiland Münchhausen an seinem Zopf, aus dem Sumpf des sozialen Elends herausheben zu können. Münchhausens Zopf sollte ihr Hinterhaupt schmücken. Gewiß, das allgemeine Stimmrecht ist ein heiliges Recht des Volkes, eine Grundbedingung des demokratischen, des sozialdemokratischen Staates. Allein vereinzelt, losgetrennt von der staatsbürgerlichen Freiheit, ohne Preßfreiheit, ohne Vereinsrecht, unter der Herrschaft des Polizei- und Soldatensäbels – mit einem Wort: im absolutistischen Staate kann das allgemeine Wahlrecht nur Spiel- und Werkzeug des

und vierzig Jahre später schränkte im Deutschen Reichstag der preußische Junker Herr von Oldenburg-Januschau herzlos aber zutreffend die erforderliche Truppenmacht auf einen Leutnant und zehn Mann ein.

Da man nun doch vor dem Kriege »Opposition« trieb, konnte man sich mit dem, was man hatte, schlechterdings nicht zufrieden geben, und so verlangte man denn die Ausdehnung des Wahlrechts auf Frauen und Soldaten, die Einführung des Proportionalwahlsystems (dessen Wirksamkeit als Schutz der Minderheit Proudhon einmal glänzend widerlegt hat[101]) und schimpfte auf

---

Absolutismus sein. (...) Aber angenommen, die Regierung mache von ihrer Macht aus Kraftgefühl oder Berechnung keinen Gebrauch, und es gelinge, wie das der Traum einiger sozialistischer Phantasiepolitiker ist, eine sozialdemokratische Majorität in den ›Reichstag‹ zu wählen - was sollte die Majorität tun? Hic Rhodus, hic salta. (Hier ist der Rhodus, hier springe. - Zeige jetzt, was du kannst.) Jetzt ist der Moment, die Gesellschaft umzugestalten und den Staat. Die Majorität faßt einen weltgeschichtlichen Beschluß, die neue Zeit wird geboren - ach nein, eine Kompanie Soldaten jagt die sozialdemokratische Majorität zum Tempel hinaus, und lassen die Herren sich das nicht ruhig gefallen, so werden sie von ein paar Schutzleuten in die Stadtvogtei abgeführt und haben dort Zeit, über ihr donquixotisches Treiben nachzudenken.« (Wilhelm Liebknecht: Über die politische Stellung der Sozialdemokratie (1869), in: ders.: Kleine politische Schriften. Frankfurt am Main: Röderberg Verlag, 1976. S.14-30. Hier: S.22 und 24.

101 Pierre Joseph Proudhon (1809-1865): Einer der wichtigsten sozialistischen Theoretiker des 19. Jahrhunderts. Gilt gemeinhin als »Vater des Anarchismus« (Kropotkin). Proudhon hatte sich immer wieder gegen das repräsentative Wahlsystem gewandt: »Wie haben Sie glauben können, das ein zugleich besonderes und allgemeines, kollektives und individuelles, kurzum synthetisches Denken auf dem Wege einer Abstimmung, das heißt durch eben den offiziellen Ausdruck der Vielfalt, zu erhalten sei? 100.000 Stimmen, die im Chor singen, würden ihnen kaum einen flüchtigen Eindruck vom Sein des Volkes verschaffen. Aber 100.000 einzeln befragte Stimmen, deren jede Ihnen nach ihrer eigenen Meinung antworten würde, 10.000 Stimmen, die jede für sich in verschiedenen Tonlagen singen, würden nichts als einen schrecklichen Lärm erzeugen; und je mehr Stimmen Sie unter diesen Bedingungen hinzufügen, umso größer wird das Durcheinander sein. Alles, was Sie nun, nach Erhalt der begründeten Meinung jedes Bürgers, tun müssen,

die ungerechte Wahlkreiseinteilung. Jedes Jahr zur Saure-Gurken-Zeit drohte überdies ein »Attentat« auf das Reichstagswahlrecht, das dann der sozialdemokratischen Presse und den mit Volksrechten hausierenden Versammlungsrednern Stoff zu wildem Klassengeschrei lieferte. Außerdem verfügte man zum Glück auch noch über die preußische »Dreiklassenschmach«, einem nach Steuerleistungen gestuften Wahlmodus, mit dem die herrschenden Klassen in grotesker Überschätzung der Stimmzettelkraft die Abstimmungsergebnisse von vornherein im gewünschten Sinne regulierten. Das Reichstagswahlrecht für Preußen! das war die große revolutionäre Forderung der Sozialdemokratie in ganz Deutschland. Selbst in den süddeutschen Ländern, wo man es längst hatte, jagten einander die Massenversammlungen unter dieser Parole, und auf dem Parteitag 1913 rief Ludwig Frank emphatisch: »Wir werden das allgemeine Wahlrecht in Preußen haben, oder wir werden den Massenstreik haben!«[102] Ja, als am 22. Januar

---

um der kollektiven Vernunft, die dem Volk eigen ist, näherzukommen, ist, alle Meinungen zu sichten, die Motive zu vergleichen, ihre Zahl zu reduzieren, um dann, durch einen mehr oder minder exakten Induktionsschluss, aus ihnen das allgemeine, höhere Denken, das allein dem Volk zugeschrieben werden kann, zu synthetisieren. Doch wie viel Zeit braucht ein solcher Vorgang? Wer wird seine Durchführung übernehmen? Wer bürgt für die Gewissenhaftigkeit der Arbeit, die Zuverlässigkeit des Resultats? Welcher Logiker wird sich zutrauen, dieser Wahlurne, die nur Asche enthält, den lebendigen und lebensspendenden Keim des Volksgedankens zu entnehmen? Ein solches Problem ist offensichtlich unlösbar. Auch Rittinghausen ist, nach Formulierung der schönsten Phrasen über das unveräußerliche Recht des Volkes, sich sein eigenes Gesetz zu geben, letztlich, wie alle politischen Marktschreier, der Schwierigkeit aus dem Weg gegangen. Nicht mehr das Volk wird die Fragen stellen, sondern die Regierung. Auf die ausschließlich von der Macht gestellten Fragen darf das Volk nur mit ›ja‹ oder ›nein‹ antworten, wie das Kind im Religionsunterricht. Man lässt ihm nicht einmal mehr die Möglichkeit, Änderungen vorzunehmen.« (Pierre Joseph Proudhon: Idée générale de la Révolution (1851). S.160; Übersetzung aus dem Französischen von Michael Halfbrodt)

102 Ludwig Frank (1874-1914): Sozialdemokratischer Politiker, der offen reformistischen Strömung. Plädierte dafür das preußische Dreiklassenwahlrecht mit Hilfe von Massenstreiks zu Fall zu bringen.

1906 im ganzen Reiche Riesensympathiekundgebungen zur Feier der Wiederkehr des Tages veranstaltet wurden, an dem die Gapon-Demonstration die russische Revolution eingeleitet hatte[103], verquickte die Sozialdemokratie mit dieser ernsten Angelegenheit eine Propaganda-Aktion für das preußische Wahlrecht und nahm ihr damit den Stachel. Ein Flugblatt, in dem ich zur Durchkreuzung dieser Jämmerlichkeit und zur Bekundung wahrer Solidarität mit den russischen Brüdern im Auftrage der Anarchisten Deutschlands die Massen zum sozialen Generalstreik aufrief, trug mir, neben wüsten Beschimpfungen der Parteidemagogen, wegen Aufreizung meine erste Verurteilung ein.
Wahlrecht vorn und Wahlrecht hinten - damit ist die deutsche Arbeiterschaft ein halbes Jahrhundert lang gepäppelt worden, und ein halbes Jahrhundert lang plärrte die in allen Versammlungen und bei allen Maikränzchen die bezaubernde Strophe ihrer philiströs-komischen »Arbeitermarseillaise«:

»Das freie Wahlrecht ist das Zei-hei-chen,
in dem wir siegen, nun wohlan!
Nicht predigen wir Haß den Reichen,
nur gleiches Recht für je-hedermann,
nur gleiches Rä-hächt für je-he-dermann!«[104]

---

103 Georgi Gapon (1870-1906): Führte als Priester im Januar 1905 einen gewaltigen Demonstrationszug in Petersburg an, auf dem soziale Reformen verlangt wurden und der brutal attackiert wurde (»Blutsonntag«). Eine interessante Einschätzung Gapons und seiner Rolle in der und für die unmittelbar anschließende Russische Revolution von 1905 aus anarchistischer Perspektive findet sich bei: Volin: Die unbekannte Revolution (~1939). Berlin: Die Buchmacherei, 2013. S.87ff.

104 Verbittert über die Schikanen während der Haft, notiert Mühsam am 1.2.1920 in sein Tagebuch: »Aber unsre Chronik enthält jede Einzelheit über unsre Ansbacher Festungszeit. Kommt die später mal ans Tageslicht, dann dürfen sich unsre Schinder freuen. Dann wird es die Nachwelt verstehn, wenn wir dem Proletariat nicht mehr das Lied vorplärren: ›Nicht predijänn wir Haß den Reichen, nur gleiches Recht für jedermann!‹“ sondern die Lehren, die uns die Bourgeoisie jetzt erteilt, ohne sanftes Getue gegen sie selbst praktizieren.« (Tagebucheintrag vom 1. Februar 1920)

Das war der ständige Refrain, der dem Hoch auf die »internationale, revolutionäre, völkerbefreiende Sozialdemokratie« folgte.
Der »Burgfriede« von 1914 ließ auch das Gezeter nach dem »freien Wahlrecht« verstummen. Man einigte sich mit dem Kaiser auf die Formel: »Nun wollen wir sie aber dreschen!« und meinte damit die russischen, serbischen, belgischen, französischen und englischen Proletarier. Verschmitztes Augenzwinkern zu den Arbeitern und verstohlene Seufzer zu den Regierenden hinüber nährten aber die Hoffnung, daß als Lohn des Wohlverhaltens bei der Verteilung der Siegesbeute unter das Kapital für das Proletariat eine gründliche Wahlreform in Preußen und fürs Reich womöglich eine Neueinteilung der Wahlbezirke winken möchte. Diese Hoffnung wurde gewaltig geschwellt, als Wilhelm II. die stets verweigerte Genehmigung erteilte, über ein Portal des Reichstagsgebäudes die Inschrift anzubringen: »Dem deutschen Volke«. Man suche nur die sozialdemokratischen Blätter aus jenen Tagen hervor, und man wird finden, daß der hochherzige Entschluß des Kaisers die herzige Loyalität seiner vaterlandslosen Gesellen[105] auf das innigste erfreut hatte. Es war, als ob der erste Strahl der aufgehenden Sonne den jungen Morgen der neudeutschen Freiheit küssen wollte.
Was der Sieg nicht brachte, brachte die Niederlage. Vorher schon, als man noch hoffen konnte, nach Erzbergerschen Kalkulationen in einem »Verständigungsfrieden« die Erzlager von Longwy und Briey deutschen Ausbeutern gewinnen zu können, hatte der drohend erhobene Finger des Weltpädagogen Wilson die Reichsregierung zu höchst demokratischen Zugeständnissen an den Parlamentarismus bewogen.[106] Als es 1917 gelang, in der Antwortnote

105 Polemische Anspielung auf eine seit der Zeit des Sozialistengesetzes geläufige Bezeichnung, mit der - neben anderen - die Sozialdemokratie beschimpft wurde.

106 Woodrow Wilson (1856-1924): Von 1913 bis 1921 (demokratischer) Präsident der Vereinigten Staaten von Amerika. Die Bezeichnung als »Weltpädagoge« dürfte sich vornehmlich auf dessen im Januar 1918 vorgestelltes 14-Punkte Programm beziehen, das die Grundlage für eine dauerhafte Friedensordnung nach dem Ersten Weltkrieg zu skizzieren versuchte.

an den Papst die deutschen imperialistischen Raubabsichten zu verschleiern, durfte der Reichstag aus seiner Mitte ein »Gremium« absondern, dem gestattet wurde, das Diktat der Geheimdiplomatie mit Interpunktionen zu verzieren. Die Sozialdemokratie jauchzte, als aber endlich nach dem Mißlingen der Verzweiflungsoffensive 1918, nach den Niederlagen in der Champagne und in Flandern, nach der Durchbrechung der bulgarischen Front in Mazedonien, den Schlappen der Österreicher in Italien und Albanien und dem vernichtenden Schlag gegen die Türken in Palästina die letzten Fetzen des »uns nicht mehr entreißbaren« Sieges in den Wind stoben, da wurde plötzlich Hals über Kopf demokratisiert und parlamentarisiert, um vor Herrn Wilson in der verlangten modisch-demokratischen Frisur um »guten« Frieden bitten zu können. Die Herren Ebert, Scheidemann und David wurden königlich-preußische Exzellenzen, und die fernsten Blütenträume waren über Nacht gereift.
Dann kam, zunächst in der Form erfolgreicher Matrosen- und Soldatenaufstände und der Improvisierung von Soldaten- und Arbeiterräten, die Revolution, die mit einem eleganten Griff eskamotiert wurde, und nun erlebte der verblüffte Zeitgenosse die Etablierung des reinen parlamentarischen Systems in Deutschland, der »freiesten Demokratie der Welt« mit allen Schikanen der allgemeinen, gleichen, geheimen und direkten Proportionalwahl für Männer, Frauen und Soldaten. Wer jedoch glaubt, daß mit dieser »Errungenschaft« der Revolution die höchste Sehnsucht der anspruchsvollen Demokraten erfüllt wäre, irrt sich. Während ich dies schreibe (wir haben den 10. März 1920), erhalte ich die neueste Zeitung und finde darin den Bericht über die letzte Sitzung der Nationalversammlung in Berlin. Danach hat gestern der als ultraradikal verschriene unabhängige Herr Henke[107] gesagt: »Wir wollen einen weiteren Ausbau des Parlamentarismus im Sinne der Demokratie«, und am Schlusse seiner Rede wird »Bei-

107 Alfred Henke (1868-1946): Linker sozialdemokratischer Politiker, wurde wegen Verweigerung der Kriegskredite aus der Fraktion 1916 ausgeschlossen. Mitbegründer der USPD und während der Novemberrevolution einer der Vorsitzenden des Bremer Arbeiter- und Soldatenrate.

fall bei den Unabhängigen« vermerkt. Ich hege keinen Zweifel, daß Henkes Verlangen befriedigt werden wird, bin aber gespannt, bis zu welchem Ausmaß von Gerechtigkeit der »weitere Ausbau« des bürgerlich-kapitalistischen Parlamentarismus die Entwicklung Deutschlands »im Sinne der Demokratie« noch führen wird.
Soll man lachen oder weinen? Die ganze r[e]volutionäre Rückständigkeit des deutschen Proletariats ist allein auf den parlamentarischen Kretinismus zurückzuführen, in dem ehrgeizige, unwissende und in bourgeoiser Ideologie verkommene Führer es hielten, bis es von keiner anderen Waffe mehr wußte, als vom Stimmzettel, bis es den Nachttopf, in den es alle fünf Jahre ein vorgedrucktes Papier legen durfte, wie einen Fetisch anbetete, bis es zugunsten seiner gewählten und mit jeder Vollmacht ausgestatteten »Vertreter« auf den Rest eigenen Denkens, eigenen Entschließens, ja eigenen Empfindens verzichtete, bis es, »Heil dir im Siegerkranz« und die »Wacht am Rhein« grölend, blindlings und fatalistisch in den Weltkrieg hineinstolperte.[108]
Keine Enttäuschung durch das Ausbleiben irgendwelcher greifbaren Erfolge für die Arbeiterschaft, kein Versagen ihrer Parlamentarier bei allen Gelegenheiten, wo es nötig war, sozialistische Prinzipien wenigstens in Reden zu formulieren, hat die deutschen Proletarier an der Wählerei irregemacht. Immer fanden die Bonzen neue Trostgründe, immer neue Versprechungen, als sich bei richtiger Zettelabgabe alles, alles wenden müsse. Bei der Reichstagswahl von 1903 stellte man den Rekord von drei Millionen sozialdemokratischer Stimmen mit über 80 Abgeordneten auf. Der »Vorwärts« verfiel in einen Paroxysmus[109] der Begeisterung: »Unser das Reich! Unser die Welt!« schmetterte er taumelnd. Wo blieb die Weltwende? Ich zitiere, was ich 1912, als der Rekord mit 4 ¼ Millionen Stimmen und den 110 Abgeordneten geschlagen war, die zwei Jahre später den 4. August historisch machten, im Anschluß an den Parteitag in Chemnitz schrieb: »Als auf dem

108 Nationalistische Lieder, die während des Kaiserreiches den Status inoffizieller Nationalhymnen hatten.
109 Paroxysmus = Anfall.

internationalen Kongreß in Amsterdam im Jahre 1905[110] Jaurès den drei Millionen deutschen Sozialdemokraten ihre gänzliche Einflußlosigkeit vorhielt, erwiderte ihm Bebel: Laßt uns erst acht oder zehn Millionen Stimmen haben, dann werden wir schon zeigen, was wir können. In Chemnitz sprach Haase denselben Gedanken aus und gab zu, daß die vier Millionen Wähler von 1912 noch gar keine positive Macht bedeuten. Beide Herren scheinen nicht bedacht zu haben, daß die Stimmenzahl, die sie für nötig halten, um damit erfolgreich auftrotzen zu können, gar nicht anders erreicht werden kann als durch Heranziehung des Bürgertums zur sozialdemokratischen Unterstützung, und zwar in noch viel weiterem Umfange, als sie bisher schon geübt wird. Wir haben alle gesehen, wieviel Konzessionen die Partei dem mit dem Kapitalismus völlig einverstandenen Kleinbürger bei jeder Wahl macht, um seinen Zettel zu kriegen. Sollen jene Reserven bis zur Komplettierung der verdoppelten und verdreifachten Zahl sozialdemokratischer Wähler mobilgemacht werden, so bleibt gar nichts anderes übrig, als völliger Verzicht auf jede Demonstrationspolitik und völliges Aufgehen in positiver demokratischer Staatspolitik. Die Eroberung der politischen Macht geht somit Hand in Hand mit dem Aufgeben der revolutionären Ziele und hat, wenn sie perfekt ist, gar nicht mehr die Möglichkeit, für den Sozialismus gebraucht zu werden.«[111]

Erst die proletarische Revolution, deren Spitze sich naturgemäß gegen die früheren Arbeiterführer richtete, nahm dem deutschen Proletariat die Binde von den Augen. Die ganze Wut über den Verrat der scheinsozialistischen Demagogie entlud sich jetzt gegen das parlamentarische Prinzip. Der Rätegedanke war lebendig geworden, damit war der parlamentarische Wahn tot. Das Auswachsen der antiparlamentarischen Stimmung war geradezu das Kriterium für das Eindringen des wahren sozialistischen Geistes in die Massen. In jedem Proletarierherzen, das den alten Glauben

---

110 Korrekt: *1904*.

111 Erich Mühsam: Chemnitz, in: Kain. Zeitschrift für Menschlichkeit. Nummer 7 (1912). S.97-103. Hier: S.101f.

an den Nutzen des Parlamentarismus von sich gestoßen hatte, war Ruhm geschaffen für den Kommunismus.

*

Man sollte meinen, für deutsche Kommunisten wäre nach diesen Beobachtungen der Gedanke an Wahlbeteiligung zu gleichviel welchen bürgerlichen Parlamenten endgültig begraben gewesen. Zwar war die Frage bei der Konstituierung der KPD im Dezember 1918, als es sich um die Entschließung handelte, ob die verfassunggebende Nationalversammlung beschickt werden sollte, noch Gegenstand von Meinungsverschiedenheiten; es ergab sich aber, daß der Beschluß des Kongresses, die Beteiligung an den Wahlen abzulehnen, von der vordersten Linie des Proletariats nicht nur verstanden, sondern geradezu als das Stichwort der Revolution aufgegriffen wurde.[112] Die Idee der Räte-Demokratie wäre niemals so plausibel zu machen gewesen, wie sie im Verlauf der revolutionären Wallung wurde, wenn sie nicht stets als die dem Proletariat allein gemäße Form der gesellschaftlichen Exekution im Gegensatz zur bürgerlichen und besitzdiktatorischen parlamentarischen Demokratie herausgehoben worden wäre. Der Gegensatz würde aber notwendig verwischt werden, wenn nicht mit der Aufnahme des Rätegedankens in die Herzen und Hirne der Arbeiterschaft die vollständige theoretische und praktische Abkehr vom Parlamentarismus korrespondierte. Man braucht noch gar nicht mit meinem grundsätzlichen Antiparlamentarismus übereinzustimmen, der irgendwelche Gemeinschaft des Proletariats mit der gegenrevolutionären Bourgeoisie ablehnt und schon das Aufsuchen des Gegners

---

112 Siehe hierzu die Diskussion des 2. Punktes der Tagesordnung auf dem Gründungsparteitag der KPD: »Die Nationalversammlung« in: Hermann Weber (Hg.): Der Gründungsparteitag der KPD. Protokoll und Materialien. Frankfurt am Main/Wien: Europäische Verlagsanstalt/ Europa Verlag, 1969. S.88-135. Angenommen wurde dort der Antrag Otto Rühles: »Die Reichskonferenz des Spartakusbundes lehnt die Beteiligung an den Wahlen zur Nationalversammlung mit Entschiedenheit ab, verpflichtet ihre Anhänger im Reiche zur Wahlenthaltung und ruft sie auf, das Zustandekommen und die gegenrevolutionäre Tätigkeit dieses Parlaments mit allen Mitteln zu verhindern.« (ebd.: S.109)

in seinen Verwaltungszirkeln als die Herstellung unzulässiger Gemeinschaft empfindet; so muß doch die einfachste psychologische Überlegung davor warnen, gerade dem deutschen revolutionären Proletariat, dessen Gehirn jahrzehntelang von der parlamentarischen Manie verklebt war, jemals wieder das Wählen in bürgerliche Parlamente zuzumuten. Die Erziehung des deutschen Arbeiters zur Revolution kann nur so richtig geleitet werden, daß man ihm das Mittel, mit dem er früher zur Konterrevolution erzogen wurde, gründlich verachten lehrt. Der Versuch aber, es ihn gleichzeitig verachten und anwenden zu lehren, wird an seinem geraden Sinn scheitern, der Klarheit der Begriffe und Einheit von Verstehen und Handeln verlangt. Damit wird die Gefahr deutlich, die die kommunistische Partei Deutschlands mit ihrem prinzipiellen Bekenntnis zur Teilnahme an staatlichen Wahlen über die deutsche Revolution bringt[113]; die Gefahr, durch die Wiederbelebung der alten Praktiken auch die alte Mentalität neu zu wecken.
Ehe vorauszusehen war, daß die mit dem gemessenen Auftrag, eine Verfassung für die deutsche Republik zu schaffen, eingesetzte Nationalversammlung aus Furcht, die aus Klerikalen, Kapitaldemokraten und Sozialbürgern der Scheidemann-Richtung bestehende Mehrheit an die monarchistischen Deutschnationalen oder die Unabhängigen zu verlieren, ihre Bemühungen um die kapitalistische Restauration lange über die Erledigung ihres Auftrages hinaus fortsetzen würde, mußte mit einer Neuwahl in absehbarer Zeit gerechnet werden. Diese Möglichkeit ließ gewisse kommunistische Führer nicht schlafen. Ein Parlamentsmandat, die Aussicht, mit den Henke und Ledebours[114] im Wettstreit die Bourgeoisie von ihrer eigenen Tribüne herunter anzuhauchen[115],

113 Heidelberger Leitsätze der KPD (Okt. 1919). Im vorliegenden Band: S.193-196.

114 Georg Ledebour (1850-1947): Sozialdemokrat, Gegner der »Burgfriedenspolitik«, Mitbegründer der USPD und während der Novemberrevolution Mitglied des Vollzugsrates der Arbeiter- und Soldatenräte Groß-Berlin.

115 Verballhornung der oftmals in militanter Sprache vorgetragenen Befürwortung der parlamentarischen Praxis à la »Wir müssen die

war zu verlockend. So begann schon im Sommer 1919 in der kommunistischen Presse ein geschäftiges Orakeln, ein Einerseits und ein Anderseits, ein Hin- und Hersalbadern über das Wie, Wann, Wo und Warum einer eventuellen Beteiligung an der Wählerei. Wer die Bedenklichkeit eines Rückfalls der um die Revolution verdientesten Partei in sozialdemokratische Sitten erkannte, mußte diese Entwicklung mit Sorge beobachten. Die Befürchtung lag nahe, daß die KPD, hatte sie erst einen Fuß auf die schiefe Ebene gesetzt, in rapidem Tempo in die Methoden der vulgärsten Parteipolitik abrutschen, daß sie das Niveau verlieren werde, das sie bisher hoch über dem Gehudel der politischen Schachermeierei gehalten hatte.

Ich hatte der Partei bis dahin nicht angehört, hatte aber seit der Gründung ihrer Münchener Ortsgruppe, in der die »Vereinigung revolutionärer Internationalisten« allmählich aufging, engste Kameradschaft mit ihr gehalten, war in Dutzenden ihrer Versammlungen als Referent aufgetreten und hatte ihr in München und in auswärtiger Agitation Tausende von Mitgliedern zugeführt. Im September 1919 entschloß ich mich, unter Überwindung schwerster Gewissensbedenken von meiner Festungshaft aus den Beitritt zu vollziehen. Ich erließ zur Begründung eine öffentliche Erklärung in den kommunistischen Blättern, worin ich die kommunistischen Anarchisten aufforderte, meinem Beispiel zu folgen, und der Hoffnung Ausdruck gab, »der Zustrom an Kampf und Verfolgung gewöhnter Rebellen werde die Tatkraft der Partei befeuern und sie vor Verknöcherung und Verbonzung dauernd bewahren«.[116] Nachdem ich vorher auf die frühere »Versumpfung der Arbeiterbewegung in Parlamentsschwätzerei, Tarifmeierei und Vereinsbürokratismus« hingewiesen hatte[117], konnte kein Zweifel bestehen, was ich mit meinem Schritt beabsichtigte.

Die Freude meiner Parteizugehörigkeit war kurz. Wenige Wochen nach meinem Beitritt erschienen die Leitsätze der Kommunisti-

---

Tribüne des Reichtags nutzen und mit unserer kräftigen Stimme die Wahrheit unter das Volk schmettern etc.«.

116 Erich Mühsam: Erklärung (1919). Im vorliegenden Band: S.188.

117 Erich Mühsam: Erklärung (1919). Im vorliegenden Band: S.186.

schen Partei Deutschlands (Spartakusbund). Beschlossen auf dem Parteitag Oktober 1919, und darin heißt es: »Die KPD ist sich bewußt, daß dieser Kampf (um die Machtergreifung des Proletariats) nur mit den größten politischen Mitteln (Massenstreik, Massendemonstration, Aufstand) zum siegreichen Ende gebracht werden kann. Dabei aber kann die KPD auf kein politisches Mittel grundsätzlich verzichten, das der Vorbereitung dieser großen Kämpfe dient. Als solches kommt auch die Beteiligung an Wahlen in Betracht, sei es zu Parlamenten, sei es zu Gemeindevertretungen, sei es zu gesetzlich anerkannten Betriebsräten usw.«[118] Und der Punkt 7 der »Leitsätze über kommunistische Grundsätze und Taktik« verfügt: »Mitglieder der KPD, die diese Anschauungen über Wesen, Organisation und Aktion der Partei nicht teilen, haben aus der Partei auszuscheiden.«[119] Damit war ich also automatisch wieder an die Luft gesetzt und verschwand lautlos mit zahlreichen anderen überzeugten revolutionären Kommunisten durch die Kulisse links.

Die große Bannbulle, als welche sich die »Leitsätze« der KPD-Zentrale darstellen und deren einzelne Schönheiten hier noch bespiegelt werden sollen, erhält ihre besondere Beleuchtung als Ausfluß kleinlich-bürokratischer Vereinsmeierei und bornierten Bonzentums durch ein »Rundschreiben des Exekutiv-Komitees der Kommunistischen Internationale«, das als dessen Vorsitzender Genosse Sinowjew schon am 1. September erlassen hatte[120] und das den KPD-Päpsten also schon bekannt sein mußte, als sie zum Parteitag zusammentraten. Daß dieses Rundschreiben ein Wink mit dem Zaunpfahl speziell für die deutschen Kommunisten sein sollte, ist ihm deutlich anzumerken.

Genosse Sinowjew empfiehlt da genau das, was ich, natürlich noch ohne Kenntnis des Manifestes, mit meiner Beitritts-Er-

---

118 Heidelberger Leitsätze der KPD (Okt. 1919). Im vorliegenden Band: S.190.

119 Heidelberger Leitsätze der KPD (Okt. 1919). Im vorliegenden Band: S.193.

120 [Die Kommunistische Internationale Nr. 3 1919, S. 71ff.] Siehe im vorliegenden Band: S.178-185.

klärung bezweckt hatte, nämlich weitgehende Tolerierung der linksradikalen Revolutionäre in der Partei, und in der Frage des Parlamentarismus, mit der sich der Brief als eigentliches Thema beschäftigt, den Verzicht auf intransigente Bockbeinigkeit.
Er schreibt eingangs: »In Frankreich, Amerika, England, Deutschland schließen sich gleichzeitig mit der Verschärfung des Klassenkampfes alle revolutionären Elemente der kommunistischen Bewegung an, indem sie sich vereinen oder ihre Handlungen unter der Parole der Sowjetmacht koordinieren. Die anarchistisch-syndikalistischen Gruppen und die Gruppen, die sich bisweilen einfach anarchistisch nennen, schließen sich dabei dem allgemeinen Strom an. Das Exekutivkomitee der Kommunistischen Internationale begrüßt das aufs wärmste.«[121] (Die KPD-Zentrale aber hält für diese Gruppen Fußtritte bereit.) Am Schlusse sagt Sinowjew, nachdem er es als nicht lohnend bezeichnet hat, sich wegen der parlamentaristischen Differenzen zu spalten: »Die Praxis des Prostituierens im Parlament war dermaßen ekelhaft, daß sogar die besten Genossen in dieser Frage Vorurteile haben. Diese sollen im Verlauf des revolutionären Kampfes überwunden werden. Wir wenden uns daher eindringlich an alle Gruppen und Organisationen, die einen wirklichen Kampf für die Sowjets führen, und rufen sie zum engsten Zusammenschluß, sogar trotz der Uneinigkeit in dieser Frage. Alle, die für die Sowjets und die proletarische Diktatur sind, wollen sich baldmöglichst vereinen und eine einheitlich kommunistische Partei bilden.«[122] Ja, wenn wir in Deutschland nicht schon eine kommunistische Partei hätten! Aber die – mindestens ihre sehr scharfsichtige Zentrale (vulgo Parteivorstand) – sperrt nicht nur ängstlich alle Eingänge gegen jeden nicht stramm levigläubigen Eindringling ab, sondern schmeißt auch noch ihre eigenen besten Parteigenossen zum Tempel hinaus.

---

121 Sinowjew: Der Parlamentarismus und der Kampf für die Sowjets (Sept. 1919). Im vorliegenden Band: S.178.

122 Sinowjew: Der Parlamentarismus und der Kampf für die Sowjets (Sept. 1919). Im vorliegenden Band: S.184f.

Die vorliegende Schrift wendet sich nur an schon überzeugte Kommunisten und kann sich daher einer eingehenden Kritik des Parlamentarismus als eines Faktors der Konterrevolution ersparen. Selbst die Zentrale sieht ein, daß das Parlament »ein Mittel der herrschenden Klassen zur Ausübung und Aufrechterhaltung der politischen Macht« ist, daß es mit dem Zeitpunkt der Eroberung der politischen Macht durch das Proletariat zerstört werden und »dauernd zerstört bleiben« muß[123]. »Seine Funktionen im Stadium nach der Eroberung der politischen Macht werden durch die Arbeiterräte völlig ersetzt.«[124] - Sinowjew fragt: »Läßt sich die Sowjetmacht mit dem Parlamentarismus vereinbaren?« Und antwortet: »Nein und abermals nein. Mit den vorhandenen Parlamenten ist sie absolut unvereinbar, weil die Parlamentsmaschine die konzentrierte Macht der Bourgeoisie verkörpert.« Er stellt »für jedes beliebige bürgerliche Land« die Parole auf: »Nieder mit dem Parlament! Es lebe die Sowjetmacht!«[125]

Lenin sagt, das eigentlich Entscheidende über den Gegenstand in seiner ausgezeichneten Polemik gegen Kautsky in dieser Form[126]: »Die Teilnahme am bürgerlichen Parlament (das nie über die wichtigsten Fragen in der bürgerlichen Demokratie zu entscheiden hat, sie werden von der Börse, den Banken entschieden) ist den werktätigen Massen durch tausend Hindernisse versperrt, und die Arbeiter wissen, fühlen und sehen genau, daß das bürgerliche Parlament eine fremde Institution, eine Waffe zur Unter-

123 Heidelberger Leitsätze der KPD (Okt. 1919). Im vorliegenden Band: S.193f.

124 Heidelberger Leitsätze der KPD (Okt. 1919). Im vorliegenden Band: S.194.

125 Sinowjew: Der Parlamentarismus und der Kampf für die Sowjets (Sept. 1919). Im vorliegenden Band: S.181.

126 [Lenin, Die Diktatur des Proletariats und der Renegat K. Kautsky. (Verlag Die AKTION.)] Lenin: Die proletarische Revolution und der Renegat Kausky (1918), in: Karl Kautsky: Die Diktatur des Proletariats/ Lenin: Die proletarische Revolution und der Renegat Kautsky/Karl Kautsky: Terrorismus und Kommunismus. Herausgegeben von Hans-Jürgen Mende. Berlin: Dietz Verlag, 1990. S.89-175. Hier: S.108.

drückung der Proletarier durch die Bourgeoisie, die Einrichtung einer feindlichen Klasse, der ausbeutenden Minderheit ist.«

*

Die KPD zog aus ihrer antiparlamentarischen Erkenntnis keine Folgerung, sondern machte im Gegenteil aus der Forderung, »auf kein politisches Mittel grundsätzlich zu verzichten«[127], die Bedingung für die Mitgliedschaft. Hören wir ihre Gründe: »Sind die großen Kämpfe ohne entscheidenden Sieg abgeflaut oder sind sie in Vorbereitung, so treten naturgemäß die kleinen Mittel in den Vordergrund. Lediglich diese Erwägung ist für die Stellung der KPD zur Frage der Anteilnahme an Wahlen und parlamentarischen Aktionen entscheidend. Die Frage ist eine rein taktische.«
»Die Teilnahme an parlamentarischer Wahl und Tätigkeit dient allein dem Ziel, jene Aktionen (nämlich der Massendemonstration, Massenstreiks und Aufstände) agitatorisch und organisatorisch vorzubereiten.«[128]
Großartig. »Sind die großen Kämpfe ohne entscheidenden Sieg abgeflaut –«! Der kommunistische Parlamentarier soll also wohl so eine Art Wettermännchen spielen: scheint der Revolution die Sonne - raus aus dem Parlament! Regnet es - rein ins Parlament! ... Ein Verfechter der Zentrale-Politik, beschäftigt sich angelegentlich damit, die Bald-so-bald-so-Taktik in der Wahlfrage plausibel zu machen. Er sagt in einer Polemik gegen die Hamburger Unionisten[129]: »Es ist richtig: wer für die Diktatur des Proletariats kämpft, der darf nicht die kapitalistische ›Demokratie‹ ›stützen‹, sich auf ihren Boden stellen. Tun wir das aber, wenn wir die Arbeiter evtl. in unserer Wahlagitation vor allem Vertrauen zum Parlament warnen und zur Wahl von Kommunisten auffordern,

127 Heidelberger Leitsätze der KPD (Okt. 1919). Im vorliegenden Band: S.190.

128 Heidelberger Leitsätze der KPD (Okt. 1919). Im vorliegenden Band: S.195.

129 [Struthahn (Radek), Die Entwicklung der deutschen Revolution und die Aufgaben der kommunistischen Partei. Herausgeber: Zentrale der KPD. 1919. Verlag Spartakus. Stuttgart-Degerloch. Seite 25.]

deren ›parlamentarische Aktion‹ eben darin bestehen wird, daß sie von der parlamentarischen Bühne aus der kapitalistischen ›Demokratie‹ die Maske vom Gesicht reißen?« Da haben wir's: die Maske vom Gesicht reißen! Als ob die kapitalistische »Demokratie« überhaupt eine Maske vor dem Gesicht trüge! Als ob nicht das ganze Gesicht nur Maske wäre, die nur entfernt werden kann, wenn der Kopf mit heruntergerissen wird! Und darüber, daß das Parlament dazu der ungeeignetste Boden ist, waren wir ja wohl einig, nicht wahr?

Aber wir hören den Genossen Struthahn verkünden, daß man die Wahlagitation brauche, um die Arbeiter vor allem Vertrauen zum Parlament warnen zu können. Zugegeben, daß die Wählerversammlungen vor den Wahlterminen dazu die beste Gelegenheit geben: muß man deswegen eigene Kandidaten aufstellen? Ist das nicht eine merkwürdige Manier, Arbeiter überzeugen zu wollen, daß man ihnen sagt, der Parlamentarismus ist Schwindel, er kann euch nie und nimmer mehr vom Kapitaldespotismus, von der Ausbeutung, von der Lohnsklaverei befreien – darum wählt nicht den Meier, sondern den Levi! Man sollte denken, es wäre ein wirksameres Argument, das das Proletariat viel leichter verstehen wird, wenn ihm gerade in Wahlversammlungen und während der Wahlagitation gesagt wird: weil der Parlamentarismus Schwindel, weil das Parlament ein Unterdrückungsorgan der Bourgeoisie gegen das Proletariat ist, beteiligen sich die Kommunisten nicht daran. Das unterscheidet sie von allen anderen Parteien ohne Ausnahme, das erhebt sie über sie, daß sie nicht auffordern: wählt den Hinz oder Kunz oder den Müller oder den Meier oder den Levy! – sondern sagen: Wählt gar nicht! Seid Revolutionäre! Erklärt doch Struthahn selbst: »Die kommunistische Partei vertritt den von der Bourgeoisie vollkommen abgetrennten Teil des Proletariats.«

In der von Struthahn bekämpften Hamburger Resolution hieß es: »Eine Partei, die nach der Eröffnung des Kampfes für die proletarische Diktatur die parlamentarische Tätigkeit wieder aufnimmt, ... erklärt die proletarische Revolution für geschlossen oder vertagt und stellt sich auf den Boden der im Augenblick

bestehenden realen Machtverhältnisse.«[130] Diese Behauptung findet Genosse Struthahn »komisch«[131]. »Wenn wir den Arbeitern sagen«, meint er, »die Teilnahme an den Wahlen sei notwendig, weil der Gegner noch stark ist, weil er uns auf anderen Gebieten einengt und wir ihn also im Parlament aufsuchen und dort bekämpfen müssen, so sagen wir den Massen, daß die Revolution noch in den Anfängen steckt, nicht, daß sie beendet sei.«[132] Aber als die Revolution wirklich noch ganz in ihren Anfängen steckte und erst nach ihren frühesten proletarischen Äußerungsformen tastete, entschloß sich doch die KPD zur Wahlenthaltung? ...
Jedoch Struthahn beruft sich auch auf die revolutionäre Ausnutzung des Parlamentsmandats selbst! »Es können in der Revolution Situationen eintreten, in denen vieles davon abhängt, ob die Vertreter des Proletariats aus mehreren Orten zusammenkommen können, ob sie von einer weithin sichtbaren Tribüne aus dem Proletariat Losungen zurufen können. Selbst die kürzeste Frist der Bewegungsfreiheit und Immunität der proletarischen Vertreter kann von großer Bedeutung sein.«[133] Wenn solche Situationen eintreten, dann wird nicht nur die Verbindung der Proletariats-Vertreter in den verschiedenen Orten unterbunden sein, sondern vorher noch werden alle ihre Zeitungen und Organisationen aufgeflogen sein. Die Arbeiter werden also die Reden, die auf der Parlamentstribüne gehalten werden, gar nicht zu sehen kriegen, – oder glaubt Genosse Struthahn, die bürgerliche Presse werde sie vermitteln? Dann möge er doch seinen Blick in irgendein Bourgeoisblatt senken und nach-

130 Zit.n. A. Struthahn: Die Entwicklung der deutschen Revolution und die Aufgaben der kommunistischen Partei. Stuttgart: Spartakus Verlag, 1919. S.26.

131 A. Struthahn: Die Entwicklung der deutschen Revolution und die Aufgaben der kommunistischen Partei. Stuttgart: Spartakus Verlag, 1919. S.26.

132 A. Struthahn: Die Entwicklung der deutschen Revolution und die Aufgaben der kommunistischen Partei. Stuttgart: Spartakus Verlag, 1919. S.26.

133 A. Struthahn: Die Entwicklung der deutschen Revolution und die Aufgaben der kommunistischen Partei. Stuttgart: Spartakus Verlag, 1919. S.25.

sehen, in wieviel Zeilen dort die stundenlangen Parlamentsreden auch nur der Unabhängigen zusammengedrängt werden, dann erinnere er sich daran, wieviel die deutschen Proletarier von 1914/16 von Liebknechts Reden zu lesen bekamen. Nein, in solchen Situationen nützt auch die Immunität nichts, selbst für die kurze Dauer nicht, für die Struthahn selbst nur auf sie und die Redefreiheit Hoffnungen setzt. Da nützt nur unterirdische Arbeit und wahrhaft revolutionäre Arbeit, für die das Parlament kein Feld bietet.

Auch Sinowjew verteidigt die revolutionäre Ausnutzung der Parlamente. Er sowohl wie Struthahn verweist auf das Beispiel Karl Liebknechts.[134] Ich bin der allerletzte, der das heldenhafte Verhalten dieses ewig vorbildlichen Revolutionärs im deutschen Reichstag und preußischen Landtag während der Kriegszeit herabwürdigen möchte. Aber der Vergleich stimmt nicht. Worin lag das überwältigende Große in Liebknechts Haltung? Er war 1912 als einer von 110 Abgeordneten in den Reichstag gewählt worden, zu einer Zeit, als an den Weltkrieg erst sehr wenig Leute glaubten, an die nahe proletarische Revolution in Deutschland noch kein Mensch dachte. Von seiner Ausnahmestellung in der sozialdemokratischen Partei hatte das Proletariat bis zum 2. Dezember 1914[135] keine Ahnung. Er hatte vor dem Krieg zur Linken gehört, das war alles, was man wußte; aber dazu gehörten auch Hänisch[136],

---

134 Sinowjew: Der Parlamentarismus und der Kampf für die Sowjets (Sept. 1920). Im vorliegenden Band: S.182; A. Struthahn: Die Entwicklung der deutschen Revolution und die Aufgaben der kommunistischen Partei. Stuttgart: Spartakus Verlag, 1919. S.25: »wer darf aber vergessen, welche Dienste er vermittels der ärmlichsten Mittel eines einzigen Parlamentsmandats uns geleistet hat«.

135 Am 2. Dezember 1914 stimmte Karl Liebknecht gegen die Kriegskredite im Reichstag.

136 Konrad Haenisch (1876-1925): Ursprünglich linker Sozialdemokrat wendete er sich im Verlauf des Ersten Weltkrieges zu einem Befürworter der Kriegspolitik, die er marxistisch zu begründen versuchte. Im Gefolge der Novemberrevolution Kultusminister in der preußischen Landesregierung.

Lensch[137], Cunow[138] und eine Menge »Umlerner« und viele, die später immerhin den Mut fanden, der Scheidemannschen Kaiserpolitik als »Unabhängige« eine pazifistische Opposition entgegenzustellen. So war er ein Parlamentarier wie alle, unter den gleichen Parolen gewählt, unter den gleichen Umständen ins Parlament eingetreten, unter den gleichen Voraussetzungen zu beurteilen wie die anderen. Das Land war nicht nur in keiner revolutionären Situation, sondern in fanatischem Kriegsjubel befangen, das Proletariat bis in die ärmsten Hütten von wilder Psychose ergriffen, patriotisch, hohenzollerisch, menschenfresserisch durchrast vom Haß gegen die »Feinde«. Das war das Bild Deutschlands, als Liebknechts Gestalt im Reichstag aufstieg und über den verzerrten Nebeln von Gesinnungslosigkeit und Ehrvergessenheit, die sich

---

137 Paul Lensch (1873-1926): Als Sozialdemokrat des linken Flügels einer der Wortführer gegen die reformistische Strömung innerhalb der Partei; schwenkte im Laufe des Krieges auf die Seite der Kriegsbefürworter um.

138 Heinrich Cunow (1862-1936): Linker Sozialdemokrat, der sich während des Ersten Weltkrieges dem rechten Flügel der Sozialdemokratie annäherte. Nach Ende des Krieges wird er in einer umfangreichen Auseinandersetzung mit Marx festhalten, dass die »Entwicklung des Staates (...) eine andere Richtung genommen« habe, als es »Marx und Engels in ihrer Beeinflussung durch liberal-anarchistische Zeitströmungen glaubten. Der Staat wird nicht überflüssig; er verliert nicht, wie Engels meint, einen immer größeren Teil seiner einstigen Funktionen an die Gesellschaft, sondern er übernimmt im Gegenteil immer weitere soziale Aufgaben und erweitert dadurch seine Verwaltungsmaschinerie. Damit fallen nicht die soziologischen Teile der Marxschen Staatslehre, die Marx von Hegel übernommen und auf Grund seiner materialistischen Geschichtsauffassung weiter ausgebaut hat; was fällt, ist die mit seinen eigenen soziologischen Auffassungen im Widerspruch stehende, aus einem halbutopistisch-anarchistischen Revolutionarismus herauskonstruierte Hypothese von der baldigen Abschaffung oder Auflösung des Staates (...). Zwar der Staat, den Marx vor Augen hatte, wird verschwinden; aber die neue Entwicklungsphase wird nicht, wie Marx unterstellt, darin bestehen, daß der kapitalistische Staat unter Uebertragung seiner Funktionen auf die Gesellschaft sich *in diese auflöst*, sondern daß an seine Stelle auf der Grundlage einer neuen Gesellschaftsordnung ein neuer höher entwickelter Staat tritt: *der sozialistische Wirtschafts- und Verwaltungsstaat.*« (Heinrich Cunow: Die Marxsche Geschichts-, Gesellschafts und Staatstheorie. Berlin: Dietz Verlag, 1923. S.317ff.)

aus den nationalistisch umbrandeten Gehirnen seiner »sozialistischen« Kollegen hoben, die leuchtende Fackel des Prinzips, des Klassenkampfes und der Internationalität strahlen ließ. Mitten in der zischenden Wut nicht nur der auf Kriegsgewinn geilen bourgeoisen Parlamentsmeute und ihres »sozialistischen« Anhangs, sondern des ganzen verhetzten Volkes, seiner eigenen Wähler und proletarischen Auftraggeber, stand er aufrecht da, ein Prophet der Revolution in der Wüste des Verrates.
Wie klar ist doch der Unterschied zwischen Liebknechts schicksalhafter Mission und der »taktischen« Ausklügelung der KPD-Zentrale: Leute mit dem Programm ins Parlament schicken zu wollen, Liebknecht zu sein! Dieser Mann nützte die Position, in die er sich gestellt sah, nutzte sie der Parteidisziplin, den Fraktionsbeschlüssen zum Trotz, ließ sich desavouieren, ausstoßen von seinen »Genossen« und wuchs gerade dadurch ins Maß des Heroen. Und nun will man diesen in allen Voraussetzungen und in seiner ganzen Bedingtheit einzigartigen Fall typisieren. Geht hin und macht's wie Liebknecht!
Der ungeheure Eindruck, den Karl Liebknecht mit seiner Kühnheit auf die Proletarier der ganzen Welt und zuletzt - zu allerletzt - auch auf die deutschen machte, beruhte darauf, daß ihm sein Verhalten nicht von revolutionierten Massen vorgeschrieben war - hatte es damals schon revolutionierte Massen gegeben, dann wäre sein Auftreten ja das selbstverständlichste Ding von der Welt gewesen -, sondern daß es im Gegensatz zur Meinung des ganzen Volkes aus seiner Erfülltheit mit sozialistischem und internationalem Geist kam. Es beruhte darauf, daß er als einzelner im Parlament und im ganzen Lande aussprach, wozu niemand sonst den Mut fand und worauf doch alles wartete, was auf dem Erdball noch proletarisches und internationales Empfinden bewahrt hatte. Wenn jetzt die Parlamentstribüne wieder von Kommunisten bemüht werden soll, dann wird das revolutionäre Ausland von den Reden ihrer Vertreter kaum Offenbarungen erleben, und wenn für ihr Epigonentum Liebknecht als Kronzeuge aufgerufen wird, dann ist ernstliche Verwahrung am Platze; denn das grenzt an Blasphemie.

Liebknecht ist kein Beweis für die Nützlichkeit der revolutionären Parlamentstätigkeit, sondern ihre Widerlegung. Der unermeßliche Wert seiner parlamentarischen Agitation bestand darin, daß man sie ihm beschnitt und mit allen gesetzlichen und ungesetzlichen Mitteln zu verhindern suchte. Man ließ ihn nicht zum Reden kommen; hatte er das Wort trotzdem, so entzog man es ihm nach wenigen Sätzen. Was er sagte, wurde dem Volk verschwiegen oder total entstellt und gefälscht mitgeteilt, wobei er nicht bloß als Verräter, sondern auch als Narr und Poseur hingestellt wurde. Man hatte die fürchterlichste Angst vor diesem unerbittlich wahrhaftigen Mann, denn er sprach aus, was dem Volk mit aller Gewalt vorenthalten werden sollte und was es noch nicht wußte und noch von niemandem gehört hatte. Man vertuschte seine Aufklärungen und ging dabei so weit, daß man die offiziellen Reichstagsstenogramme »korrigierte«. Man brutalisierte, man schlug ihn sogar. Endlich versagte man ihm die Immunität und lieferte ihn den Schergen, den Militärrichtern, dem Zuchthause aus.[139] Liebknechts unvergängliches Verdienst war, daß er das Parlament - in der Zeit der wütendsten Reaktion, von der das ganze Volk durchseucht war - zu dem Beweise ausnutzte, daß es als Propagandatribüne untauglich ist, daß es der Bourgeoisie nicht einfällt, die garantierten Rechte des Proletariats zu respektieren, wenn ihr daraus Schaden erwachsen kann.

Selbstverständlich hat Sinowjew recht mit dem Satze: »Wenn Liebknecht nicht Abgeordneter gewesen wäre, hätte er nie eine solche Tat vollbringen können: seine Reden hätten keinen solchen Widerhall gehabt.«[140] Aber wenn er heute wieder Abgeordneter würde, hätte er keine Gelegenheit mehr, seine Tat zu wiederholen. Sie war bedingt in der Eigenartigkeit und Einzigartigkeit der Lage, in der sie stattfand. Diese Lage kann nicht wiederkehren in einer Zeit, wo das Proletariat längst darüber Bescheid weiß, was

---

139 Karl Liebknecht wurde 1916 aufgrund seiner Ablehnung der Politik des Burgfriedens aus der SPD-Fraktion ausgeschlossen und kurz darauf wegen »Kriegsverrat« zu vier Jahren Zuchthaus verurteilt.

140 Sinowjew: Der Parlamentarismus und der Kampf für die Sowjets (Sept. 1919). Im vorliegenden Band: S.182.

es vom Parlamentarismus zu halten hat. Daß ihm darüber die Augen aufgingen, dankt es zum besten Teil dem Mut und der Selbstaufopferung ohnegleichen, die Liebknecht an den Tag legte. Denn, nicht so sehr seine Reden haben den Widerhall gehabt, von dem Sinowjew spricht[141], sondern der Umstand, daß man den Inhalt dieser Reden nicht erfuhr, daß man nur spürte, er hielt Reden, die Unerhörtes bedeuten mußten, da sie so sorgfältig verschwiegen wurden. Dadurch wurde allmählich das Gewissen und das revolutionäre Ahnen des Proletariats wach, das keine Aufklärung hatte und nach Aufklärung verlangte. Rücken jetzt, wo das Proletariat völlig im Bilde ist und die Zusammenhänge selbst zu beurteilen vermag, Kommunisten in die Parlamente ein, so werden sie die einzige Agitationsmöglichkeit dort schon geleistet finden. Die war nur einmal und unter den ganz besonderen Verhältnissen gegeben, unter denen Liebknecht sie genützt hat; Karl Liebknecht und neben ihm Otto Rühle, dessen Ruhm nicht verkleinert werden darf, der als treuer Helfer Liebknechts still und tapfer seine Pflicht tat; derselbe Rühle, der die opportunistische Schwenkung der KPD nicht mitmachen wollte und der deswegen - o Schande! - von der Kommunistischen Partei Deutschlands ausgestoßen worden ist.[142]

Aber die Zentrale wollte ja nur parlamentarisch wählen und tätig sein, um die eigentlichen Aktionen »agitatorisch und organisatorisch vorzubereiten«[143]. Das soll doch wohl heißen, daß man die für die Revolution noch nicht gewonnenen Schichten des Proletariats, des Bauerntums, des Mittelstandes, der Beamtenschaft über

141 Sinowjew: Der Parlamentarismus und der Kampf für die Sowjets (Sept. 1919). Im vorliegenden Band: S.182.

142 Otto Rühle (1874-1943). Vor dem Weltkrieg Sozialdemokrat, dann führender Vertreter der rätekommunistischen Richtung. Für Mühsam war Rühle »unser bester und konsequentester Revolutionär in Deutschland« (An Martin Andersen Nexö (7.11.1920), in: ders.: In meiner Posaune muß ein Sandkorn sein. Briefe 1900-1934. Band 1. Herausgegeben von Gerd W. Jungblut. Vaduz: Topos Verlag,1984. S.432-433. Hier: S.433)

143 Heidelberger Leitsätze der KPD (Okt. 1919). Im vorliegenden Band: S.195.

Art und Sinn des Kommunismus in Parlamentsreden aufklären möchte, um sie ihr Verhalten den ausbeutenden Gewalten gegenüber einrichten zu lehren. Ich freue mich, der Mühe überhoben zu sein, das einzige, aber vollständig durchschlagende Argument gegen die Begründung der revolutionären Parlamentsausnützung in eigene Worte zu fassen. Alles, was dazu zu sagen ist, sagt nämlich kein anderer als Paul Levi selbst in dem Plädoyer, in dem er dem Parteitag seine glorreichen »Leitsätze« zur Annahme empfahl. Nämlich: »Nicht die Tatsache, daß wir ihnen Reden halten, wird diese Schichten (die bisher der deutschen Revolution fernstanden) in die Revolution treiben; die Folgen, die sie am eigenen Leib spüren, die erst werden sie zu uns ins Lager der Revolution bringen.« Vortrefflich, Genosse Levi, ganz vortrefflich! Wir werden also bessere Gründe suchen müssen, die den Parlamentarismus der Kommunisten rechtfertigen können.

Siehe da! die Leitsätze lassen nicht im Stich. Ihr zweiter Abschnitt über den Parlamentarismus lautet in extenso: »Nicht nur die Tätigkeit innerhalb der Parlamente, sondern nach Lage der Verhältnisse auch das Ausscheiden aus den Parlamenten könnten von revoltierender Wirkung auf das Proletariat und ein revolutionärer Akt sein. Die Kommunisten in den Parlamenten haben dementsprechend in entscheidenden politischen Konflikten entweder auszuscheiden, oder ihren Ausschluß aus den Parlamenten durch die Bourgeoisie herbeizuführen. Das Ausscheiden soll in den Augen der gesamten Arbeiterschaft als revolutionäre Aktion erfaßt werden und zur Auslösung der revolutionären Massenaktion führen. Ihre Tätigkeit ist auf die Herbeiführung solcher Konflikte zu richten.«[144]

So. So steht es da, - so und nicht anders. Ich will versuchen, ernst zu bleiben. Die Kommunisten sollen also in die Parlamente hineingehen, um den Moment abzupassen oder zu provozieren, wo sie mit stolzer Geste wieder hinausgehen können bzw. hinausgeworfen werden. Und das ist dann der Moment der Revolution, so soll er »erfaßt« werden und zur »Auslösung der revolutionären

---

144 Heidelberger Leitsätze der KPD (Okt. 1919). Im vorliegenden Band: S.196.

Massenaktion« führen. So hat Levi sich die Sache ausgedacht: der Dirigent erhebt den Taktstock, und die Kapelle intoniert. Wenn schon zugegeben werden mag, daß unter gewissen besonderen revolutionären Verhältnissen die »Auslösung« nicht wie in der Regel spontan und durch ganz unvorhergesehenen Anlaß, sondern auf verabredetes Signal vor sich gehen kann, so ist es doch geradezu kindisch, lange vorher, nämlich in der Zeit der »Abflauung«, ein solches Signal festlegen zu wollen, und nur um dieses Signals willen, als ob nicht tausend andere Zeichen zum Losschlagen möglich wären, den ungeheuren Apparat der Wählerei und des Parlamentarisierens in Bewegung zu setzen. Der Gedanke, den Parlamentarismus anzunehmen, um eines Tages demonstrativ den Saal verlassen zu können, richtet sich von selbst. Er ist grotesk. Er ist aber überdies auch gefährlich. Denn der Appell an die Arbeiter, aufzupassen, was die Parlamentarier machen, und danach ihre eigenen Entschließungen und Aktionen einzurichten, macht das Parlament von neuem zum Mittelpunkt der ganzen proletarischen Bewegung und führt mit Sicherheit die alte Überschätzung und Sakrilegierung des Parlamentarismus wieder herbei, mit der wir in Deutschland doch so üble Erfahrungen gemacht haben und die wir endlich glaubten begraben zu haben.
Das sind nun die Würzen gewesen, mit denen die KPD-Zentrale den parlamentarischen Gang ihrer Mahlzeit schmackhaft zu machen versuchte. Ich kann beim besten Willen nicht finden, daß die Fadheit der Speise sich vermindert hat, und ich kann mir auch nicht denken, daß, wie Sinowjew meint, das »Bild parlamentarischer Verräterei« in Frankreich, Amerika und England sich wandeln würde, wenn »dort eine revolutionäre Partei des Proletariats in der Art der Bolschewiki oder der deutschen Spartakisten« in die Parlamente einzöge!
Worauf die KPD-Zentrale wieder hinaus will, zeigt sich ja deutlich genug in ihrer Erklärung, daß sie nicht bloß Parlamente, sondern auch Gemeindevertretungen kommunistisch infizieren möchte. Kommunistische Gemeindedelegierte! Kommunistische Stadträte! Man muß es nur aussprechen, um das Absurde der Idee zu erkennen. Aber man will ja »auf kein politisches Mittel grundsätzlich

verzichten« – was beileibe kein Opportunismus ist! Als ob nicht die Revisionisten genau dieselbe Weisheit auskramten, als sie zu Hofe gingen und Orden annahmen. Wo ist die Grenze? Wird man nicht nächstens auch Ministersessel anstreben und auf den Reichspräsidentenstuhl Anspruch erheben? Warum soll man diese Plätze nicht ebensogut für die Zwecke des Proletariats »ausnützen« können, wie das anerkannt konterrevolutionäre Bourgeoisparlament? Die Herren um David, Heine[145] und Genossen haben es immer behauptet. Wir sehen ja, was aus dem Millerandismus geworden ist: der Mann, der dem Begriff den Namen gegeben hat, Ministerpräsident in Frankreich[146], Ebert Präsident der deutschen Republik. Und waren nicht die deutschen Sozialdemokraten zu Anfang ihrer Parlamentstätigkeit auch fest entschlossen, nichts anderes unter den Bourgeois zu unternehmen, als ihnen im eigenen Hause »die Maske vom Gesicht zu reißen.« Heißt mich nicht reden, heißt mich schweigen![147]

---

145 Wolfgang Heine (1861-1944): Deutscher Sozialdemokrat. In den Jahren 1919/20 erst preußischer Justizminister, dann Innenminister.

146 Alexandre Millerand (1859-1943): Beteiligte sich als erster Sozialist an einer bürgerlichen Regierung (Kabinett Waldeck-Rousseau, 1899-1902). Das Handeln Millerands war Gegenstand heftiger Kritik auch von sozialdemokratischer Seite und kam gewissermaßen einem Tabubruch gleich. Millerand wandte sich vom mehr und mehr vom Sozialismus ab und wurde 1904 aus der Sozialistischen Partei Frankreichs ausgeschlossen.

147 Franz Pfemfert merkte in der »Aktion« an dieser Stelle an: »Diese Polemik gegen die ›bedingten‹ Parlamentaristen der KPD schrieb Erich Mühsam 1919. Inzwischen haben die parteikommunistischen Arbeiter genügend Gelegenheit gehabt, nachzuprüfen, ob das falsch war, was wir damals gegen die Heidelberger Geschäftspolitiker gesagt haben. Paul Levi, Ernst Meyer, Rätespiel-Geyer usw. gaben viele Proben ›revolutionärer Parlamentsausnutzung‹! In Sachsen, in Thüringen schützt die KPD die ›sozialistischen‹ Feigenblätter der Bourgeois-Diktatur. Im Reiche ist die kapitalistische ›Arbeiter-Regierung‹ von Spartakusgnaden nur noch eine Frage der Zeit. Doch noch immer sind die Parteischäflein nicht geheilt vom parlamentarischen Kretinismus; noch immer ist Mühsams Kritik aktuell!«

V. Die Gewerkschaftsfrage[148]

Vollkommen zutreffend erklären die Leitsätze der KPD-Zentrale zur Gewerkschaftsfrage: »Nicht nur deswegen, weil jeder wirtschaftliche Kampf heute von der Bourgeoisie mit politischen Mitteln, steigend bis zur Massenerschießung, geführt wird, sondern aus denselben objektiven Gründen wie die Bourgeoisie erkennt auch das Proletariat, daß heute jeder wirtschaftliche Kampf nicht nur ein politischer ist, sondern ein revolutionärer, weil er, mag er wollen oder nicht, das kapitalistische Gebäude zu sprengen droht. Die von den deutschen Gewerkschaften bisher verfolgte Politik der rein wirtschaftlichen Kämpfe[,] der politischen Neutralität und der ›Ablehnung‹ der politischen Massenstreiks ist durch die Tatsachen überholt.«[149] Eine Einschränkung ist hier allerdings zu machen, die aber nicht das Grundsätzliche, sondern nur die Einschätzung der deutschen (zentralistischen) Gewerkschaftstaktik betrifft. Die Gewerkschaften - ich ignoriere dabei die konfessionellen, die Hirsch-Demokraten[150] und die »wirtschaftsfriedlichen« (gelben), spreche also nur vom Legienschen Kartell[151] - haben zwar immer vorgegeben, sie seien politisch neutrale, auf wirtschaftliche Kämpfe eingestellte Organisationen, in Wahrheit ist ihnen das gar nicht eingefallen. Politisch waren die Gewerkschaften stets ein bloßes Anhängsel der sozialdemokratischen Partei,

---

148 Pfemfert einleitend: »Im März 1920, in seiner Gefängniszelle zu Ansbach, hat Erich Mühsam die wichtige Arbeit über die ›Einigung des revolutionären Proletariats‹ verfasst, aus der die AKTION im Laufe dieses Jahres Teile veröffentlichte. Auch der nachstehende Aufsatz ist ein Stück aus dem Werke. Wer ihn heute liest, wird entdecken: Mühsams Kritik ist nicht ›überholt‹, sondern nur aktueller, notwendiger geworden! Die Entwicklung der Revolution hat für jeden Satz neue Beweise erbracht!«

149 Heidelberger Leitsätze der KPD (Okt. 1919). Im vorliegenden Band: S.197f.

150 Gemeint ist der »Verband der deutschen Gewerkvereine« (»Hirsch-Dunckersche Gewerkvereine«) die liberal ausgerichtet auf eine Sozialreform durch einen Interessenausgleich zwischen Arbeitern und Kapitalisten setzten.

151 Gemeint ist der »Allgemeine Deutsche Gewerkschaftsbund«, an dessen Spitze Carl Legien stand.

ihr sogar in den wichtigsten Entschlüssen direkt subordiniert, was schon aus der durchgehenden Personalunion in der Führerschaft hervorgeht. Ihr ganzes Streben war auf Vermeidung jedes Kampfes gerichtet, und ihre Tätigkeit war eine ständige würdelose Techtelmechtelei mit der Arbeitgeberschaft.

Es kann ohne Übertreibung gesagt werden, daß in Deutschland trotz der riesigen Koalitionen der Arbeiter, trotz ihrer zum Platzen gefüllten Kassen nicht ein einziger großer Streik gewonnen wurde. Ich erinnere an den Berliner Schneiderstreik Ende der neunziger Jahre, an den Ausstand der Textilarbeiter in Crimmitschau 1903, an die mächtigen Kohlenarbeiterbewegungen im Ruhrgebiet 1905 und 1912. Es war jedesmal derselbe Verlauf: der unerträglich gewordene Druck der Ausbeutung trieb die Arbeiter von den Werkstätten. Widerwillig, nachdem schon ihr Bremsen den Streik nicht hatte verhindern können, übernahm die Gewerkschaftszentrale seine Leitung. Der Kassierer stöhnte, da der plötzliche Anspruch Zehntausender auf Streikgelder ihm die ganze Buchführung durchkreuzte, die auf einen gewissen Ausgabefonds für Kranken-, Arbeitslosen- und Familienunterstützungen eingerichtet war und bei der Abrechnung ein schönes Plus fürs Bankdepot hätte erhoffen lassen. Die Hauptsorge war nicht: Wie setzen wir die Forderungen der Streikenden durch: sondern: wie bringen wir die Geschichte schleunigst und einigermaßen glimpflich zu Ende? Die von mir erwähnten Ausstände schlossen sämtlich mit der katastrophalen Niederlage der Arbeiter.

Das große Erlebnis, das uns wenigen Linksradikalen die Novembererhebung 1918 bedeutete, kam nicht so sehr von den Ereignissen selbst her, noch weniger von den »Errungenschaften«, die davon übriggeblieben sind, als wie von der gewaltigen inneren Wandlung, die sich vor unseren Augen im Proletariat vollzog. Mit wahrer Verzweiflung hatten wir die langen Jahre hindurch die blinde Vertrauensseligkeit, die kritiklose Fügsamkeit, das willige Geschehenlassen der deutschen Arbeiter mit angesehen. Es schien Utopie, nur daran zu denken, daß sie es je merken würden, wie sie von ihren parlamentarischen und gewerkschaftlichen Führern genarrt, wohin sie an ihrem Gängelseil gezogen wurden.

Und nun waren wir Zeugen der Erweckung. Dieselben Proletarier, denen, seit sie denken konnten, jedes Wort ihres Partei- oder Gewerkschaftsblattes ein Katechismus gewesen war, zitterten vor Empörung, wenn der Name ihres parlamentarischen Vertreters fiel, und wenn in einer Versammlung nur das Wort Gewerkschaft ausgesprochen wurde, ging durch den Saal ein Schrei der Wut. Das große Begreifen war über sie gekommen.
Die Massenabwanderung aus der alten Partei zu den Unabhängigen und von denen zu den Kommunisten setzte ein, und zugleich machte sich die Tendenz kräftig bemerkbar, den Gewerkschaften die Gefolgschaft zu kündigen. Natürlich konnte nicht gleich der allgemeine Austritt erwartet werden. Mit den in vielen Jahren eingezahlten Beiträgen hatte man Rechte erworben für den Fall der Krankheit und der Not, für die Versorgung der Hinterbliebenen im Sterbefalle und dergleichen mehr, Rechte, die man nicht ohne weiteres preisgeben mochte. Trotzdem haben viele Arbeiter lieber auf alle Ansprüche und auf ihre jahrelang abgesparten Beiträge verzichtet, als länger einer Organisation anzugehören, die ihnen als arbeiterfeindlich offenbar geworden war. Das Proletariat wartete auf eine revolutionäre Parole gegen die Gewerkschaften, die sein Verhalten bestimmen sollte. Eine solche einheitliche Parole blieb aus, und die Arbeiter hatten im Laufe des Jahres 1919 weiterhin ausgiebige Gelegenheit, die Lakaiendevotheit der Gewerkschaften vor den Kapitalisten in der Praxis und am eigenen Leibe zu studieren. Die großen Streikwellen, die fortwährend über das Land gingen, entsprangen samt und sonders Beschlüssen, die in den *Betrieben* gefaßt und wobei die organisatorischen Instanzen übergangen waren. Die Gewerkschaften standen händeringend daneben. Wo sie aber schon einmal des Prestiges wegen ihre Finger mit in den Topf steckten, da geschah es, wie beim Berliner Metallarbeiterstreik, um den Brei zu verderben. Als die einzig richtig bestallten Vertreter der Arbeiterschaft kuschten sie bei »Verhandlungen« mit den Ausbeutern und scharwenzelten so lange vor ihnen herum, bis sie, nicht den Unternehmern, sondern dem Streik ein Loch in den Bauch geredet hatten, und das Proletariat wieder einmal geleimt war. Es ist begreiflich, daß das

revolutionäre Proletariat von diesen Gewerkschaften übergenug hat, daß es sie lieber heute als morgen von der Erdoberfläche verschwunden wüßte, und daß es begierig nach der Weisung seiner, der kommunistischen, Partei verlangte, wie es die Gewerkschaften *vernichten* solle.

Hier ist sie: »Die Herausnahme der vorgeschrittensten Elemente aus dem gewerkschaftlichen Heerhaufen des Proletariats lähmt und unterbindet die Schlagkraft der Massen, nimmt aus ihnen den Gärstoff und hemmt so den Ausbruch und die Durchführung revolutionärer Massenkämpfe überhaupt.« Nämlich: »Die Tatsache, daß die Gewerkschaften heute zu einem Werkzeug der Bourgeoisie und der Gegenrevolution geworden sind, ist keine Organisationsfrage. Sie ist lediglich das Widerspiel der Tatsache, daß das Proletariat in seinen weitesten Schichten sich über seine Klassenlage und über die Mittel zu deren Änderung, kurzum über Wesen und Ziel der Revolution noch nicht im klaren ist. Diese Änderung der geistigen Konstitution des Proletariats würde auch nicht dadurch herbeigeführt werden, daß man die Proletarier aus der einen Organisation herausnähme und sie einer anderen zuführte.« (Aus den »Leitsätzen«.)[152]

Das von der Zentrale der KPD vorgeschlagene - nein: dekretierte (wer sich nicht fügt, fliegt) - Mittel, aus dem Gewerkschaftselend herauszukommen, heißt demnach: drin bleiben! - Man muß das Maul schon sehr lange aufgesperrt halten, will man sein ganzes Erstaunen ob dieser Weisheit vielleicht zum Ausdruck bringen. Hat man es wieder zugeklappt, muß man sich denn wohl der Aufgabe unterziehen, mit logischer Kritik an das monströse Gehirnsekret der »vorgeschrittensten« Führer des revolutionären Proletariats heranzugehen.

Der gänzliche Mangel an Massenpsychologie, der schon die Stellung der Zentrale zum Parlamentarismus auszeichnete, tritt hier womöglich noch krasser zutage.[153] Es kann doch den Verfassern

---

152 Heidelberger Leitsätze der KPD (Okt. 1919). Im vorliegenden Band: S. 199f.

153 Siehe hierzu auch die Stellungnahme Malatestas im Kontext der Ereignisse in Italien: »Den reformistischen Sozialisten Italiens fehlt es

der Leitsätze schwerlich entgangen sein, daß das revolutionäre Proletariat von den alten Gewerkschaften nichts mehr wissen will. Es hat sie satt bis zum Halse, und da entspricht es seinem gesunden revolutionären Empfinden, daß es sie mit Stumpf und Stiel ausgerottet sehen will. Sagt man ihm nun[:] es gibt nichts Besseres, du hast dich mit den Gewerkschaften abzufinden und innerhalb ihrer zu reformieren, so führt das, genau wie der Ruf zu Parlamentswahlen, zur Abstumpfung des Temperaments, zum

wirklich an psychologischem Einfühlungsvermögen. (...) Gestern sagte Gaetano Zirardini vor der Abgeordnetenkammer, als er von der Gegend um Ferrara sprach, wo der Faschismus wütet: ›Ich, ein bescheidener Mann, sage, daß es Zeit ist, dem ein Ende zu bereiten und fordere von dieser Tribüne aus das italienische Proletariat auf, sich zu erheben, wenn diese Situation noch weiter andauert.‹ (Applaus auf Seiten der Sozialisten). Offensichtlich glauben der Abgeordnete Zirardini und seine Genossen, die ihm Beifall klatschen, daß man die Volksseele wie einen elektrischen, mit einem Schalter versehenen Apparat behandeln und handhaben kann; aus, vor, zurück usw. Einmal wollen sie, daß die Arbeiter ruhig bleiben und nur daran denken, ihre Stimmen abzugeben, um sie ins Parlament und in die Gemeinderäte zu schicken und verurteilen die Gewalt, die Illusion einer Insurrektion und treten für eine langsame, schrittweise, sichere Entwicklung, für die Eroberung der politischen Macht auf legalem Wege ein. Dann jedoch kommen die faschistischen Prügeleien, Brandschatzungen und Morde und beweisen auch einem Blinden, daß man mit legalen Mitteln nichts ausrichten kann. (...) Schließlich werden die Hiebe immer heftiger und treffen auch die führenden Kräfte, die gesamte - vor allem die kooperative - Organisation der Sozialisten ist im Begriff, zerstört zu werden, die Situation wird auch für die Führer untragbar, und dann ruft man zur Insurrektion auf! Merken denn diese Herren, merkt denn Zirardini nicht, daß es lächerlich ist zu hoffen, daß mit einem Schlage diejenigen zu Löwen werden können, die sie sich seit fünfzig Jahren in Schafe zu verwandeln bemüht haben? (...) Wir ziehen niemandes guten Glauben in Zweifel, doch scheint uns der Standpunkt, man könne gleichzeitig an die legalen Mittel glauben und sich bereit dafür halten, auf illegale Mittel zurückzugreifen, sich gleichzeitig für die Wahlen begeistern und für die Insurrektion vorbereiten, eine eigenartige Verirrung, ein unglaublicher Mangel an psychologischem Verständnis den Einzelnen und der Masse gegenüber zu sein.« Errico Malatesta: Reformen oder Insurrektion?, in: ders.: Gesammelte Schriften. Band 2. Berlin: Karin Kramer Verlag, 1980. S.174-177. Hier: S.174f.

Zweifel an der Heilswirkung der Revolution. Mit allgemeinen axiomatischen Verhaltensvorschriften ist für die Vortreibung der Entwicklung nichts gewonnen, wenn sie nicht der Ausfluß des dem gefühlten Wissen des Proletariats entquellenden Erkennens sind.

»Die konterrevolutionäre Sabotage des wirtschaftlichen Kampfes durch die Gewerkschaftsbureaukratie hat einen Grad von Gefährlichkeit erreicht, daß unmittelbare Maßnahmen dagegen notwendig sind.«[154] So steht es in den »Leitsätzen« zu lesen. Aber die Erscheinung ist ja »keine Organisationsfrage«. Daher empfiehlt die KPD, einfach »den Kampf gegen die Gewerkschaftsbureaukratie aufzunehmen, um die Massen von der konterrevolutionären Gewerkschaftsbureaukratie zu isolieren. Wo diese geschlossene Loslösung noch nicht möglich ist, schließen sich die Kommunisten innerhalb der Ortszahlstellen fraktionsmäßig zusammen und führen den Kampf innerhalb der Gewerkschaft und, wenn es sein muß, außerhalb.«[155]

Wenn ich den Sinn dieser nicht eben übertrieben klaren Sätze richtig erfasse, dann stellen sich die Autoren die Sache so vor, daß nicht die Gewerkschaften als solche, sondern nur ihre »Bureaukratie« - also doch wohl ihr Verwaltungsapparat - zu bekämpfen sei. Dieser Kampf soll in den Gewerkschaften selbst geführt werden und zum Ziele haben, die Massen von der Bureaukratie »geschlossen loszulösen«. Zur Förderung dieses Zwecks sollen kommunistische Parteifraktionen die Gewerkschaften durchsetzen und gegen die Bureaukratie tätig sein. Richten sie innerhalb der Gewerkschaften nichts gegen sie aus, na schön, dann außerhalb. In welcher Weise der Kampf außerhalb der Gewerkschaften von den kommunistischen Gewerkschaftlern gegen die konterrevolutionäre Gewerkschaftsbureaukratie geführt wird, darüber geben die Leitsätze ein paar Absätze vorher Auskunft: »durch unermüdliche Agitation und Aufklärung« in den Massen. Sie wer-

154 Heidelberger Leitsätze der KPD (Okt. 1919). Im vorliegenden Band: S.200.

155 Heidelberger Leitsätze der KPD (Okt. 1919). Im vorliegenden Band: S.200.

den sich also in Versammlungen hinstellen und auf die Bonzen schimpfen. So wird der »Umwandlungsprozeß der Gewerkschaften« durchgeführt.

Die Idee, die Massen bei den Gewerkschaften zu belassen, sie aber gleichzeitig von der »Bureaukratie« zu »isolieren«, ist zum Bersten. Wenn es wirklich so gemeint ist, wie es dasteht, dann käme mir das ungefähr so vor, als ob man einen Kraftwagen, weil der Motor so ekelhaft rattert, von seiner Maschine »isolieren« wollte, um ihn hübsch geräuschlos fahren zu lassen. Die Bureaukratie der Gewerkschaften ist gar nichts anderes als ihre Maschine, die sie zusammenhält und bewegt, und diese Maschine ist bureaukratisiert, weil der ganze organische Aufbau der kartellierten Gewerkschaften der eines bureaukratischen Zentralismus ist. Jeder bureaukratische Zentralismus aber führt seiner Natur nach zur Verknöcherung, nämlich dazu, die Verwaltung zur Hauptsache, das Verwaltete zur Nebensache zu machen. Es ist daher eine Verwechslung von Ursache und Wirkung, wenn beispielsweise Brandt behauptet: »Die Gewerkschaftsführer konnten Bureaukraten werden, weil ihnen die Massen Zeit ließen, zu verknöchern.«[156] Die Sache liegt so, daß der Organismus, durch seine Konstruktion bedingt, einen Wasserkopf zum Verwaltungsapparat hat, der fast alle Arbeit der Instandhaltung einer eigenen Funktion widmen muß, und daß dabei »der Kampfcharakter der Gewerkschaften immer mehr zum Teufel ging«[157], ist gar nicht verwunderlich, sondern völlig natürlich. Wenn also die Syndikalisten in dieser Tatsache die Folgen der (bureaukratischen) Zentralisation der Gewerkschaften sehen, so sollte Genosse Brandt nicht ihnen »eine höchst oberflächliche

---

156 [»Syndikalismus und Kommunismus«. Ein Vortrag von F. Brandt. Herausgegeben von der Kommunistischen Partei Deutschlands. (Spartakusbund) August 1919. S.18.]

157 Franz Brandt: Syndikalismus und Kommunismus. Herausgegeben von der Kommunistischen Partei Deutschlands (Spartakusbund) August 1919. S.18.

Auffassung« vorwerfen[158], sondern lieber denen, die die Schuld den Massen zuschieben möchten.

Wenn den Massen ein Vorwurf gemacht werden kann, so ist es der, daß sie bei allen schlimmen Streikerfahrungen nicht längst die Maschinerie ihrer gewerkschaftlichen Organisation zerschlagen, daß sie nicht rechtzeitig erkannt haben, daß das ganze System nichts tauge. Jetzt haben sie es endlich erkannt, jetzt wollen sie von den Kommunisten hören, wie »das Werkzeug der Bourgeoisie und der Gegenrevolution«[159] organisatorisch aufzulösen ist, – da sagt ihnen dann die Zentrale, daß hier gar keine Organisationsfrage zu lösen sei und daß das Malheur nur das sei, »daß das Proletariat in seinen weiten Schichten sich über seine Klassenlage und über die Mittel zu deren Änderung, kurzum über Wesen und Ziel der Revolution noch nicht im klaren ist«. Man meint tatsächlich, einen von den befehdeten Gewerkschaftsbureaukraten selbst sprechen zu hören. Ihr seid unzufrieden mit der Einrichtung? Nicht doch! Es liegt alles an euch selbst. Ihr seid noch nicht »reif« genug für die Revolution. Ihr versteht's halt noch nicht besser. Vertraut nur euren bewährten Führern. Die wissen schon, was not tut, nämlich keineswegs die Abstellung des Übels, das in seinen Wirkungen, und also auch in seinen Ursachen, die werktätige Masse in jedem Nerv spürt, sondern die »Änderung der geistigen Konstitution des Proletariats« – aber die kann natürlich »auch dadurch nicht herbeigeführt werden, daß man die Proletarier aus der einen Organisation herausnähme und einer anderen zuführte«. Man darf fragen: Ist das der klare Weitblick im proletarischen Schauen geübter Augen? Ach nein, das ist – ich muß schon grob werden, Genosse Levi – das ist der Horizont einer Rechtsanwaltskanzlei.[160]

---

158 Franz Brandt: Syndikalismus und Kommunismus. Herausgegeben von der Kommunistischen Partei Deutschlands (Spartakusbund) August 1919. S.18.

159 Heidelberger Leitsätze der KPD (Okt. 1919). Im vorliegenden Band: S.199.

160 Polemische Anspielung darauf, dass Paul Levi studierter Jurist und Rechtsanwalt war.

Es soll hier einmal deutlich ausgesprochen werden: das ewige Operieren mit der Unreife des Proletariats steht in revolutionären Zeiten der führenden proletarischen Revolutionspartei verdammt schlecht an. Was hat denn ihr eigenes Entstehen erst ermöglicht? Worauf stützt sich ihre Existenz? Was hat ihr zur Führerschaft in der revolutionären Bewegung verholfen? Die Unreife des Proletariats? Man sollte denken, seine Reife. Die Zentrale-Genossen sollten sich einmal besinnen, ob nicht gerade das der schwerste Vorwurf ist, den die Arbeiter der Gewerkschafts- und Parteibureaukratie machen, daß sie den Willen des Proletariats souverän ignorieren und ihre Eigenmächtigkeiten mit der mangelnden Reife der Massen rechtfertigen. Sie werden es sonst schnell genug erleben, - und der Erlaß der »Leitsätze« hat ja schon entsprechende Folgen gezeitigt, - daß sich gerade die vordersten Reihen des revolutionären Proletariates von einem Gebilde abkehren werden, an dem sie die Symptome eines neuen Parteibureaukratismus unzweideutig ausschlagen sehen. Daß es der Masseninstinkt ist, der die Führung zu leiten hat und daß deren Parole nur das Echo des Massenwillens sein dürfen, hat man in der KPD keineswegs immer verkannt. In dem zitierten Vortrag von Brandt, der im Juni 1919 gehalten wurde, also nur vier Monate vor der Aufstellung der »Leitsätze«, und worin der Parlamentarismus als endgültig erledigt behandelt w[u]rde (er habe seine Arbeit erfüllt, »mehr könnte er nicht tun«[161]), wird gesagt: »Ein Wirken im Parlament in unserem Sinne hätte, wie sich jetzt zeigt, der Bewegung nur Kräfte entzogen, die wir nicht entbehren könnten. Wir sind der Masse deshalb dankbar, die in dieser Frage einen so guten Instinkt hatte.«[162] Im Oktober war der »gute Instinkt« der Masse nichts mehr wert, da mußte sie wieder nach ausgeschwitzten Traktatartikeln gegängelt werden, weil sie sich »über Wesen und Ziel der Revolution noch

161 Franz Brandt: Syndikalismus und Kommunismus. Herausgegeben von der Kommunistischen Partei Deutschlands (Spartakusbund) August 1919. S.13. Dort heißt es: »konnte er nicht tun«.

162 Franz Brandt: Syndikalismus und Kommunismus. Herausgegeben von der Kommunistischen Partei Deutschlands (Spartakusbund) August 1919. S.14.

nicht im klaren ist.« Auch das psychologische Moment war im Juni von Brandt noch hoch gewertet worden, denn er meint: »Jetzt stehen wir mitten drin in der Revolution, da wirkt dieser Kampf selber so aufrüttelnd auf die Massen, daß wir uns nicht den Luxus einer Beteiligung am Parlament, die verwirrend auf die Arbeiter wirkt, leisten können.«[163] Im August wurde diese Ansicht von der Zentrale selbst in Druck gegeben; im Oktober kam es nicht mehr darauf an, den guten Instinkt der Massen in der Parlaments- und Gewerkschaftsfrage zu berücksichtigen und Dinge zu vermeiden, die auf die Arbeiter verwirrend wirken. Oder fand man nicht mehr, daß man »mitten drin in der Revolution« sei? Hatte die Opposition doch recht, als sie meinte, die Zentrale erkläre mit ihrer Rückkehr zur vorrevolutionären Taktik die Revolution für abgeschlossen oder vertagt?

Soviel steht fest, daß sie die Gewerkschaften als Ganzes erhalten wissen will, in denen sie, trotz aller trüben Erfahrungen vor und während der Revolution, die Trägerin des wirtschaftlichen Klassenkampfes erblickt. Sonst hätte ja der Satz gar keinen Sinn, wonach der »Herausnahme der vorgeschrittensten Elemente aus dem gewerkschaftlichen Heerhaufen des Proletariats« die »Schlagkraft der Massen« »lähmt und unterbindet« und damit »den Ausbruch und die Durchführung« revolutionärer Massenkämpfe überhaupt »hemmt«. Daß die großen Streikbewegungen des vergangenen Jahres ganz und gar von den Betrieben selbst und nirgends von den Gewerkschaften ausgingen, daß also der Einfluß der »vorgeschrittensten Elemente« gar nichts mit ihrer Mitgliedschaft bei den Gewerkschaften zu tun hat, stört die Leitsätzler nicht im geringsten. Was ihr gewiß anerkennenswerter Appell an die »vorgeschrittensten Elemente« (die sie später einfach als die Mitglieder der KPD bezeichnet), sie sollen »in engster Fühlung mit den Massen bleiben und nicht davonlaufen«, mit den Gewerkschaften zu tun hat, ist absolut undurchsichtig. *Da doch hier die selbst werktätigen Kommunisten gemeint sind, haben sie doch an ihren*

163 Franz Brandt: Syndikalismus und Kommunismus. Herausgegeben von der Kommunistischen Partei Deutschlands (Spartakusbund) August 1919. S.13.

Arbeitsstätten die beste Gelegenheit, die Klassenkampf-Aktionen vorwärts zu treiben, ohne dabei die Sabotage durch Beamte befürchten zu müssen, die in Gewerkschaftsversammlungen in sicherer Aussicht steht.

»Die KPD sieht aber im Einzelaustritt einen individuellen Akt (schrecklich![; Anm. E.M.]), der mit Rücksicht auf die verbleibenden Massen sehr schädlich wirken kann.«[164] Das ist doch nun schon der blanke Opportunismus. Der revolutionäre Arbeiter soll in der reaktionären Organisation bleiben, sei es selbst gegen bessere Einsicht, weil die »verbleibenden Massen« sonst hilflos wären. Man soll warten bis die »geschlossene Loslösung« (die ja aber kein Austritt sein soll) erfolgen kann. Man könnte einwenden, daß es ja dann auch am gescheitesten gewesen wäre, wenn die Kommunisten in der sozialdemokratischen Partei geblieben wären, da ja die »darin verbleibenden Massen« nach ihrem Austritt ebenfalls ohne revolutionäre Anleitung waren. Aber diesem Einwurf beugen die Leitsätze vor, indem sie postulieren: »Die politische Organisation der KPD hat zur Aufgabe die Sammlung der vorgeschrittensten Elemente der Arbeiterschaft auf der Grundlage des Programms der KPD. Die wirtschaftliche Organisation hat zur Aufgabe die Sammlung des gesamten Proletariats, das Objekt kapitalistischer Ausbeutung ist.«[165]

Was bedeutet diese Unterscheidung? Nichts anderes, als die »vorgeschrittensten« Teile des Proletariats in einer revolutionären, das gesamte Proletariat aber in einer reaktionären Organisation zu sammeln. Zugegeben, daß die gewerkschaftliche Koalition des gesamten ausgebeuteten Proletariats in einer einheitlichen Form wünschenswert ist, so fragt man sich doch, ob denn dazu eine bestehende Organisation, die als konterrevolutionär durchschaut ist, konserviert werden muß. Es gibt doch außer den »freien« Gewerkschaften noch die christlichen, es gibt die ausgesprochen gelben, es gibt die syndik... hier stock ich schon; doch davon spä-

164 Heidelberger Leitsätze der KPD (Okt. 1919). Im vorliegenden Band: S.200.

165 Heidelberger Leitsätze der KPD (Okt. 1919). Im vorliegenden Band: S.198.

ter.[166] Warum sollen also die Mitglieder der übrigen reaktionären Gewerkschaften in eine andere reaktionäre Gewerkschaft gelotst werden? Warum sollte man nicht das Proletariat in der wahrhaft revolutionären Organisation einigen können? Aber da kommen wir wieder auf die bekannte Erklärung: der Gewerkschaftsjammer ist keine Organisationsfrage! Was ist er also? Man muß es zwischen den Zeilen lesen: es ist eine Personenfrage. Und damit haben wir des Rätsels vollste Lösung. Setzen wir in die alten Bureaus neue Männer, dann ist die Bureaukratie daraus entfernt und der ganze Schaden kuriert. Es liegt alles nur an den Herren Legien, Sassenbach, Bauer, Schmidt, Sachse, Hue und wie sie alle heißen, an deren Plätze man bloß KPD-Leute zu stellen braucht, um aus den verfilzten bourgeoisen Gewerkschaften die schönsten revolutionären Kampforganisationen zu machen.

Ach nein, Wertgeschätzte! Wenn ihr an die Stelle von sozialdemokratischen Gewerkschaftsführern kommunistische setzt, ohne das ganze Gefüge zu zertrümmern, so werdet ihr nicht eine Beamtenhierarchie in eine revolutionäre Institution verwandeln, sondern ihr werdet aus guten und für die Revolution sehr wichtigen kommunistischen Elementen eine Beamtenhierarchie bilden. Ich bin gewiß sehr weit davon entfernt, für die Personen der bisherigen Gewerkschaftsleiter Sympathie zu hegen, aber ebenso weit entfernt bin ich davon, ihr Bonzentum als persönliche Niederträchtigkeit zu beurteilen. Sie sind Konterrevolutionäre, weil die Einrichtung, der sie vorstehen, ihrer Anlage nach konterrevolutionär ist. Denn diese Einrichtung ist so beschaffen, daß sie der Führung die Drähte in die Hand gibt, an denen sie die Arbeiter ohne jede direkte Verbindung mit ihnen und untereinander wie Marionetten tanzen läßt. Ihre Maßnahmen, die das Schicksal des Proletariats bedeuten, werden am grünen Tisch beschlossen und bestimmen sich aus Rücksichten auf Buch- und Kassenführung und auf das glatte Funktionieren des Verwaltungsapparates. Treten an ihre Plätze Kommunisten, so werden diese für den Augenblick vielleicht einigen Schwung in die stagnierende Gewerkschaftsbewe-

166 Gemeint sind die syndikalistischen Gewerkschaften.

gung bringen, aber sie werden binnen sehr kurzer Zeit trotz allem prächtigen revolutionären Willen von ihrem Verwaltungskram völlig in Anspruch genommen sein, ihre Isolierung von der Masse tritt infolge der organisatorischen Bedingungen ihrer Tätigkeit automatisch ein, und sie werden am grünen Tisch Rezepte für das Proletariat verordnen, die mit dessen wahrem Wollen und Interesse keineswegs immer harmonisieren werden; um zu erkennen, daß sie dazu das Zeug haben, braucht man sich ja bloß zu vergegenwärtigen, wie grün der Tisch war, an dem die »Leitsätze« ausgebrütet worden sind. Eigenartig genug ist es ja, daß man die strammsten Marxisten, die Gott geschaffen hat, dabei betreffen muß, daß sie konstitutive Erscheinungen den Vergehungen fehlbarer Individuen zur Last legen. Franz Mehring sagt über derlei Entgleisungen[167]: »Man muß [es] in der Tat mit den heutigen Anarchisten halten, wenn sie sagen, es sei nichts unmarxistischer, als die Vorstellung, daß ein ungewöhnlich boshaftes Individuum, ein ›höchst gefährlicher Intrigant‹, eine proletarische Organisation... habe zerrütten können.« Man darf hinzufügen, daß es ebenso unmarxistisch ist, die Zerrüttung einer proletarischen Organisation durch die Auswechselung von Personen aufhalten und reparieren zu wollen.
Nun ist ja wohl möglich, daß sich die Zentrale die Übernahme der alten Gewerkschaften in die Hände der Kommunisten doch nicht so einfach als ein Platznehmen auf frei werdenden Stühlen denkt und daß sie vielleicht mit Plänen für eine zweckmäßige Reform der Verwaltungsmaschine umgeht. Ob das ihre Absicht ist und in welcher Form sie sich die Abänderungen vorstellen mag, weiß ich nicht. Die »Leitsätze« enthalten keine derartigen Hinweise, und auch in meinem übrigen Material habe ich keinen Anhalt für die Hypothese gefunden. Dennoch kann man ja vermuten, daß das bloße Platztauschen von den Befürwortern der Gewerkschaftspolitik in der Zentrale als gar zu primitiv angesehen wird, und ich möchte Entgegnungen, die mit diesem Einwand kommen könnten, vorsorglich die Spitze abbrechen.

167 [Franz Mehring. Karl Marx. Geschichte seines Lebens.] Franz Mehring: Karl Marx. Geschichte seines Lebens (1918). Gesammelte Schriften. Band 3. Berlin: Dietz Verlag, 1979. S.486.

Man hat die streng zentralistischen Organisationen der sozialdemokratischen Partei und der Gewerkschaften oft einem eigenen Staatswesen verglichen, man hat sie einen »Staat im Staate« genannt.[168] Mit großem Recht. Die bureaukratischen Methoden sehen einander so ähnlich wie die Eier, und in Deutschland fiel der Zusammenbruch der alten Staatsmaschine nicht nur zeitlich mit der Revolution in Partei und Gewerkschaften zusammen, sondern es zeigten sich dabei auch die ganz gleichen Erscheinungen. Beide Körper ließen ihre Eingeweide sehen und die Masse wandte sich mit gleichem Abscheu fort. Ich glaube daher, daß das folgende auf die Revolution im Staate bezogene Zitat aus Lenins grundlegender Schrift »Staat und Revolution«[169] ohne Gewaltsamkeit auf die Frage der Umwälzung im Gewerkschaftswesen angewendet werden darf: »Das Wesen der Sache besteht darin, ob die alte Staatsmaschinerie, die durch tausend Mächte mit der Bourgeoisie verbunden und mit Routine und Stagnation

168 Der zeitweise dem revolutionären Syndikalismus nahestehende Robert Michels hatte beispielsweise geschrieben: »Das Schlußglied der langen Kette von Erscheinungen, welche der politischen Partei, auch wenn sie sich mit dem Titel revolutionär schmückt, in ihrem inneren Wesen einen konservativen Grundzug verleihen, liegt in ihrem Verhältnis zum Staate begründet. Entstanden, um die zentralisierte Macht des Staates zu überwinden und von der Erwägung ausgehend, daß die Arbeiterklasse nur einer genügend großen und festen Organisation bedürfe, um über die Organisation des Staates Herr zu werden, hat die Partei der Arbeiter sich selber machtvoll zentralisiert und ihr stolzes Gebäude auf die gleichen staatlichen und stattlichen Grundpfähle aufgebaut: *Autorität* und *Disziplin*. So ward sie zu einer Regierungspartei, d.h. zu einer Partei, die, organisiert wie eine Regierung im Kleinen, [in] der Hoffnung lebt, dereinst die Regierung im Großen zu übernehmen. Die politisch-revolutionäre Massenpartei ist ein Staat im Staate, welche theoretisch die erklärte Absicht verfolgen soll, den Gegenwartsstaat auszuhöhlen und zu untergraben, um ihn endlich durch ein von Grund aus verschiedengeartetes Staatswesen zu ersetzen.« (Robert Michels: Zur Soziologie des Parteiwesens in der modernen Demokratie (1911). Stuttgart: Kröner Verlag, 1970. S.344f.)

169 [N. Lenin. Staat und Revolution. Die Lehre des Marxismus vom Staat und die Aufgaben des Proletariats in der Revolution. (Die Diktatur des Proletariats.) Dritte unveränderte Auflage. Verlag Die Aktion.]

durchtränkt ist, erhalten bleibt oder ob sie zerstört und durch eine neue ersetzt wird. Die Revolution soll nicht darin bestehen, daß eine neue Klasse das Kommando übernimmt, und mit Hilfe der alten Staatsmaschine die Verwaltung ausübt, sondern darin, daß diese neue Klasse die alte Maschine zerstört und mit Hilfe einer neuen Maschine leitet und verwaltet«.[170] Mit Routine und Stagnation durchtränkt! Das ist genau der Fall der deutschen Gewerkschaften. Und da sagt Lenin eben, daß die Übernahme der Kommandos niemals wirkliche Wandlung schaffen kann, auch wenn noch so neuer Wein in die alten Schläuche gefüllt wird. Das Wesentliche besteht durchaus nicht darin, ob die »Ministerien« bleiben oder ob sie durch »Kommissionen von Fachleuten« oder irgendwelche andere Behörden ersetzt werden! Die Maschine muß zerstört werden! Darauf kommt es an.

Es erhebt sich nun das Problem, welche Mittel den revolutionären Gewerkschaften zu Gebote stehen, den alten Verwaltungskörper unschädlich zu machen, beziehungsweise wie und in was für Organisationen die neue Koalition zu bewerkstelligen ist. Schon die Tatsache, daß in Deutschland eine Reihe verschiedenartiger Gewerkschaften nebeneinander bestehen, zeigt, daß gar kein Zwang vorliegt, eine Sorte davon herauszugreifen, ihre Maschinen zu zerstören und - wie es der Staat bei seiner gesellschafts-organisatorischen Machtuniversalität verlangt - durch eine neue zu ersetzen, die den Ansprüchen des revolutionären Klassenkampfes entspricht. Ebenso gut könnte man neben den bestehenden eine neue Gewerkschaftskategorie schaffen, ohne im geringsten besorgen zu müssen, daß das Sammeln der »vorgeschrittensten Elemente« darin, in die Massen aus den alten Gewerkschaften nach sich zu ziehen hatten, die »Schlagkraft der Massen lähmt, aus ihnen den Gärstoff nimmt und den Ausbruch und die Durchführung revolutionärer Massenkämpfe überhaupt hemmt«[171]. Noch,

170 Lenin: Staat und Revolution (1917), in: ders.: Ausgewählte Werke. Band 2. Moskau: Verlag für fremdsprachige Literatur, 1947. S.158-253. Hier: S.248.

171 Heidelberger Leitsätze der KPD (Okt. 1919). Im vorliegenden Band: S.199.

besser wäre es natürlich, wenn sich unter dem bereits vorhandenen eine Gewerkschaftsgruppe fände, deren Verwaltungsapparat nicht »von Routine und Stagnation durchtränkt« ist und sie sich demnach, so wie sie ist, zur Aufnahme der entschlossenen Klassenkämpfer unter der werktätigen Arbeiterschaft eignet, was untersucht werden muß.

Zuvor ist jedoch zu prüfen, ob überhaupt noch Gewerkschaften vonnöten sind, oder ob nicht, wie es die Unionisten anstreben, die gewerkschaftlichen Funktionen von vornherein den im Rätesystem fußenden Betriebsorganisationen anzuvertrauen sind.[172] Dieser Gedanke ist zweifellos bestechend. Seine Verfechter stellen sich die operative Aufgabe so vor: »Alle in einem Betriebe beschäftigten Arbeiter und die ganz oder fast proletarischen Angestellten haben sich zusammenzuschließen in einer Betriebsorganisation, die mit den Betriebsorganisationen aller Betriebe der gleichen Industrie auf föderalistischer Grundlage nach Industriegebieten über das ganze Land zusammengeschlossen ist. Alle föderalistisch zusammengeschlossenen Organisationen aller Industrien vereinigen sich auf föderalistischer Grundlage zu der großen einheitlichen proletarischen Klassenorganisation.«

Kann eine solche Riesenorganisation, die von echtem revolutionärem Impuls durchflutet wäre, wirklich zustande kommen, so wäre das gewiß unendlich erfreulich, und Levi hat sehr unrecht, wenn er aus diesen Sätzen die Forderung der Unionisten herausliest, »daß man in föderalistische unzusammenhängende Gebilde das Proletariat zerschlagen müsse«[173]. Hier ist von keinem »Zerschlagen« die Rede, sondern von einem »Zusammenschließen« und das empfohlene Gebilde soll nicht »unzusammenhängend«

172 In den Kontext der Behandlung dieser Fragestellung gehört der von Pfemfert unter dem Titel »Zum revolutionären Klassenkampf« veröffentlichte Artikel von Mühsam, der im vorliegenden Band im Anhang abgedruckt ist (S.168-172). Inwieweit er Teil der Schrift »Die Einigung des revolutionären Proletariats im Bolschewismus« ist – was mir der Fall zu sein scheint – und wenn ja, an welcher Stelle er demnach einzufügen wäre, konnte ich nicht in Erfahrung bringen.

173 Paul Levi: Die politische Lage und die K.P.D. Rede auf dem Oktoberparteitag, 1919.

sein, sondern »eine große einheitliche proletarische Klassenorganisation« darstellen. Daß Levi das in derselben Minute, in der er es zitiert hat, wieder vergessen konnte, erklärt sich aus seiner verzweifelten Wortangst beim Begriff Föderalismus, und diese erklärt sich nur aus seinem profunden Unwissen vom Wesen des Föderalismus überhaupt.

[VI.] Föderalismus und Zentralismus

»Die Syndikalisten wissen ganz genau, weshalb sie den Föderalismus predigen für die politische Organisation. Sie wissen ganz genau, daß der Föderalismus für die Einheit und Geschlossenheit der Partei und für die entschlossene politische Aktion des Proletariats den Tod bedeutet...« (Paul Levi)[174]. Solche Halunken sind die Syndikalisten. Ihr ganzes Sinnen und Trachten zielt nur darauf ab, wie sie »jeder entschlossenen politischen Aktion des Proletariats« den Tod bereiten können. Dem Genossen Levi aber ist es weder zu schäbig noch zu blöd, diesen Mist in die Welt zu setzen.
Warum die Syndikalisten (und die Unionisten, die hier speziell gemeint waren) ihre Organisationen föderalistisch und nicht zentralistisch aufbauen, wissen wir also jetzt, aus lauter Tücke, weil ihnen kein Mittel miserabel genug ist, um damit die politische Revolution sabotieren zu können. Nehmen wir an, die Äußerung in dieser Form sei eine Entgleisung des Genossen Levi gewesen – andernfalls müßte man ja jede Diskussion mit ihm aus Reinlichkeitsgründen ablehnen –, so ist daran immer noch bezeichnend, daß ihm der Föderalismus als etwas derartig Aktions- und Organisationsfeindliches erscheint, daß er überhaupt nicht faßt, wie andere Menschen kein Verbrechen, sondern eine Kampfnotwendigkeit darin sehen können, und daß er daher im Eifer der Rede sein Vorurteil in einen so tollen Anwurf kleidet und selbst bei der Durchsicht der Druckbogen nicht merkt, welche hanebüchene Beschimpfung ihm da eigentlich herausgerutscht ist.

174 Paul Levi: Die politische Lage und die K.P.D. Rede auf dem Oktober-Parteitag nebst den vom Parteitag angenommenen Leitsätzen. Berlin: Verlag der KPD, 1919. S.19.

Wir haben vorhin gesehen, daß Levi dem föderalistischen Prinzip für Arbeiterorganisationen die Bedeutung gab, es heiße, das Proletariat »in unzusammenhängende Gebilde zu zerschlagen«. Es wird sich herausstellen, wie unsinnig diese Auffassung ist. Bei dem haarsträubenden Unfug, der - übrigens auf allen Seiten - mit den Begriffen Zentralismus und Föderalismus getrieben wird, scheint eine grundsätzliche Auseinandersetzung am Platze, die für den Gegenstand sowohl in seiner wirtschaftlichen als auch in seiner allgemein-gesellschaftlichen Bedeutung klärend wirken möge. Georges Yvetot stellt für den »Modus der syndikalistischen Gruppierungen« folgendes Schema auf[175]:

»l. Der Arbeiter, vereinigt mit seinen Kameraden durch die Berufsorganisation; die Gruppierung rein materieller Interessen, mit den verwandten Berufen.

2. Das Syndikat, vereinigt mit den Syndikaten anderer Berufe desselben Ortes oder desselben Kreises durch die Ortsvereinigung oder die Arbeiterbörse; Gruppierung zwecks gemeinsamer Erziehung, gegenseitiger Verständigung und solidarischer Aktion.

3. Dasselbe Syndikat, vereinigt mit den anderen Syndikaten desselben Berufs durch die nationale und internationale Föderation des Gewerbes oder der Industrie.

4. Alle Föderationen des Gewerbes oder der Industrie, vereinigt miteinander durch die allgemeine Konföderation der Arbeit (Sektion der Föderationen). Alle Ortsvereinigungen der Distrikte oder Kreise, gleichfalls vereinigt miteinander durch die allgemeine Konföderation der Arbeit. (Sektion der Arbeiterbörsen.)«

Das ist für uns stets der Typus dessen gewesen, was wir als Föderalismus bezeichneten, nämlich die Organisation »von unten auf«, nach dem ständigen Postulat Michael Bakunins[176]. Der Vorteil

---

175 [»A-B-C des Syndikalismus. S.3.] Georges Yvetot (1868-1942): Führender französischer revolutionärer Syndikalist.

176 Siehe eine der zahlreichen Stellen, an denen Bakunin dieses Postulat anführt - hier: in Abgrenzung zum autoritären Kommunismus (womit er auch Marx im Auge hatte): »Die Kommunisten glauben, die Arbeiterkräfte organisieren zu müssen, um die politische Macht der Staaten zu übernehmen. Die revolutionären Sozialisten organisieren

dieses Aufbaues ist ohne weiteres ersichtlich. Er liegt in der freien Bewegungsmöglichkeit der Einzelsyndikate, der leichten, unkomplizierten Verständigung mit den größeren Zusammenschlüssen und der organisatorischen Verhinderung der Einnistung einer bureaukratischen Befehlsgewalt. Von Zusammenhanglosigkeit, von einem »Zerschlagen« des Proletariates ist gar keine Rede. Im Gegenteil: hier ist die denkbar unmittelbarste Vereinigung aller organisierten Arbeiter gewährleistet, da sie den Umweg über die mit Erlaubnis- und Verweigerungsrechten ausgestattete Zentralleitung vermeidet, wie ihn das Kartell bedingt. Dabei fehlt es ihr keineswegs an den notwendigen »Instanzen«. Eine syndikalistische Gewerkschaft hat so gut ihren Vorstand und die ganze Organisation hat so ihre Vollziehungsorgane wie die zentralistische auch. Nur haben diese Organe keine Rechte über die Arbeiter, sondern sind ihnen, was durch den Aufbau von unten verbürgt ist, in allem verpflichtet. Pouget sagt darüber: »Die Handlungen eines Gewerkschaftsvorstandes sind genau begrenzt und nur administrativer Natur. Der Vorstand führt die ihm zufallenden Aufgaben aus, ohne jemals seine Auftraggeber beiseite zu schieben, ohne sich an ihre Stelle zu setzen, noch an ihrer statt zu handeln.«[177]

---

sich in Hinblick auf die Zerstörung oder, um ein höflicheres Wort zu verwenden, Auflösung der Staaten. Die Kommunisten sind Anhänger des Autoritätsprinzips und seiner Praxis, die revolutionären Sozialisten vertrauen nur in die Freiheit. Beide sind gleichermaßen Anhänger der Wissenschaft, die den Aberglauben beseitigen und an die Stelle des Glaubens treten soll; doch während Erstere sie aufzwingen wollen, bemühen sich Letztere darum, sie zu verbreiten, damit Gruppen überzeugter Menschen sich spontan und freiwillig, von unten nach oben, aus eigenem Antrieb und gemäß ihren wirklichen Interessen organisieren und föderieren, nie aber nach einem vorher entworfenen Plan, der den *unwissenden Massen* durch einige höhere Intelligenzen aufgezwungen wird.« (Michael Bakunin: Die Commune von Paris und der Staatsbegriff, in: ders.: Staat, Erziehung, Revolution. Ausgewählte Texte. 1869-1871. Lich: Edition AV, 2015. S.402-425. Hier: S.405)

177 Mühsam dürfte zitieren aus: Emil Pouget: Der Syndikalismus. Berlin: Verlag »Der Syndikalist«, 1919. S.9. Der Text liegt in neuer Übersetzung (»Das Syndikat«) vor, in: Émile Pouget: Die Revolution ist Alltagssache. Schriften zur Theorie und Praxis des revolutionären

Damit wird der wichtigsten Bedingung Rechnung getragen, die es im proletarischen Kampf überhaupt gibt: die Unübertragbarkeit der Verantwortung bei allen Entscheidungen. Jeder Arbeiter bleibt sich der Selbständigkeit seiner Persönlichkeit bewußt. Denn, wenn nach dem Grundsatz der ersten Internationale die Befreiung der Arbeiterklasse nur das Werk der Arbeiterklasse selbst sein kann, so gilt das innerhalb der Arbeitervereinigungen in erhöhtem Maße für das einzelne proletarische Individuum. Die Befreiung des Arbeiters kann nur das Werk seiner eigenen Entschlüsse, seiner persönlichen Verantwortung, seiner wohlverstandenen Solidaritätspflicht sein.

Ist dies Föderalismus, so berührt die fürchterliche Wut der Zentrale-Leute gegen jedes föderalistische Bekenntnis umso eigenartiger, als genau dasselbe Prinzip der Organisation von unten auf ja im ganzen Rätesystem obwaltet. Seine Grundlage ist der Betrieb. Aus ihm gehen die Betriebsräte hervor, die sich zu Branchenräten vereinigen können. Die höheren Grade sind die Orts- bzw. Kreisarbeiterräte, der Landesarbeiterrat und endlich der Rätekongreß, der das Zentral-Exekutivkomitee einsetzt. Das Abberufungs- und Auswechselungsrecht und gegebenenfalls das gebundene Mandat sichern die unbedingte Autonomie des in seinem Betrieb tätigen Proletariers. Nach allem gewohnten Sprachgebrauch ist das folgerichtiger Föderalismus. Zentralismus dagegen, in dem Sinne, wie wir immer das Wort verstanden und gebraucht haben, ist untrennbar verbunden mit Bureaukratie, ja, zeigt sein Wesen erst durch bureaukratische Funktionen an. (Bureaukratischer) Zentralismus ist die Organisation »von oben herunter«, wie sie am deutlichsten in jedem Obrigkeitsstaat zutage tritt. Die Spitze, wie ein Monarch, ein republikanischer Präsident oder Senat, oder ein Parlament mit unbeschränkter Machtvollkommenheit, setzt Beamte ein, die ihre Anträge nicht von unten, sondern von oben beziehen. Das Volk ist bloß Objekt der Obrigkeit. An die Stelle der lebendigen Kräfte des Volkswillens tritt ein dirigierender Mechanismus, eben die Demokratie, die den ganzen Organismus

---

Syndikalismus. S.79-105. Das Zitat auf Seite 89. Émile Pouget (1860-1931): Führender französischer revolutionärer Syndikalist.

der Gesamtheit, »mit Routine und Stagnation durchtränkt«. Die unausbleibliche Folge ist die Entpersönlichung des Individuums, seine Ermüdung, seine Ergebung in den Willen anderer, sein passives Warten auf die Entschlüsse seiner »Vertreter«. So ist es im Staat und genau so in den alten Gewerkschaften. Die Bureaukratie machte alles, die Masse war abgedankt. Die Vertreibung der alten Gewerkschaftsbureaukratie und die Etablierung neuer revolutionärer Kräfte könnte für einige Zeit frisches Leben wecken, vielleicht, aber im alten Gehäuse würden sich diese Kräfte rasch abnutzen und den Bureaukratismus unweigerlich wieder in sich hineinfressen. Das ist das Schicksal jedes von oben wirkenden Zentralismus. In kürzerer oder längerer Frist verknöchert er zur Bureaukratie. (Bei der KPD hat es acht Monate gedauert.)
Als ich im September der Partei beitrat[178], sagte ich in meiner begründenden Erklärung: »Die Frage nach zentralistischer oder föderalistischer Organisation wird durch die geniale Leninsche Lösung, durch den Rätegedanken zu einem Streit um Worte.«[179] Da mir von anarchistischer Seite wegen dieses Satzes stark auf die Finger geklopft wurde[180], muß ich ihn näher erklären. Bei der intensiveren Beschäftigung mit der bolschewistischen Literatur, besonders in den Schriften Lenins erkannte ich, daß die Anwendung der Worte nicht in einheitlicher Bedeutung geschah. Was uns Anarchisten stets nur als Föderalismus geläufig war, nahm Lenin als Zentralismus in Anspruch: Zum Beispiel: Lenin schreibt[181]: »Wenn nun aber das Proletariat und die ärmeren Bauern die Staatsgewalt an sich reißen, sich völlig frei zu Kommunen organisieren und die Tätigkeit diese Kommunen zu gemeinsamen Schlägen gegen das Kapital ... vereinigen, wird das dann Zentralismus sein oder nicht? Wäre dies nicht der folgerichtigste demokratischste Zentralismus?« Lenin setzt also die freiwillige

178 September 1919.

179 Erich Mühsam: Beitrittserklärung (Sept. 1919). S.187.

180 »Der Freie Arbeiter«. Im vorliegenden Band: S.189.

181 [»Staat und Revolution«. S. 44.] Lenin: Staat und Revolution (1917), in: ders.: Ausgewählte Werke. Band 2. Moskau: Verlag für fremdsprachige Literatur, 1947. S.158-253. Hier: S.198.

Vereinigung autonomer Korporationen mit Zentralisation gleich, und danach muß für ihn die in die entscheidende Spitze des Zentralexekutivkomitees auslaufende Räteorganisation sich erst recht als zentralistisch darstellen. Das widerspricht zwar unserer hergebrachten Terminologie, scheint mir aber völlig unwesentlich und für keinen Beteiligten ein Grund, einem Wort zuliebe die Verständigung zu erschweren. Erklären wir uns als Gegner des besonderen bureaukratischen Zentralismus, der von oben nach unten wirkenden Zentralisation, dann wird jeder wissen, was gemeint ist. Ich für meine Person opfere das Wort gern, wenn die Sache bleibt. Die Frage ist einfach so zu stellen ob eine Organisation Bündnischarakter oder den Charakter von Obrigkeit und Untertanen haben soll. Wenn sich in der Gewerkschaftsfrage die Arbeiter nach dieser Formulierung zu entscheiden haben werden, dann ist es wohl nicht zweifelhaft, was sie wählen werden. Sollte aber manch treuer alter Gewerkschaftler, der den Marxismus nur durch Kautsky kennt und deshalb annehmen muß, Marx sei Kautskyaner gewesen[182], ängstlich fragen: Was würden Marx und Engels dazu sagen, wenn wir zu den Syndikalisten gehen? – Dann beruhigt ihn die Belehrung des Genossen Lenin, die sich zwar auf Staats- und Gemeindeverwaltungen bezieht, aber ohne weiteres auf proletarische Koalitionen angewendet werden kann[183]: »Der Zentralismus schließt für Engels durchaus nicht eine weitgehende lokale Selbstverwaltung aus, die, bei freiwilliger Verteidigung durch die ›Kommunen‹ und Gebiete des Einzelstaates, jeden Bureaukratismus und jedes ›Kommandieren‹ von oben zweifellos beseitigt.« Also vollständige Übereinstimmung mit dem Syndikalismus in dem Grundsatz, daß Selbstverwaltung das Mittel gegen den Bureaukratismus ist.

---

182 1928 wird er selbst festhalten, dass Marx »als Theoretiker (...) zweifellos Kautskyaner gewesen ist«. Siehe Erich Mühsam: Die Krise des Bolschewismus, in: Fanal. Nummer 5 (1928). S.97-104. Hier: S.99.

183 [»Staat und Revolution.« S. 60.] Lenin: Staat und Revolution (1917), in: ders.: Ausgewählte Werke. Band 2. Moskau: Verlag für fremdsprachige Literatur, 1947. S.158-253. Hier: S.213.

Es kann aber nicht schaden, zugleich auch den eingefleischten Autonomisten ihr Vorurteil gegen das Wort Zentralisation zu benehmen und vor allem den Irrtum zu beheben, als ob der Begriff unter allen Umständen den Ausdruck autoritärer Vergewaltigung in sich schlösse. Georg Stekloff, der marxistische Biograph Bakunins, faßt dessen Auffassung folgendermaßen zusammen: »Die politische Zentralisation (womit der zu zerstörende Staat gemeint ist) hat der wirtschaftlichen Zentralisation Platz zu machen.«[184] Daß aber mit dieser wirtschaftlichen Zentralisation durchaus das bezeichnet werden soll, was wir als Föderalismus zu benennen gewöhnt sind, geht aus dem Folgenden hervor: »Mit der Vernichtung der politischen Zentralisation, mit der Auflösung des politischen Staates wird das Prinzip der freiwilligen Organisation von unten nach oben Anwendung finden, das einzige Prinzip, welches nach der Meinung Bakunins die völlige Freiheit der Persönlichkeiten und Gruppen garantiert.«[185] Eine generelle Verwerfung jeder Zentralisation kann aber auch gar keinem vernünftigen Menschen in den Sinn kommen. Es gibt Einrichtungen, die einer einheitlich-zentralen Leitung bedürfen, um überhaupt funktionieren zu können. Genosse Bucharin meint[186]: »Bei der anarchistischen Verfassung würde man nicht einmal die großen Maschinen ordentlich ausnützen, die Eisenbahnen auf einen Fahrplan bringen, die großen Bewässerungs- und Drainageanlagen unternehmen können.« Das würde allerdings beweisen, »daß bei der anarchistischen Gesellschaftsform eine ordentliche Organisation gar nicht möglich ist«[187]. Ich verweise aber demgegenüber auf die Erklärungen der Autoritäten auf dem Kongreß der

184 Georg Steklow: Michael Bakunin. Ein Lebensbild. 2. Auflage, 1920. Stuttgart: Dietz Verlag. S.94.

185 Georg Steklow: Michael Bakunin. Ein Lebensbild. 2. Auflage, 1920. Stuttgart: Dietz Verlag. S.94.

186 [N. Bucharin: »Programm der Kommunisten« (Bolschewiki).] N. Bucharin: Programm der Kommunisten (Bolschewiki). Berlin: Verlag »Rote Fahne«, 1919. S.20.

187 N. Bucharin: Programm der Kommunisten (Bolschewiki). Berlin: Verlag »Rote Fahne«, 1919. S.21.

antiautoritären Internationale in Bern. (26. bis 29. Oktober 1876). Darin wurde gesagt[188]: »Die sogenannten öffentlichen Dienste (Post, Telegraph, Eisenbahn usw.) benötigen eine einheitliche, zentralisierte Organisation, und die wollen auch die Anarchisten.« Hier besteht demnach gar keine Meinungsverschiedenheit. Erst recht ist natürlich die straffste Zentralisation zu fordern, wenn es sich um die Organisation geschlossener Kämpfe handelt. Den Gedanken etwa, daß die russische Rote Armee sich in ihrer Verteidigung der Sowjetrepublik gegen die imperialistischen Armeen Englands, Frankreichs, Japans, Amerikas und die konterrevolutionären Heere Koltschaks, Judenitschs, Denikins usw. ohne einheitliche zentrale Führung hätte behaupten können, braucht man bloß auszusprechen, um seine Absurdität einleuchtend zu machen. Was den Generalstreik betrifft, so kann sein Entstehen gewiß nur von der freien Verständigung der autonomen Syndikate ausgehen - das ist übrigens eine Erfahrungstatsache, - für sein Überschlagen in aktive Revolution aber kann die in »Was will der Spartakusbund« vorgesehene »zentrale Streikkommission« außerordentlich wertvolle Arbeit tun, indem sie der Bewegung dem Entwurf gemäß »sozialistische Richtung« und die kräftigste Unterstützung durch die politische Macht der A- und S-Räte sichern soll.[189] Um nicht bei gewissen Anarchisten in den Verdacht zu geraten, als ob ich mich, um den russischen Genossen Konzessionen zu machen, opportunistisch die heiligsten Traditionen des Anarchismus verriete, berufe ich mich wieder auf Bakunin, der am 17. April 1848 aus Köln an Annenkow schrieb[190]: »Die Abwe-

---

188 [Fritz Brupbacher: »Marx und Bakunin.« Ein Beitrag zur Geschichte der internationalen Arbeiterassoziation.] Fritz Brupacher: Marx und Bakunin. Ein Beitrag zur Geschichte der Internationalen Arbeiterassoziation (1913). Potsdam: Libertad Verlag, 2013. S.251.

189 Was will der Spartakusbund (1918), in: Hermann Weber (Hg.): Der Gründungsparteitag der KPD. Protokoll und Materialien. Frankfurt am Main/Wien: Europäische Verlagsanstalt/Europa Verlag, 1969. S.293-301. Hier: S.300.

190 [»Bibliothek russischer Denkwürdigkeiten«. Herausgegeben von Th. Schiemann. 6. Band. Michael Bakunins sozialpolitischer Briefwechsel mit Alexander Iw. Herzen und Ogarjow. Mit einer biographischen

senheit jeder Zentralisation macht sich jetzt mehr als je fühlbar.« Nämlich in der deutschen Revolution.
Den Anarchisten, Syndikalisten, Autonomisten, Antiautoritären jeder Art ist nach alledem etwas mehr Unbefangenheit dem Zentralismus als Gesamtbegriff gegenüber anzuempfehlen. Umgekehrt aber sollten sich die in sozialdemokratischen Vorstellungen groß gewordenen Zentralisten, insbesondere die im kommunistischen Lager, von ihrer Voreingenommenheit gegen den Begriff des Föderalismus befreien, die sie dahin geführt hat, aus Besorgnis, selbst als Föderalisten gelten zu können, überall in die alten Fehler des bureaukratischen Zentralismus zu verfallen. Sie sollten sich erinnern, daß der offizielle Titel der russischen Republik der einer »sozialistischen föderativen« Sowjetrepublik ist, und daß der Aufbau aller Organisationen, »von unten nach oben« der gesellschaftliche Grundgedanke der Sowjetmacht ist. Sie sollten dem Vorwurf aus dem Wege gehen, den im umgekehrten Sinne Engels den Autonomisten macht, wenn er sagt: »Sie sind blind für alle Tatsachen, welche die Autorität notwendig machen, und kämpfen leidenschaftlich gegen das Wort«,[191] und sollten begreifen, daß ihr Kampf gegen den Föderalismus, sofern es ihnen ernst ist mit ihrer Abneigung gegen die Bureaukratie, ebenfalls nur ein Kampf gegen das Wort ist. Es hat sich gezeigt, daß die Auffassungen Bakunins, Engels und Lenins in diesem Punkt keineswegs so weit auseinandergehen, daß eine Verständigung nicht sehr leicht möglich wäre. Man muß sie nur wollen.

[VII.] Anarchismus und Diktatur

Die erste Internationale ging zugrunde an den tiefen und scheinbar unüberbrückbaren Gegensätzen, die zwischen ihren beiden größten Strömungen, den Marxisten und Bakunisten, den »Autoritären« und »Autonomisten«, zwischen denen klafften, die den

---

Einleitung, Beilagen und Erläuterungen von Professor Michael Bragomanow. Stuttgart 1895. Verlag der G. Cottaschen Buchhandlung Nachf. S. 9.]

191 Friedrich Engels: Von der Autorität (1874), in: Marx-Engels-Werke (MEW). Band 18. Berlin: Dietz Verlag, 1964. S.305-308. Hier: S.307.

Staat erobern, und denen, die ihn zerstören wollten. Die zweite Internationale versuchte das Proletariat der Welt unter Ausschluß der Antiautoritären, der Antiparlamentaristen, der Anarchisten, der Revolutionären sans phrase zusammenzufassen. Sie verkam im Opportunismus und Reformismus und fand mit dem großen Krach von 1914 ihr jämmerliches und ruchloses Ende.

Es ist mehr als wahrscheinlich, daß die erste Internationale ein unendlich produktiveres Ergebnis gezeigt hätte, wenn die herrliche Erhebung des Pariser Proletariats in der Kommune nicht am Ende, sondern am Anfang ihres Daseins stattgefunden hätte. Der Eifer, mit dem beide feindlichen Gruppen das Ereignis als Werk ihrer revolutionären Werbung in Anspruch nahmen, die begeisterte Zustimmung, die der Kampf und die Maßnahmen der Pariser Arbeiter in beiden Lagern fanden, beweist, daß das revolutionäre Wollen die gleiche Richtung hatte, und daß die Wurzeln des Haders nicht in den abgründigen Tiefen unzulänglicher Gesinnungsdifferenzen steckten, sondern vielmehr aus den verschiedenen Temperamenten kamen, deren Besonderheit natürlich in ihren theoretischen Niederschlägen mit starken Gegensätzen in Erscheinung trat: 1871 war der Antagonismus zwischen Marx und Bakunin schon viel zu gallig eingeschwärmt in die einzelnen Teile der Internationale, als daß die Kommune noch als aussöhnendes Moment hätte wirken können. Der Umstand, daß beide Parteien die Vaterschaft über sie behauptet, schuf im Gegenteil erst recht neue Erbitterung. Dennoch führte das Kommune-Erlebnis Marx und Engels zu einer einschneidenden Revision ihrer bisher vertretenen Meinung über die soziale Revolution und zu einer entscheidenden Konzession im Sinne der Lehre Bakunins von der Notwendigkeit der Zerstörung des Staates als erster Maßnahme der Revolution. Mehring weist auf den *Widerspruch* hin, in dem die Rückschlüsse der Generalratsadresse über den »Bürgerkrieg in Frankreich« zu den Auffassungen standen, die Marx und Engels seit einem Vierteljahrhundert vertreten und schon im kommunistischen Manifest verkündet hatten![192] Er führt dazu aus: »Dieser

192 Franz Mehring: Karl Marx. Geschichte seines Lebens (1918). Gesammelte Schriften. Band 3. Berlin: Dietz Verlag, 1979. S.457.

ihrer Auffassung gemäß, gehörte zu den schließlichen Folgen der proletarischen Revolution allerdings die Auflösung der mit dem Namen: Staat bezeichneten politischen Organisation, aber doch nur die allmähliche Auflösung ... Gleichzeitig aber betonten Marx und Engels, daß, um zu diesen und den anderen weit wichtigeren Zielen der künftigen sozialen Revolution zu gelangen, die Arbeiterklasse zuerst die organisierte politische Gewalt des Staates in Besitz nehmen, mit ihrer Hilfe den Widerstand der Kapitalistenklasse niederstampfen und die Gesellschaft neu organisieren müsse. Mit dieser Auffassung des kommunistischen Manifestes ließ sich aber das Lob nicht vereinigen, das die Adresse des Generalrates der Pariser Kommune spendete, weil sie damit begonnen habe, den Schmarotzer Staat mit Stumpf und Stiel auszurotten«.[193] Wie deutlich Marx und Engels sich bewußt waren, daß die Anerkennung der Handlungen der Kommune unvereinbar war mit ihren früheren Lehren, ergibt sich (worauf auch Mehring hinweist[194]) aus der Veranstaltung einer neuen Ausgabe des Kommunistischen Manifestes, in deren Vorrede (vom 24. Juni 1872) ausdrücklich gesagt wird: »Namentlich hat die Kommune den Beweis geliefert, daß die Arbeiterschaft nicht die fertige Staatsmaschine in Besitz nehmen und für ihre eigenen Zwecke in Bewegung setzen kann.«[195] Da wesentlich in *diesem* Punkt der ganze Streit zwischen Marx und Bakunin kulminierte, wäre ohne den persönlichen Schlamm, in den er abgeirrt war, und der hier nicht neu aufgestochert werden soll, das Jahr 1872 jedenfalls nicht das Jahr des Unterganges der Internationale geworden, sondern das ihrer neuen Befestigung.

---

193 Franz Mehring: Karl Marx. Geschichte seines Lebens (1918). Gesammelte Schriften. Band 3. Berlin: Dietz Verlag, 1979. S.457.

194 Franz Mehring: Karl Marx. Geschichte seines Lebens (1918). Gesammelte Schriften. Band 3. Berlin: Dietz Verlag, 1979. S.457. Dort: »Natürlich waren sich Marx und Engels darüber vollkommen klar«.

195 Karl Marx/Friedrich Engels: Vorwort [zur deutschen Ausgabe von 1782], in: Marx-Engels-Werke (MEW). Band 4. Berlin: Dietz Verlag, 1964. S.573-574. Hier: S.574.

Es ist wahr, der Kampf, ob Eroberung oder Zerstörung des Staats Ziel der sozialistischen Bewegung sei, hat auch nachher nicht aufgehört. Engels selbst hat, wie Mehring an derselben Stelle betont, »nach dem Tode von Marx im Kampfe mit anarchistischen Richtungen diesen Vorbehalt wieder fallen lassen und ganz die alten Anschauungen des Manifestes wiederholt«[196]. Erst Lenin führt den Marxismus wieder vollständig vorbehaltlos auf den Standpunkt der Adresse[197] zurück, indem er schreibt[198]: »Marx stimmt mit Proudhon darin überein, daß sie beide die ›Zertrümmerung‹ der modernen Staatsmaschine fordern. Diese Übereinstimmung des Marxismus mit dem Anarchismus (und mit Proudhon und Bakunin) wollen weder die Opportunisten noch die Kautskyaner sehen, denn sie haben in diesem Punkt den Marxismus verlassen.« Und: »Die Revolution besteht darin, daß das Proletariat den ›Verwaltungsapparat‹ und den gesamten Staatsapparat zerstört und ihn durch einen neuen, aus bewaffneten Arbeitern gebildeten Apparat ersetzt.« Hören wir dazu Bakunin[199]: »Das Proletariat soll seine Revolution machen, um den Staat zu erobern - ein heroisches Mittel! Nach unserer Ansicht wird es, einmal im Besitz des Staates diese dauernde Zwingburg der Massen sofort vernichten.« ... »Auf die revolutionär-sozialistische, auf unsere Fahne dagegen ist in blutigen, in feurigen Lettern geschrieben: Abschaffung allen und jeden Staates, Zerstörung der Bourgeoisie-Zivilisation, Freie Organisation von unten auf mit Hilfe der freien Assoziationen - die Organisation des entfesselten Arbeiterpöbels, die Organisation der ganzen emanzipierten Menschheit, die Schaffung einer neuen Menschenwelt.« Wenn also auf dem Haager Kongreß (2.

196 Franz Mehring: Karl Marx. Geschichte seines Lebens (1918). Gesammelte Schriften. Band 3. Berlin: Dietz Verlag, 1979. S.458.

197 Gemeint ist Marx' Schrift über die Pariser Kommune (*Bürgerkrieg in Frankreich*), die als »Adresse« des Generalrats der Internationalen Arbeiter-Assoziation veröffentlicht wurde.

198 [»Staat und Revolution«. S. 44 und 97.] Lenin: Staat und Revolution (1917), in: ders.: Ausgewählte Werke. Band 2. Moskau: Verlag für fremdsprachige Literatur, 1947. S.158-253. Hier: S.198 und 248.

199 [Aus »Staatlichkeit und Anarchie« zitiert nach Stekloff, Marx und die Anarchisten (1913). S. 39ff.]

bis 7. September 1872) James Guillaume erklärte[200]: »Der Unterschied zwischen den Marxisten und den Föderalisten besteht darin, daß die ersteren die Eroberung, die letzteren die Zerstörung der Staatsgewalt anstrebten,« so kann gerade dieser Unterschied durch die von den russischen Genossen vorgenommene Klärung der Frage als *behoben* gelten.

Nun ist es klar, daß den Staat nur »zerstören« kann, wer ihn zuvor »erobert« hat. Daß auch Bakunin das voraussetzt, ist nicht nur logisch selbstverständlich, sondern spricht er auch in dem zitierten Satz aus, in dem er von den Arbeitern, »einmal im Besitz des Staates«, dessen Vernichtung erwartet. Worauf es ihm ankam, war die »Abschaffung allen und jeden Staates« und der Kampf gegen neue staatliche Tendenzen als nächstes Ziel der Revolution. Im Zusammenhange mit dem vorigen sagt er: »Wir haben bereits mehrmals unsere tiefe Abneigung ausgesprochen gegen die Theorie Lassalles und Marxs, die den Arbeitern, wenn nicht als Endideal, so doch als unmittelbarstes Hauptziel die Errichtung des Volksstaates empfiehlt ... Die Existenz des Staates, einmal gegeben, ist damit unfehlbar auch Herrschaft und demzufolge Sklaverei; ein Staat ohne offene und geheime Sklaverei ist kaum möglich - daher sind wir Gegner des Staats.« Selbst zu Volksvertretern gewählte Arbeiter werden »sobald sie Regierende oder Volksvertreter geworden sind, aufhören, Arbeiter zu sein und anfangen, die niedere Welt der Arbeit von der Höhe des Staates herab zu betrachten; sie werden von nun an nicht das Volk, sondern sich selbst und ihre Ansprüche an die Regierung des Volks vertreten«. Bakunin identifiziert also, in Übereinstimmung mit der anarchistischen Auffassung überhaupt, den Begriff Staat durchaus mit dem des Obrigkeitsstaates, wogegen ihm die »freie Organisation« von unten auf mit Hilfe der freien »Assoziationen« die Formel für Staatlosigkeit, für Anarchie bedeutet.[201] Was sagt Lenin

200 [Brupbacher, Marx und Bakunin. S. 128.] Fritz Brupacher: Marx und Bakunin. Ein Beitrag zur Geschichte der Internationalen Arbeiterassoziation (1913). Potsdam: Libertad Verlag, 2013. S.200.

201 Diese zentrale Passage von Bakunins Marxkritik findet sich in: Michael Bakunin: Staatlichkeit und Anarchie (1873). Berlin: Karin

über diesen Gegenstand? Er zitiert ein Schreiben von Engels an Bebel vom 28. März 1875, das dieser - charakteristisch genug, 36 Jahre lang in seinem Schubfach liegen ließ, bis er es endlich 1911 in seinen Memoiren der Öffentlichkeit zugänglich machte. Darin heißt es[202]: »Man sollte das ganze Gerede vom Staat fallenlassen, besonders seit der Kommune, die schon kein Staat im eigentlichen Sinne mehr war. Der ›Volksstaat‹ ist uns von den Anarchisten bis zum Überdruß in die Zähne geworfen worden ... da nun der Staat doch nur eine vorübergehende Einrichtung ist, deren man sich im Kampfe in der Revolution bedient, um seine Gegner gewaltsam niederzuhalten, so ist es purer Unsinn, vom freien Volksstaat zu sprechen ... Wir würden daher vorschlagen, überall statt Staat ›Gemeinwesen‹ zu setzen, ein gutes, altes deutsches Wort, das das französische ›Kommune‹ sehr gut vertreten kann ... « Der freie Volksstaat war eine programmatische Forderung der deutschen Sozialdemokraten der 70er Jahre[203]. Diese Losung birgt in sich keinerlei politischen Inhalt, abgesehen von der kleinbürgerlichen, schwülstigen Umschreibung des Wesens der Demokratie ... Jeder Staat ist »eine besondere Repressionsgewalt« gegen die unterdrückte Klasse. Es ist also jeder Staat unfrei und kein Volksstaat. Und als eigene Meinung spricht Lenin aus: »Solange es einen Staat gibt, gibt es keine Freiheit. Wenn es eine Freiheit geben wird, wird es keinen Staat mehr geben[204].« Nur für den Übergang vom Kapitalismus zum Kommunismus wird noch »ein besonderer Apparat« erfordert, »eine besondere Maschine zur Unterdrückung; der ›Staat‹ ist noch notwendig, aber es ist dies bereits ein Übergangsstaat, kein Staat mehr im eigentlichen Sinne des Wortes,« sondern der Apparat zur »Niederhaltung der Min-

---

Kramer Verlag, 2007. S.337ff.

202 [Staat und Revolution. S. 53f.] Lenin: Staat und Revolution (1917), in: ders.: Ausgewählte Werke. Band 2. Moskau: Verlag für fremdsprachige Literatur, 1947. S.158-253. Hier: S.207.

203 Gemeint sind die 1870er Jahre.

204 [»Staat und Revolution« S. 80 u. S. 17.] Lenin: Staat und Revolution (1917), in: ders.: Ausgewählte Werke. Band 2. Moskau: Verlag für fremdsprachige Literatur, 1947. S.158-253. Hier: S.231.

derheit der Ausbeuter durch die Mehrheit der Lohnsklaven von gestern[205]« Lenin spricht hier also von dem Zustand während der proletarischen Diktatur. Ob man diesen diktatorischen Apparat noch Staat nennen will oder nicht, scheint mir überaus irrelevant, ein bloßer Streit um Worte. Mag in diesem Zustand immerhin von einem »Absterben« des Staates gesprochen werden. Es ist klar, daß er erst absterben kann, nachdem seine Zerstörung vollzogen ist, da das eigentliche Ausröcheln ja nur in dem Tempo vor sich gehen kann, daß die ganze Etablierung der ganzen wirtschaftlichen Neuregelung braucht. Es waltet also ein Einverständnis sowohl in der Frage der Zerstörung wie in der des »Volksstaats«.
Ein Rattenkönig von Mißverständnissen beherrscht indessen noch jetzt einen großen Teil der Anarchisten in der Frage der proletarischen Diktatur. Hieran trifft diese Anarchisten die Schuld nicht allein. Es kann nicht verschwiegen werden, daß die Auffassungen über diese revolutionäre Notwendigkeit auch in anderen Kreisen, die die Forderung selbst in alle Winde blasen, großenteils sehr verschwommen sind, und es fällt auch hierbei wieder der schwerste Vorwurf auf die kommunistische *Partei*. Was die Anarchisten an dem Ausdruck: »Diktatur des Proletariats« immer geschreckt hat, war der Gedanke an die Personen, die sich da würden zu Diktatoren machen wollen. Die Sozialdemokratische Partei und die mit ihr versippten Gewerkschaften übten über die deutsche Arbeiterschaft eine unumschränkte Herrschaft aus. Den revolutionären Sozialisten gegenüber fiel jede Rücksicht weg. Ihre Versammlungen wurden durch Verweigerung der Inserate in der sozialdemokratischen Presse, durch Saalabtreibungen usw. sabotiert, ihre Anhänger wurden von den Arbeitsstätten geekelt, und der Terrorismus, mit dem man sie bekämpfte, ging bis zu Denunziationen an die bürgerlichen Behörden. Das waren die Leute, die das Wort »Diktatur des Proletariats« im Munde führten, wenn es gerade mal nützlich schien, die Bourgeoisie mit revolutionären Tönen zu ängstigen. Die Massen waren zum blinden Nachlaufen

205 [Ebda. S. 75.] Lenin: Staat und Revolution (1917), in: ders.: Ausgewählte Werke. Band 2. Moskau: Verlag für fremdsprachige Literatur, 1947. S.158-253. Hier: S.227.

hinter ihrem Führerklüngel erzogen. Man konnte sich daher unter »Diktatur des Proletariats« gar nichts anderes vorstellen, als die Diktatur des Parteivorstands in Verbindung mit der Gewerkschaftsbürokratie. Und etwas anderes stellten sich die Prediger der Diktatur sicher auch nicht darunter vor, sofern sie sich überhaupt über die Form Gedanken gemacht haben sollten.

Mir gingen die Augen auf, als die Parole »alle Macht den *Räten*!« in Deutschland Echo fand. Indem ich diesen Grundsatz - vom Beginn der Revolution an - zu meinem eigenen machte, war es die natürliche Konsequenz, ihm die populäre Bezeichnung der proletarischen Diktatur zu geben. Denn jetzt war die Form gefunden, unter der das gesamte Proletariat als solches Diktator sein konnte. Die Befürchtungen, die z.B. den Antiautoritären Kongreß in St. Imier zu der Resolution veranlaßten[206]: »Jede sogenannte ›Diktatur des Proletariats‹ zum Zweck dieser Zerstörung (der politischen Gewalt) ist ebenso gefährlich wie irgend eine andere Regierungsform«, - bestanden *nicht mehr*. Denn die weitere Forderung dieser Resolution: »indem es alle Kompromisse meidet, soll das Proletariat aller Länder, um zur Erfüllung der sozialen Revolution zu kommen, außerhalb aller bürgerlichen Politik die Solidarität der revolutionären Aktion herstellen,« war ja gerade durch die Errichtung der Rätediktatur *erfüllt*. Die Räte selbst aber sind ein Gewächs, das ursprünglich auf anarchistischem Boden ersprossen ist, wenn auch ihre spätere Gestaltung noch nicht gleich überblickt, sondern ihre Gliederung in Berufsföderationen gesucht wurde. Das Wort »Räte« in diesem Zusammenhang wurde zuerst auf dem Baseler Kongreß der Internationale (5. bis 12. September 1869) von dem belgischen Bakunisten Hins gebraucht, der ausführte[207]: »Die Regierung würde durch Räte aus den Föderationen der Berufe und durch ein Komitee ihrer Delegierten ersetzt. So würden

206 [Brupbacher, Marx und Bakunin. S. 137.] Fritz Brupacher: Marx und Bakunin. Ein Beitrag zur Geschichte der Internationalen Arbeiterassoziation (1913). Potsdam: Libertad Verlag, 2013. S.208.

207 [Ebda. S. 67.] Fritz Brupacher: Marx und Bakunin. Ein Beitrag zur Geschichte der Internationalen Arbeiterassoziation (1913). Potsdam: Libertad Verlag, 2013. S.133.

die Arbeitsbeziehungen die politischen Beziehungen ersetzen (...) So wird die Rückkehr zum alten Zentralisations-Staat für immer unmöglich gemacht sein. Die alten politischen Systeme werden so ersetzt werden durch die Repräsentation der Arbeit.« Was ist denn nun im Prinzip dieser Aufbau der Gesellschaft auf Arbeitsbeziehungen von unten auf anderes als die Verfassung einer Räterepublik? Und was ist er in der Zeit der Revolution, während also die widerstrebenden Kräfte der Bourgeoisie noch durch eben diese Räteorganisation niedergehalten werden müssen, anderes, als die Diktatur des Proletariats?

Das Mißtrauen vieler Anarchisten gegen die Diktatur des Proletariats gründet sich darauf, daß sie in dem Wort eine Umschreibung alter Staatsherrschaft wittern und fürchten - wie ja Bakunin dieses Argument immer wieder geltend machte -, diejenigen, die die Diktatur ausüben, werden durch ihre Machtfülle Gelegenheit bekommen, einen neuen Staat mit allen Privilegien der Gewalt, der Ausbeutung und der Minderheitsherrschaft entstehen zu lassen. Sie sehen demnach den Staat solange die proletarische Diktatur besteht, nicht als zerstört, sondern nur als erobert an. Daß dies ein Irrtum ist, geht aus folgenden Sätzen Lenins klar hervor[208]: »In Rußland wurde dagegen der ganze Beamtenapparat zertrümmert, kein Stein auf dem anderen gelassen, alle alten Richter wurden beseitigt, das bürgerliche Parlament vertrieben, und gerade die Arbeiter und Bauern waren es, die eine viel volkstümlichere Vertretung erhielten. Die Beamten wurden durch ihre *Räte* ersetzt, *d. h. ihre* Räte wurden über die Beamten gesetzt, die Räte stellten sie über die Beamten, die Räte ließen *sie* die Richter wählen. Diese Tatsache allein genügt, um alle geknechteten Klassen zu überzeugen, daß die Rätemacht, d. h. die gegebene Form

208 [Diktatur des Proletariats und Renegat Kautsky. S. 17.] Lenin: Die proletarische Revolution und der Renegat Kausky (1918), in: Karl Kautsky: Die Diktatur des Proletariats/Lenin: Die proletarische Revolution und der Renegat Kautsky/Karl Kautsky: Terrorismus und Kommunismus. Herausgegeben von Hans-Jürgen Mende. Berlin: Dietz Verlag, 1990. S.89-175. S.110.

der Diktatur des Proletariats, tausendmal demokratischer ist, als die allerdemokratischste Republik.«

Man beurteile, ob nicht der Geist, der hier zum Ausdruck kommt, ganz der gleiche ist, der etwa den Aufruf erfüllt, den nach der Erhebung von Lyon am 26. September 1870 das revolutionäre Komitee, dem Bakunin angehörte, erließ[209]: »Die Verwaltungs- und Regierungsmaschine des Staates, die machtlos geworden ist, ist abgeschafft. Das französische Volk nimmt von sich selbst Besitz. Alle Straf- und Zivilgerichte werden aufgehoben und durch die Volksgerichtsbarkeit ersetzt. Die Bezahlung von Steuern und Hypotheken ist unterbrochen. Die Steuer wird erhoben durch Abgaben der föderierten Gemeinden, die erhoben werden von den Reichen ... alle bestehenden Gemeindeverwaltungen sind kassiert und in allen föderierten Gemeinden ersetzt durch die Komitees zur Rettung von Frankreich, die alle Macht ausüben unter der unmittelbaren Kontrolle des Volkes.« Diese zweifellos von Bakunin selbst entworfenen Dekrete bedeuten im Sinne der Bolschewiki in der Tat die Proklamation der proletarischen Diktatur. Man braucht sich nur zu überwinden, das Wort auszusprechen.[210]

Übrigens sollten die Anarchisten auch bei dem Wort Diktatur nicht gar so ängstlich tun. Bakunin war nicht im mindesten zimperlich, da, wo es ihm für die Revolution notwendig dünkte, selbst die allerstraffste diktatorische Gewalt zu fordern. In einem Brief aus seiner sibirischen Verbannung (vom 17. November 1860) rühmt er in Ausdrücken überschwänglicher Begeisterung

---

209 [Brupbacher, Marx und Bakunin. S. 96.] Fritz Brupacher: Marx und Bakunin. Ein Beitrag zur Geschichte der Internationalen Arbeiterassoziation (1913). Potsdam: Libertad Verlag, 2013. S.165.

210 Marx und Engels hatten allerdings hierfür nur Spott übrig: »Der Lyoner Aufstand war ausgebrochen. Bakunin eilte herbei und richtete sich (...) im Rathaus ein, dessen Zugänge zu schützen, er *sich* als eines politischen Aktes *enthielt*. Er wurde daraus durch einige Nationalgarden in dem Augenblick jämmerlich vertrieben, als sein Dekret über die *Abschaffung des Staates* nach einer mühseligen Geburt endlich das Licht der Welt erblickt hatte.« (Karl Marx/Friedrich Engels: Die angeblichen Spaltungen in der Internationale (1872), in: Marx-Engels-Werke (MEW). Band 18. Berlin: Dietz Verlag, 1964. S.3-51. Hier: S.19)

die politischen Pläne des Gouverneurs Murawiew Annerski. Er erzählt[211]: »In der höchsten administrativen Sphäre will er folgende Reformen: 1. Abschaffung der Ministerien - er ist ein ausgesprochener Feind der Bürokratie, ein Freund des Lebens und der Tat, - und für die erste Zeit keine Konstitution und kein adliges Schwatzparlament, sondern eine provisorische, eiserne Diktatur, unter irgendeinem Namen...« Der Entwurf zu einer allgemeinen französischen Kommune-Verfassung, von dem dann der Lyoner Aufruf übrigblieb, räumte den »Komitees zur Rettung Frankreichs« durchaus diktatorische Gewalt ein. »Sie vereinigen sich föderativ, übernehmen vorläufig die Macht (se font provisorement autoritaires) und verfügen...[212]« Mit der größten Entschiedenheit verteidigt er in einem revolutionären »Aufruf an die Offiziere der russischen Armee« (1869) die diktatorische Macht geheimer Verschwörungs-Komitees[213]: »Man wird vielleicht fragen: Wie kann man sich der diktatorischen Leitung eines Komitees unterwerfen, das euch unbekannt ist?« Und nun folgt eine längere Rechtfertigung, in der es zum Schluß heißt: »Jedermann unterwirft sich gern ihrer Autorität, wenn er sich durch die Praxis selbst mehr und mehr überzeugt, einesteils von ihrer wahrhaft erstaunlichen Voraussicht, ihrer Wachsamkeit, ihrer weisen Tatkraft und ihrem Geschick, ihre Anordnungen den erstrebten Zielen anzupassen, andererseits von der Notwendigkeit und der heilsamen Wirkung einer solchen Disziplin.«[214] Wo er also nicht fürchtet, daß sich eine vorübergehende Diktatur in dauernde

211 [Dragomanow, Briefwechsel. S. 19.] Michael Bakunin: Sozial-Politischer Briefwechsel mit Alexander Iw. Herzen und Ogarjow. Berlin: Karin Kramer Verlag, 1977. S.13.

212 [Ebda. S. 237. (Dort französischer Text.)] Michael Bakunin: Sozial-Politischer Briefwechsel mit Alexander Iw. Herzen und Ogarjow. Berlin: Karin Kramer Verlag, 1977. S.237 (dtsch. Übersetzung: S.442).

213 [Ebda. S. 367. (Dort französischer Text.)] Michael Bakunin: Sozial-Politischer Briefwechsel mit Alexander Iw. Herzen und Ogarjow. Berlin: Karin Kramer Verlag, 1977. S.367 (dtsch. Übersetzung: S.473).

214 Michael Bakunin: Sozial-Politischer Briefwechsel mit Alexander Iw. Herzen und Ogarjow. Berlin: Karin Kramer Verlag, 1977. S.367 (dtsch. Übersetzung: S.473f.).

Obrigkeit umwandeln könnte, hat Bakunin gar keine Scheu, sie zu empfehlen, und betrachtet sie für konspirative Verbindungen sogar als unvermeidliche Notwendigkeit (worüber natürlich gestritten werden kann). Welche Art Diktatur Bakunin bekämpft hat, geht aus einem Satz klar hervor, der in einer Proklamation enthalten ist, die ein Kreis junger Anhänger Bakunins im Jahre 1873 herausgab[215]: »Die Hauptsache ist, nicht nur die Revolution vorzubereiten, sondern die Organisation während derselben aufrechtzuerhalten, damit sie jede Regierung, jede offizielle Diktatur ersetze. Denn die ganze Weltgeschichte lehrt uns, daß eine solche am Ende den politischen Staat wieder herstellt und der Bourgeoisie die Herrschaft verschafft.«

Vor einer solchen »offiziellen« Diktatur, mit der nur die Gesamtmacht in den Händen Einzelner gemeint sein kann, und als deren »Ersatz« die Aufrechterhaltung der revolutionären Organisation ausdrücklich gefordert wird, ist bei der Rätediktatur gar keine Rede. Friedrich Engels schloß seine Einleitung zum »Bürgerkrieg in Frankreich« mit den kräftigen Worten: »Der deutsche Philister ist neuerdings wieder in heilsamen Schrecken geraten bei dem Wort: Diktatur des Proletariats. Nun gut, ihr Herren, wollt ihr wissen, wie diese Diktatur aussieht? Seht euch die Pariser Kommune an. Das war die Diktatur des Proletariats.«[216] Das wurde 16 Jahre nach Bakunins Tod geschrieben. Er hat also zu dieser Anwendung des Begriffs keine Stellung mehr nehmen können. Welche rückhaltslose Freude er an den Taten des Pariser Proletariates hatte, wissen wir, und das beweist, daß er gegen eine Diktatur des Proletariats im Sinne der Kommune keine Einwendung erhob.[217]

---

215 [Ebda. S. 386.] Michael Bakunin: Sozial-Politischer Briefwechsel mit Alexander Iw. Herzen und Ogarjow. Berlin: Karin Kramer Verlag, 1977. S.386.

216 Friedrich Engels: Einleitung zu »Der Bürgerkrieg in Frankreich« (1890), in: Marx-Engels-Werke (MEW). Band 17. Berlin: Dietz Verlag, 1971. S.613-625. Hier: S.625.

217 Bakunin hatte jedoch kritisch auf jakobinische Einflüsse in der Kommune hingewiesen und angemerkt, dass die Kommune zur »Bekämpfung der monarchistischen und klerikalen Reaktion (...) die Grundvoraussetzungen des revolutionären Sozialismus vergessen und

[VIII.] Zur Einigung des revolutionären Proletariats[218]

Der Staatsstreich der Herren Kapp-Lüttwitz und Konsorten[219] hatte die Wirkung, die seit fast einem Jahr in Stagnation geratene deutsche Revolution wieder labil zu machen. Er führte den spontanen Zusammenschluß fast des gesamten Proletariats herbei, der sich in gewaltigen Generalstreiks-Kundgebungen und an vielen Stellen in ausgesprochen revolutionären Aktionen des bewaffneten Proletariats entlud. Wenn es der Bourgeoisie gleichwohl gelungen ist, den Arbeitern großen teils die Waffen wieder abzunehmen, so ist das in erster Linie auf die Beteiligung der *Scheidemänner* an der Bewegung zurückzuführen. Der Gene-

---

aufgeben und sich als jakobinische *Reaktion* organisieren« musste (Michael Bakunin: Die Commune von Paris und der Staatsbegriff (1871), in: ders.: Staat, Erziehung, Revolution. Lich: Edition AV, 2015. S.402-425. Hier: S.412). Marx und Engels hatten dagegen - Garibaldi zustimmend zitierend - kritisiert, dass »das Autoritätsprinzip zu bekämpfen, (...) einer der Fehler der Internationalen« sei, »welcher ihre Fortschritte hindert. Die Pariser Kommune ist gefallen, weil in Paris keine Autorität, sondern nur noch Anarchie war« (Karl Marx/Friedrich Engels: Ein Komplott gegen die Internationale Arbeiter-Assoziation (1873), in: Marx-Engels-Werke (MEW). Band 18. Berlin: Dietz Verlag, 1964. S.327-471. Hier: S.382).

218 Zu diesem Kapitel schreibt Pfemfert in der *Aktion* einleitend: »Zu Nürnberg haben sich nun wieder vereint, die schon immer zusammengehörten: die verwerflichsten Ausbeuter: die Ausbeuter der Dummheit und der Gutgläubigkeit des Proletariats. Bei Noske-Ebert-Wels-Parvus landeten glücklich: der hohlköpfige Karriererevolteur Rudi Breitscheid, der dekorative Revolutionsparasit Artur Crispien, das burleske Falluna-Männchen Kurt Rosenfeld, der Paul Levi, der Paul Cassierer-Hilferding, die Ditt-, Diß- und all die sonstigen Ehrenmänner bis hinab zu Friesland. Damit ist die Front der Gegenrevolution eindeutig klar geworden, und das ist das Plus, das wir Nürnberg zu danken haben. Wir wollen den Dank abstatten, indem wir nun alles aufbieten, um auch die Front der proletarischen Klassenkämpfer zu schließen. Nicht eine ›Einheitsfront‹ der Gedankenlosigkeit, sondern eine Gemeinschaft des revolutionären Bewußtseins muß geschaffen werden! Ich stelle Erich Mühsams Aufsatz, entstanden 1920 im Gefängnis, zur Diskussion.«

219 Rechtsnationalistischer Putschversuch im März 1920. Abgewehrt wurde diese durch den bis heute größten Streik in der Geschichte Deutschlands.

ralstreik wurde vielfach vorzeitig abgebrochen, die Eisenbahner beförderten gegenrevolutionäre Truppen an die kritischen Plätze, und so ist es gekommen, daß auch die in heroischem Kampf und mit furchtbaren Blutopfern errungenen Positionen nicht auf die Dauer zu verteidigen waren. Die Einigung des Proletariats - das ist die Lehre davon - war also doch noch nicht in dem Maße vorhanden, daß sie den Sieg verbürgt hätte.

Von allenthalben wurde gemeldet: die drei sozialistischen Parteien hatten sich »geeinigt«, sie hatten einen gemeinsamen Aktionsausschuß eingesetzt, sie handeln nur im Einverständnis miteinander. Man mußte schon den Kopf schütteln, wenn man überhaupt von *drei sozialistischen* Parteien las: Eine davon will kaum theoretisch etwas vom Sozialismus wissen und hat sich vollständig auf eine reinbürgerlich demokratische Politik festgelegt[220], die zweite ging auf einen Kompromiß zwischen bürgerlichem Demokratismus und Sozialismus aus[221] und nur die dritte, die kommunistische, hatte Anspruch auf den Namen einer sozialistischen Partei.[222] Das einzig Erfreuliche an dieser Art Zusammenarbeit war die Sichtbarkeit des Verlangens der gesamten Arbeiterschaft nach *Einheitlichkeit* ihrer *Unternehmungen*. Dieses instinktmäßige Begreifen der wichtigsten Notwendigkeiten entspricht vollständig den Forderungen aller Revolutionäre aller Richtungen. Auch Bakunin verlangt leidenschaftlich die Konzentration *der im Aufruhr* befindlichen proletarischen Massenkräfte. »Ihre Empörungen«, meint er, »haben nur bisher keine Früchte getragen, da das Volk sich vereinzelt zu erheben pflegte, und bis auf den heutigen Tag wurde es nach den blutigsten Kämpfen noch stets besiegt und erdrückt. Was können wir ihm geben? Welche Hilfe können wir ihm bringen? Nur eine, doch eine sehr wichtige, wir können ihm das geben, was ihm bis jetzt abging und dessen Fehlen die Hauptsache aller seiner Niederlagen war. Die Einheitlichkeit der allgemeinen Bewegung durch Vereinigung seiner eigenen bis jetzt

220 Gemeint ist die MSPD.

221 Gemeint ist die USD.

222 Gemeint ist die KPD.

zerstreuten und im Aufruhr begriffenen Kräfte.« So sagt Radek mit vollem Recht[223]: »Die Einigung des Proletariats der Bourgeoisie und ihren sozialdemokratischen Schergen gegenüber, bildet das Problem der Revolution.«

Diesem Problem hat man immer wieder von derselben Seite beizukommen versucht: man hat eine *Partei* gegründet, der man die Führerschaft des Proletariats in all ihren revolutionären Kämpfen zuwies. Aber das Verfahren hat sich als unbrauchbar erwiesen. Statt der sozialistischen Einigkeit des Proletariats kam der Zustand heraus, der heute zum Rufe der Einigung »gegen die Bourgeoisie und ihre sozialdemokratischen Schergen« zwingt. Die Politik des 4. August führte im Verlauf zur Spaltung, und man sah nun *zwei* Parteien, in denen sich das Proletariat »einigen« sollte. Schon die Gründung der neuen Partei mit ihrem Vorläufer, der Reichstagsfraktion der »sozialdemokratischen Arbeitsgemeinschaft«[224], verriet die Untauglichkeit des neuen Unternehmens, eine Sammelstelle des revolutionären Teils der Arbeiterschaft zu werden. Liebknecht und Rühle traten aus guten Gründen nicht bei und Mehring, der der USP ursprünglich angehörte, sah sich bald zu seinem berühmten Brief an die »Prawda« veranlaßt, in dem er die Verwaschenheit und Halbheit, die Entschlußunfähigkeit und Kompromisserei seiner eigenen Partei brandmarkte.[225] Damit wa-

---

223 [Radek. »Diktatur der Arbeiterklasse.« und der KPD. S. 3.]

224 Die »Sozialdemokratische Arbeitsgemeinschaft« setzte sich mehrheitlich aus den sozialdemokratischen Reichtagsabgeordneten - u.a. Haase, Ledebour, Kautsky, Bernstein - zusammen, die 1915 gegen die Kriegskredite stimmten und kurze Zeit darauf aus der Fraktion ausgeschlossen wurden.

225 Franz Mehring: Offenes Schreiben Franz Mehrings an die Bolschewiki (1918), in: ders.: Politische Publizistik. 1905 bis 1918. Berlin: Dietz Verlag, 1977. 773-777. Hier S.774f.: Die Unabhängigen »wollen ihre alte deutsche Sozialdemokratie wiederhaben, wie sie bis zum 4.August war. Sie wollen zurück zur ›alten bewährten Taktik‹ mit den ›glänzenden Siegen‹ von Reichtagswahl zu Reichstagswahl und den siegreichen Schlachten gegen den ›Revisionismus‹ von Parteitag zu Parteitag. Dieses eigentümliche Ziel der Unabhängigen Sozialdemokraten ist aber nichts als eine Utopie und eine reaktionäre dazu. Sie will einen Leichnam ausgraben und zu neuem Leben schminken. (...) Dieser Sehnsucht der

ren die Keime zu einer neuen Spaltung schon lebendig, die nach Ausbruch der Revolution denn auch erfolgte. Zuerst bestanden nebeneinander zur Linken der USP der Spartakusbund und die Bremer internationalen Kommunisten, die in der Frage des Reichsunitarismus nach verschiedenen Zielen strebten, bis dann ihre Fusion in der KPD perfekt wurde.

Was war jetzt gewonnen? Gewiß, es war eine Partei da, die damals im Wollen, Werben und Wirken den wahren revolutionären Geist verkörperte, deren Redner der Menge die Stichworte zuwarfen, wie sie der Augenblick erforderte, und in der Aufklärungs- und Aufwiegelungsarbeit Prachtvolles geleistet hat. Aber konnte die KPD die Einigung des Proletariats *in ihren Reihen* bewirken? Niemals. Freilich: das wollte sie auch nicht, sie wollte nur, daß »die energischsten aufgeklärtesten Proletarier sich zur Partei zusammenschließen«[226] Und denen eben sollte die KPD Gelegenheit dazu geben.

Es soll nicht bestritten werden, daß die KPD im großen Ganzen die energischsten Teile des Proletariats in sich schloß, ob auch die aufgeklärtesten, bleibe dahingestellt. Radek will doch nicht behaupten, daß der Besitz einer Mitgliedskarte der KPD an sich ein Beweis kommunistischer Erkenntnis sei. Aber daß sie die ungeduldigsten Elemente des Proletariats an sich zog, und das sind selbstverständlich die für die Revolution wertvollsten, ist unbedingt zuzugeben. Dabei spielt es auch keine große Rolle, daß sehr viel Maulheldentum und noch mehr Spekulation mit unterlief, welch letztere ja immerhin ein starkes Zutrauen zum Erfolge der Kommunisten voraussetzte. Die Ungeduld, das Verlangen nach sichtbaren revolutionären Taten, die Erwartung, in der KPD werde am schnellsten Gelegenheit werden, loszuschlagen, das - und keineswegs irgendwelche tiefere Vertrautheit mit dem Wesen des Kommunismus - machte die leidenschaftlichsten Proletarier zu Spartakisten. Den Kommunismus begriffen sie gefühlsmäßig.

Unabhängigen Sozialdemokraten nach einer Vergangenheit, die niemals wiederkehren wird, entspricht ihre völlige Blindheit für die treibenden Kräfte der Gegenwart.«

226 Radek [Die Entwicklung der deutschen Revolution etc. S. 22.]

Die Finessen der Theorie interessierten sie wenig, ihre Konfession war der Wille zur Tat. So war diese dritte proletarische Partei wohl geeignet, impulsgebend auf die Massen einzuwirken, aber nicht, die Einheitlichkeit ihres Handelns herbeizuführen. Ihr hoher ethischer Wert lag in ihrer Konsequenz rebellischer Propaganda und eben darin, daß sie im Urteil der Massen »den von der Bourgeoisie vollkommen abgetrennten Teil des Proletariats« vertrat. Diesen Vorzug aber hat sie preisgegeben, indem ihre äußerlich erkennbare Taktik sich mit der Proklamation der »Leitsätze« von der der Unabhängigen[227] überhaupt nicht mehr unterscheidet. Das Einerseits- Andererseits in der Parlaments- und Gewerkschaftsfrage versteht der revolutionär entschlossene Teil des Proletariats nicht; er kennt nur ein Entweder-Oder. Nun erleben wir es also, daß in den Parteien, deren jede in ihren Reihen die Einigung des Proletariats anstrebt und anpreist, insgesamt noch nicht einmal ein Zusammenschluß aller Sozialisten da ist. Die Syndikalisten stehen in ihrer Mehrheit abseits, und die KPD existiert nicht mehr in ihrer Einzigartigkeit als der in jeder Lebensäußerung von den Opportunisten gesonderte Teil des Proletariats. Ihre Spaltung ist vollzogen, und was nicht ausgeschieden ist, unterscheidet sich von den übrigen Parteien durch akademische Forme[l]n, aber kaum mehr durch eine eigene Taktik, aus der die Massen die Unbedingtheit der Endzielforderungen entnehmen könnten.
Die bisherige Revolutionsentwicklung hat, meine ich, deutlich genug dargetan, wohin diese ganze verrückte Politik des *Parteiwesens* führt: Nicht zur Einigung, sondern zur verhängnisvollsten Zersplitterung, zum »Zerschlagen« des Proletariats in »unzusammenhängende Gebilde«, zur vollkommenen Verwirrung in dem Augenblick, wo die größte, vollste Geschlossenheit nötig wäre. Damit aber ist der Kampfbewegung ihr Urteil gesprochen. Sie ist zu einem Politischen Schachergeschäft geworden.
Welche Lehren hat die Revolution für die Zukunft erteilt?
Die Tatsachen sind stärker als die Wünsche. Sie haben festgestellt, daß die Proletarier ihre Organisationen nicht von heute

227 Unabhängigen Sozialdemokraten (USPD).

auf morgen verlassen, und die Revolution wartet nicht auf die Herstellung der organisatorischen Dispositionen des Proletariats. Sie ist da, wenn ihre Zeit reif ist, und dann beansprucht sie die gesammelten Kräfte des werktätigen Volks. Die Bildung von lokalen Aktionsausschüssen ist in solchen Fällen unerläßlich, darüber haben die Arbeiter längst entschieden. Man kann ihnen nur raten, wie sie künftig die Fehler vermeiden sollen, denen sie einmal verfallen sind. Der Rat ist einfach: *In den Aktionsausschüssen darf grundsätzlich kein Partei- oder Gewerkschaftsbeamter sitzen.* Sie sollen *aus betriebstätigen Genossen* bestehen, die höchstens durch einzelne Persönlichkeiten ergänzt werden können, welche das besondere Vertrauen aller Arbeiter genießen. Die Aktionsausschüsse müssen außerdem unter ständiger Kontrolle der Massen selbst gehalten werden, zu ihren Beratungen täglich wechselnde Vertrauensleute aus den Betrieben entsenden, und ferner muß ihre dauernde Verantwortlichkeit durch die Möglichkeit der freien Abberufung und Auswechslung gewährleistet werden. Dann ist jedes eigenmächtige Verhandeln mit Unternehmen oder Behörden verhindert, jeder Bürokratismus ausgeschaltet und der unmittelbare Einfluß der Arbeiter auf alle Entschlüsse sichergestellt. Das gilt für die Zeit des *akuten* Kampfes.
Dabei bleibt indessen die Frage offen, in welcher Form sich das Proletariat in der Zeit der Vorbereitung, der Agitation, kurz: der Zwischenakte der Revolution politisch organisieren soll. Der gänzliche Verzicht auf politische Vereinigung, wie ihn die Anarchisten und Syndikalisten wollen, ist nicht zu empfehlen. Er würde bei neuen Aktionsmaßnahmen wieder zu Unsicherheiten und Fehlgriffen führen, die sich schwer rächen können. *Voraussetzung der politischen Einigung wäre natürlich das Bekenntnis zu den Räten als Ausdruck wahrer Demokratie und zur Diktatur des Proletariats.* Wenn die Russen zur Herstellung einer einheitlichen Taktik für alle Proletarier den Zusammenschluß zu einer einheitlichen kommunistischen Partei fordern, so übersehen sie die Schwierigkeiten, die die besonderen Verhältnisse in Deutschland der Verwirklichung dieser Forderung in den Weg legen. Die Entwicklung der KPD hat offenkundig gemacht, daß es gerade den

tüchtigsten Revolutionären unmöglich ist, dieser Partei anzugehören. Jede Neubildung einer Partei zersplittert die Revolutionskräfte. Außerdem birgt dank der Parteitradition in Deutschland jede neue, parteimäßige Konstituierung alle Gefahren der Bürokratisierung und Verbonzung von Natur aus in sich.
Die russischen Genossen beurteilen die Angelegenheit zu sehr nach ihren eigenen Erfahrungen und nach ihrem eigenen Temperament. Für die Bolschewiki entscheidet sich die Zugehörigkeit zur Partei ganz einfach nach den großen Gesichtspunkten. Sinowjew formuliert das kurz so: »Das Zusammenschließen der Kräfte vollzieht sich in einer neuen Richtung: die einen sind für die proletarische Revolution, für die Sowjets, für die Diktatur, für Massenaktion bis zum bewaffneten Aufstand - die andern dagegen ...«[228] Läge die Sache bei uns wirklich so klar, dann wären wir längst einig. Aber der Deutsche ist von Hause aus ein Vereinsmeier! Gründen bei uns eine Anzahl Leute eine Partei, dann denken sie gar nicht daran, die großen Prinzipien vorzulegen und zu sagen: wer sie anerkennt, ist unser. Nein, da wird zunächst mit Vorsitzenden und zwei stellvertretenden Vorsitzenden, Kassierer, Beisitzern, ein Gesamtvorstand und ein erweiterter Vorstand gewählt, dann werden Statuten ausgearbeitet, die die Mitglieder auf unverrückbare, für die Gegenwart, für die nahe, die weitere und die fernste Zukunft abgestufte Details festlegen; werden mit besonderer Liebe die Ausschlußbestimmungen behandelt, ein übertriebener Buchführungs- und Verwaltungsbetrieb wird organisiert und man kommt sich schon revolutionär vor, wenn man nicht gleich auch eine Sterbekasse einrichtet. In einer solchen Partei werden Menschen, die Persönlichkeit haben, mögen sie dem Kommunismus in all seinen Ausdrucksformen noch so freudig ergeben sein, nicht lange geduldet. Die Empfehlung der Verbindung mit einer einheitlichen Partei ist also für die deutschen Kommunisten vergebene Liebesmühe.
Es bleibt der einzige Ausweg, der mir gangbar scheint, und den ich zu betreten den deutschen Kommunisten, Genossen aller

228 Siehe den Text »Der Parlamentarismus und der Kampf für die Sowjets« (Sept. 1919). Im vorliegenden Band: S.180.

Richtungen dringend empfehle. Das ist die Schaffung einer *kommunistischen Föderation*.

Man überlege folgendes: Was die kommunistischen Organisationen (der Zentral-Richtung, der KAPD[229] und der AAU- E[230]), die Syndikalisten und die kommunistischen Anarchisten, so weit sie mit mir einig gehen, voneinander trennt, ist nichts, was in den Fragen der sozialen Revolution selbst und ihrer nächsten Zwecke miteinander kollidierte. Eine *grundsätzliche* Gegnerschaft besteht zwischen ihnen nicht. Ihre Differenzen begegnen sich durchweg auf dem Gebiete der taktischen Organisation, also der revolutionären Koalitionsform und gewisser Probleme des außerrevolutionären Verhaltens (Parlamentarismus, Gewerkschaftswesen, gesetzliche Betriebsrätewahlen). Diese Differenzen sollen und müssen in aller sachlichen Schärfe ausgetragen werden, denn die kommunistische Bewegung ist kein Harmonieklub, sondern eine Kampfgemeinschaft. Aber eine gänzliche Verbindungslosigkeit zwischen diesen Gruppen ist gefährlich und schädlich. Weder die Auflösung der bestehenden Organisationen noch die Sammlung aller Kommunisten in einer von ihnen ist im Moment möglich. Also müssen die Organisationen *als solche* miteinander einig werden.

Mit einer *Kartellierung* der bestehenden Organisationen wäre allerdings die Frage *noch nicht gelöst.* Die Anarchisten sind zumeist nur in lockeren Diskussionsklubs miteinander verbunden, die ihrer Art nach einer korporativen Einfügung in die Föderation widerstreben, die Syndikalisten kennen nur wirtschaftliche Zusammenschlüsse, man muß aber hoffen, daß die »freie Vereinigung deutscher Gewerkschaften«[231] geschlossen beitreten wird.

---

229 KAPD (Kommunistische Arbeiter-Partei Deutschlands): Aus der radikalen Strömung innerhalb der KPD hervorgegangene Vereinigung, die sich im April 1920 gründete.

230 AAU-E (Allgemeine Arbeiter-Union - Einheitsrichtung): Im Oktober 1921 von Kritikern der KAPD gegründete Organisation, die sich als betrieblich-politischer Kampfverband verstand.

231 Die »Freie Vereinigung deutscher Gewerkschaften«, die sogenannten »Lokalisten«, waren teilweise anarchistisch geprägt. Aus ihnen ging

Doch ich sprach schon von den vielen Genossen, die, von den »Leitsätzen« verjagt, aus der KPD ausgetreten sind. Wir haben viele Tausende von ausgezeichneten kommunistischen Revolutionären in Deutschland, die politisch nicht organisiert sind, einer Partei auch nicht mehr angehören wollen, aber die Möglichkeit einer Vereinigung mit den Gesinnungsgenossen mit Freuden benützen würden. Die Föderation müßte demgemäß sowohl *ganzen Korporationen als auch Einzelindividuen* offen stehen, bei allen vorausgesetzt das unbedingte Bekenntnis zur Diktatur des Proletariats.

Der Verwaltungsapparat könnte denkbar einfach sein und müßte sich auf rein administrative Tätigkeit beschränken. Die politische Arbeit der Föderation wäre ständigen örtlichen Aktionsausschüssen zu übertragen, die proportionell dem Kräfteverhältnis aus den föderierten Partei- bzw. Syndikats-Organisationen und den nicht parteimäßig organisierten Kommunisten und anarchistischen Genossen zusammenzusetzen wären, selbstverständlich unter kontrollierter Verantwortlichkeit und Abberufbarkeit. Aus ihnen wären Landesausschüsse zu formieren, aus denen beiläufig ein einundzwanziggliederiger Reichs-Vollzugsrat hervorzugehen hätte. Er hätte neben der Verbindung mit der Internationale etwa die Funktionen zu versehen, die der Spartakusbund in seiner Programmschrift der »zentralen Streikkommission« anvertrauen wollte. Die minimalen von den Einzelmitgliedern zu erhebenden Beiträge und die von den angeschlossenen Korporationen gemäß ihrer Mitgliederstärke zu entrichtenden Abgaben würden den entstehenden Kostenaufwand mühelos decken und jedenfalls noch eine erhebliche Propagandatätigkeit ermöglichen. Doch werden ja alle technischen Einzelheiten sich praktisch mit Leichtigkeit regeln lassen. Die hier gegebenen Anregungen genügen vollauf, um die Absicht in ihren Grundzügen aufzuzeigen.

Die Vorteile der Föderation liegen zutage. Sie bestehen nicht allein in der Gewährleistung einheitlicher Entschlüsse aller kommunistisch gerichteten Strömungen, die Zusammenfassung wird

---

1919 die Freie Arbeiter-Union (Deutschland) hervor, die sich explizit als anarchosyndikalistische Organisation verstand.

vor allem auch bei künftigen Kämpfen wirksam zur Geltung kommen. Die Arbeiter werden keine ihrem Ursprung nach reaktionären Aktionsausschüsse mehr extemporieren, in denen die Kommunisten von vornherein in der Minderheit und im Nachteil sind, sondern werden, falls sie nicht die schon bestehenden Ausschüsse der Föderation als ihre gegebene Vertretung anerkennen, ihnen mindestens einen bevorzugten Einfluß auf die Entscheidungen nicht versagen. Das Bewußtsein im Proletariat, daß hier der Einigung schon mächtig vorgearbeitet ist, wird den Ratschlägen der Kommunisten eine ganz andere Wucht verleihen, als wenn sie als eine von den Parteien einfach am Beratungstisch routinierter Funktionäre Platz nehmen dürfen. Garnicht zu reden von der ungeheuren Verstärkung der agitatorischen Wirkung auf die Massen. Ein *nicht der Partei*, wohl aber der *Föderation* angeschlossener Genosse wird sich nicht mehr der Gefahr ausgesetzt sehen, daß er, wie es tatsächlich passiert ist, mit dem Argument abgetrumpft wird: der gehört ja gar nicht zur Partei! ...

Gewiß ist es möglich, daß sich die Zentrale der KPD sträuben wird, sich der Föderation anzuschließen. Bei der Popularität, die aller Voraussicht nach die Verbindung der revolutionären Kommunisten in der vorgeschlagenen Form bei den revolutionären Massen finden wird, ist zu erwarten, daß sich, ebenso wie die revolutionären Einzelmitglieder der USP, auch viele Angehörige der KPD über den Kopf der Führer hinweg in die föderierten Reihen stellen werden. Übrigens wird der Druck der Mitglieder, wenn sich die Fruchtbarkeit der gemeinschaftlichen Arbeit erst in der Praxis zeigt, etwa widerstrebende Vorstände zweifellos bald dazu bewegen, ihren Widerstand aufzugeben. Es ist jedoch zu hoffen, daß es eines solchen Druckes gar nicht bedürfen wird, da ja der KPD selbst daran gelegen sein muß, ihren Einfluß auf die großen Entscheidungen des revolutionären Proletariats nicht auszuschalten oder doch erheblich abzuschwächen.

Sollte der nicht stichhaltige Einwand erhoben werden, daß nachhaltige kommunistische Aufklärung, Arbeit und Aktion nur im Rahmen einer streng umgrenzten *Partei* möglich sei, so soll ja die Parteiarbeit ungestört bleiben. Aber der Ansicht, daß hermetischer Abschluß Bedingung für gedeihliches Wirken sei, widersprechen auch die Lehrer und Begründer des marxistischen Kommunismus selbst. Darüber heißt es im Kommunistischen Manifest: »Die Kommunisten sind keine besondere Partei gegenüber den anderen Arbeiterparteien. Sie haben keine von den Interessen des ganzen Proletariats getrennten Interessen. Sie stellen keine besonderen Prinzipien auf, wonach sie die proletarische Bewegung modeln wollen.«[232] Die Unterscheidung liegt darin, daß sie »einerseits in den verschiedenen nationalen Kämpfen der Proletarier die gemeinsamen, von der Nationalität unabhängigen Interessen des gesamten Proletariats hervorheben und zur Geltung bringen, andererseits dadurch, daß sie in den verschiedenen Entwicklungsstufen, welche der Kampf zwischen Proletariat und Bourgeoisie durchläuft, stets das Interesse der Gesamtbewegung vertreten«[233]. Darin wird also jedes engherzige Parteiwesen verworfen und als Bedingung für den Zusammenschluß nur verlangt, daß das Interesse der Gesamtbewegung der jeweiligen Entwicklungsstufe des Klassenkampfes gemäß hervorzuheben und zur Geltung zu bringen ist. Besteht Einmütigkeit darüber, daß das Interesse der proletarischen Gesamtbewegung zur Zeit im Sturz des Kapitalismus zu suchen ist, so sollen innerhalb dieser Verständigung keine besonderen Prinzipien aufgestellt werden, wonach die proletarische Bewegung zu modeln wäre. Geschieht das durch einzelne Parteigebilde trotzdem, so ergibt sich logisch die Notwendigkeit eines weiteren Zusammenschlusses, wie er mit der Föderation beabsichtigt wird.

Genau so wie das Kommunistische Manifest faßte auch der Spartakusbund in seiner Programmschrift »Was will der Spartakusbund?« seine Aufgabe auf. »Der Spartakusbund ist keine Partei, die über der Arbeitermasse oder durch die Arbeitermasse

---

232 Karl Marx/Friedrich Engels: Manifest der Kommunistischen Partei (1848), in: Marx-Engels-Werke (MEW). Band 4. Berlin: Dietz Verlag, 1964. S.459-493. Hier: S.474.

233 Karl Marx/Friedrich Engels: Manifest der Kommunistischen Partei (1848), in: Marx-Engels-Werke (MEW). Band 4. Berlin: Dietz Verlag, 1964. S.459-493. Hier: S.474.

zur Herrschaft gelangen will.«[234] (Dazu vergleiche man Radek, der die Diktatur der KPD fordert.[235]) »Der Spartakusbund ist nur der zielbewußte Teil des Proletariats, der die ganze breite Masse der Arbeiterschaft bei jedem Schritt auf ihre geschichtlichen Aufgaben hinweist, der in jedem Einzelstadium der Revolution das sozialistische Endziel und in allen nationalen Fragen die Interessen der proletarischen Weltrevolution vertritt.«[236] Der enge *Parteicharakter* wird somit auch hier nachdrücklich *abgelehnt*. Die Idee der kommunistischen Föderation hält sich in jeder Hinsicht in dem vom kommunistischen Manifest und vom Spartakusprogramm gestellten Rahmen. Nach rechts hin, d. h. allen opportunistischen Bestrebungen gegenüber die schärfste *Absonderung*, alle konsequent revolutionären dem großen Ziel ohne Abirrung zustrebenden Kommunisten die Hand zum Bunde! Ein besonderes Programm für die kommunistische Föderation erübrigt sich eigentlich. Entscheidend für die Zugehörigkeit ist das Bekenntnis zum *Kommunismus* und zur *Rätediktatur*. Dennoch mag eine knappe Formulierung der Forderungen, die sich in der Gegenwart praktisch aus dieser Erkenntnis ergeben, nützlich sein. Sie wird der Gefahr vorbeugen, daß manch einer, dem die Worte imponieren, ja sagt, ohne recht einzusehen, was in diesem Ja enthalten ist, ohne die Anwendung seines Bekenntnisses auf die

---

234 Was will der Spartakusbund (1918), in: Hermann Weber (Hg.): Der Gründungsparteitag der KPD. Protokoll und Materialien. Frankfurt am Main/Wien: Europäische Verlagsanstalt/Europa Verlag, 1969. S.293-301. Hier: S.301.

235 »Ohne Verständnis für die Rolle der kommunistischen Partei als der Seele des Vortrupps der Revolution ist eine konsequente kommunistische Politik auch nach der Eroberung der politischen Macht unmöglich. Die Diktatur der Arbeiterklasse steht nicht im Gegensatz zur Diktatur der kommunistischen Partei oder einer Koalition der kommunistischen Partei mit anderen, die ihrer Führung folgen.« (A. Struthahn: Die Diktatur der Arbeiterklasse und der kommunistischen Partei. Kommissions-Druckerei der KPD, 1919. S.8)

236 Was will der Spartakusbund (1918), in: Hermann Weber (Hg.): Der Gründungsparteitag der KPD. Protokoll und Materialien. Frankfurt am Main/Wien: Europäische Verlagsanstalt/Europa Verlag, 1969. S.293-301. Hier: S.301.

derzeitige politische Situation Deutschlands zu überblicken. Es liegt bereits eine Art Programm vor, das, so wie es ist, als Basis der Kommunistischen Föderation dienen kann. Es ist in den kommunistischen Forderungen enthalten, die Otto Rühle am Schluß seiner glänzenden kleinen Flugschrift über den USP- Frieden aufgestellt hat. Auf dieses Programm können sich alle überzeugten Kommunisten verpflichten. Es faßt alles Notwendige zusammen und enthält kein überflüssiges Wort. Es sei daher als der Extrakt dessen, worauf es zurzeit ankommt, hierher gesetzt. Die Kommunisten erheben die Forderungen:
»Keine sogenannte Beendigung des Weltkrieges durch Verträge mit dem Ententeimperialismus, die in Wirklichkeit nur den Krieg verewigen, das Proletariat versklaven. Tatsächliche Beendigung des Weltkrieges durch revolutionären Kampf, durch die Weltrevolution. Keine Orientierung der proletarischen, sozialistischen Politik nach Westen, sondern nach Osten! Schaffung einer Mächtekoalition der Bedarfswirtschaft, der Rätediktatur gegenüber der Machtkoalition der Profitwirtschaft, des Staatssozialismus und der Scheindemokratie! Kein pazifistisches Lavieren und parlamentelndes Ausweichen vor Konflikten, keine schwächliche Konzession an die Kriegsmüdigkeit der Menge, keine tatenlose Hoffnung auf die revolutionäre Hilfe der Ententeproletarier! Rücksichtslosen, offenen Kampf gegen die Regierung der Sozialverräter und Gegenrevolutionäre im Inland wie gegen die Regierungen der Trustmagnaten und Finanzkönige im Ausland! Vorbildliche Kampfführung voll Leidenschaft, Wagemut und Konsequenz im eigenen Lande zur Anfeuerung und Begeisterung des Ententeproletariats, das als nächstes in die Weltrevolution einzutreten hat und bei dem das Schwergewicht der nächsten Entscheidungen ruht! Keine sozialdemokratische Politik in Parlament und Demokratie, kein Kompromiß zwischen Revolution und Gegenrevolution, keine feige Halbheit des Wollens, kein Pakt mit der Bourgeoisie. Bekenntnis zum reinen Rätesystem, zur proletarischen Diktatur, Bekenntnis zur kommunistischen Politik nicht nur durch Worte, sondern durch die Tat!«

Auf diese Thesen laßt uns uns einigen! Ein freies Bündnis aller, die mit ihm einverstanden sind, wird ihrer Verwirklichung unendliche Dienste leisten. Keine schon vorhandene revolutionäre Bildung soll zerstört werden. Aber die Kommunisten haben besseres zu tun, als sich in weit getrennten Zirkeln gegenseitig zu befehden. Es geht jetzt um mehr als um Parteizank. Es geht ums Ganze. Darum müssen die Peripherien der Zirkel ineinandergreifen. Eine sichtbare Gemeinschaft muß sein, unter denen sie für dasselbe gewaltige Ziel kämpfen.

Dokumente

Zum revolutionären Klassenkampf

[Erich Mühsam, »Die Aktion«, Sept. 1922]

Nach Paul Levi (und den Nachfolgern dieses Gottes) sind die Syndikalisten und die Unionisten nicht nur lahme Revolutionäre, sie sind auch Trottel. Levi erzählt nämlich seinen armen Zuhörern folgendes Märchen als die Meinung der Syndikalisten: Der Proletarier »sucht seine Genossen mitzureißen in den Generalstreik, und aus diesem Generalstreik heraus, oder aus einer Serie von Streiks, wird an dem ›großen Abend‹, wenn infolge Zerstörung der Wirtschaft durch den Streik die Bourgeoisie zusammenbricht in ›direkter Aktion‹ der Sozialismus herauswachsen, fix und fertig vollendet, wie die Minerva dem Haupte des Jupiters entsprang.«[1] Was hier dem Haupte des Genossen Levi entsprang, hat mit etwas Göttlichem sehr wenig Ähnlichkeit; es ist, kurz gesagt, Blech. Die Syndikalisten wissen genau so gut wie Levi, daß mit der Zerstörung der alten Gesellschaft und mit der Übernahme der Wirtschaft in die Hände des Proletariats der Sozialismus nicht am Ziel, sondern am Anfang ist. Der Unterschied ist nur, daß sie es schon viel länger wissen und nie die Möglichkeit ins Auge gefaßt haben, der Sozialismus könne etwa durch kapitalistische Staatsmonopole herbeigeführt werden. Da Levi es nicht der Mühe für wert hält, für seine abgeschmackte Behauptung auch nur den Schatten eines Beweises beizubringen –, was ihm wohl auch schwer fiele –, glaube ich auch der Mühe überhoben zu sein, mit langseitigen Zitaten die meinige zu bekräftigen –, was mir sehr leicht würde. Es genügt, zu wissen, mit welcher Nonchalance und Ahnungslosigkeit der Mann, der doch seine sozialistische »Wissenschaft« mit Schöpflöffeln gegessen hat, die Ächtung über viele tausend tapfere und bewährte Revolutionäre ausspricht. Damit, daß man die Bilanz seiner »Erkenntnisse« in möglichst »blutleere« Leitsätze abstrahiert, ist die »Wissenschaftlichkeit« noch nicht

1 Paul Levi: Die politische Lage und die K.P.D. Rede von P. Levy auf dem Oktober-Parteitag der K.P.D. nebst den vom Parteitag angenommenen Leitsätzen. 1919 (Dez.) S.15.

gerettet; wichtiger ist, daß man das Thema beherrscht über das man redet, denn das ist die Voraussetzung dazu, überhaupt zu eigener Erkenntnis zu kommen, und daß man sich das Material zur Widerlegung fremder Theorien reell beschafft, statt es sich in faden und sträflich dummen Ungereimtheiten aus den Fingern zu saugen.

***

Jede revolutionäre Klassenorganisation des Proletariats muß, soll sie als die Fahnenträgerin der bevorstehenden großen Wirtschaftskämpfe privilegiert werden, sich ihrer Aufgabe bewußt bleiben. Diese Aufgabe erschöpft sich vollständig im Klassenkampf selbst. In diesem Kampf kommt es zuerst darauf an, das zerfallende Gebäude der kapitalistischen Wirtschaft vollends in Stücke zu zerschlagen, durch unablässiges Streiken, durch Anwendung aller Mittel der direkten Aktion die ausbeutenden Kräfte der Gesellschaft zu ruinieren und dadurch dem verruchten Lohnsystem, diesem beschönigenden Ausdruck für Sklaverei, ein Ende zu machen. Dabei hat es das Proletariat nicht zu kümmern, ob von irgend welcher Seite her diesem Zerstörungsakt einengende Vorschriften in den Weg gelegt werden sollen; ob irgend welche zu Abstraktionen vergaste »klare Einsichten« von Leuten, die sich selbst als Vorhut der Arbeiterklasse bezeichnen, »den chaotischen Trieb der in Gärung geratenen Masse ersetzen« wollen (Leitsätze der KPD)[2]; oder ob die Bonzenschaft einer Partei behauptet, daß Sabotage »als ein anarchistisches Mittel« »die Aktion der Massen lähmt«, und daß passive Resistenz »ganz von selbst zu einer Verflachung der wirtschaftlichen Kämpfe führt« (Ebendort)[3]. Es ist nicht Sache der Theorie, sondern der praktischen Erkenntnis, wann, wo und in welcher Form Klassenkämpfe auszufechten sind, und die Bestimmung darüber dürfen sich die Arbeiter, die sie aus-

---

2 Heidelberger Leitsätze der KPD (Okt. 1919). Im vorliegenden Band. S.193.

3 Heidelberger Leitsätze der KPD (Okt. 1919). Im vorliegenden Band. S.199.

zufechten haben, von keinem noch so revolutionär behangenen Parteivorstand aus der Hand nehmen lassen.

Dabei dürfen sich die revolutionären Organisationen jedoch keinen Illusionen hingeben. Wenn das Programm der Syndikalisten schlankweg sagt, »daß der Generalstreik soziale Revolution ist«, so ist das nur *bedingt* richtig. Als erste und sinnfälligste Erscheinungsform der sozialen Revolution ist der Generalstreik ganz gewiß anzusprechen, mit ihm ist die soziale Revolution jedoch noch nicht determiniert. Was für den Klassenkampf allgemein gilt, gilt auch für den Generalstreik: Er ist ein Mittel der Revolution, nicht ohne weiteres die Revolution selbst. Der antiautoritäre internationale Kongreß in St. Imier (15. September 1872) nahm u. a. eine Resolution an, in der es hieß[4]: »Der Streik ist ein wirksames Kampfmittel, aber man soll sich keine Illusionen machen über seine ökonomischen Resultate.« Der wirtschaftliche Kampf in allen seinen Formen ist also nur mehr oder weniger ein vorbereitender Akt der sozialen Revolution, ebenso wie auch die eigentlichen revolutionären Handlungen wie Besetzen der Banken und öffentlichen Gebäude, die Entwaffnung der Bourgeoisie und ihrer militärischen Hilfskräfte, letzten Endes nur vorbereitender Akt sind. Die wirkliche soziale Revolution vollzieht sich im Einernten der »ökonomischen Resultate« aller dieser Akte. Da aber nimmt die Wirksamkeit der Gewerkschaften ein Ende. Da tritt mit unumschränkten Befugnissen die *Räteorganisation* in Kraft. Sie repräsentiert die proletarische Diktatur, ihr obliegt im Einzelnen wie im Gesamten die Übernahme des Bodens und der Produktionsmittel in gesellschaftlichen Besitz, die Verteilung und Regelung aller Pflichten und Beziehungen und die Bestimmung über Herstellung und Verbrauch der Güter. Sie ist eine proletarische Einrichtung, erwachsen auf kommunistischen Grundsätzen und abhängig von keiner Partei, keiner Gewerkschaft, keinem äußeren Einfluß als nur von ihren kommunistischen Überzeugungen.

---

4 [Brupbacher: »Marx und Bakunin«. S. 137.] Fritz Brupacher: Marx und Bakunin. Ein Beitrag zur Geschichte der Internationalen Arbeiterassoziation (1913). Potsdam: Libertad Verlag, 2013. S.210.

Wenn die Syndikalisten in allen ihren Schriften sich als die berufenen Faktoren der künftigen ökonomischen Neuorganisierung hingestellt haben, so war das bis zum Ausbruch der russischen Revolution vollkommen berechtigt und entsprang der Einsicht, daß ebenso wie die Befreiung auch das Leben in Freiheit das Werk der Arbeiter selbst sein müsse. Inzwischen hat aber der Gang der Dinge gelehrt, daß das Proletariat sich zu diesem Werk besondere Organe schafft, eben die Räte. In ihnen hört der Arbeiter auf, als Angehöriger seines Berufes, als der er in den Gewerkschaften organisiert war, zu wirken: er ist Proletarier - sonst nichts. Sein Fach geht ihm nur noch im Betriebe selbst an: im Arbeiterrat, in den Korporationen, in denen er am Aufbau der kommunistischen Gesellschaft teilnimmt, ist er ausschließlich Vertreter seiner Klasse. (Darin, daß er das verkennt, daß er sein Schema ganz nach Berufsschichtungen anlegt, besteht der Kernfehler in Däumigs bekannter graphischer Darstellung des Rätesystems.) Nun enthält aber sogar das erst auf Grund der deutschen Revolution neu herausgegebene Programm der Syndikalisten folgende Sätze: »Die Arbeiterklasse nimmt kraft ihrer revolutionären Gewerkschaften die Produktionsmittel einfach in Besitz, organisiert die Produktion neu auf sozialistischer Grundlage, schafft sich Genossenschaften für die Güterverteilung, nimmt den Parteien damit auch die Politik aus den Händen und überträgt diese den Betriebsdeputierten.« Und an anderer Stelle heißt es noch eindeutiger: »Die syndikalistischen Organisationen sollen die Produktion übernehmen und durchführen...« Die »Sozialisierung« können nur revolutionäre Gewerkschaften vollziehen. Diese Prätension müssen die Syndikalisten *aufgeben*. Wenn sie Betriebsorganisationen wollen und sie erklären sich ja auch für Arbeiterräte als Parlamente des Proletariats, dann müssen sie die Konsequenz ziehen und den ganzen Räteaufbau einschließlich Rätekongreß und Exekutivkomitee anerkennen. Mit einem Wort: sie müssen die Diktatur des Proletariats durchaus in der Form anerkennen, die die dritte Internationale ihr auf Grund der Revolutionserfahrungen gegeben hat. Die französischen Syndikalisten haben das getan. Mögen die deutschen ihnen folgen.

Im Sinne ihrer Ideen werden sie auch dann noch Ausgezeichnetes leisten können, nur nicht mehr in ihrer Eigenschaft als Gewerkschaftler, sondern als Betriebsräte, nicht mehr in Berufsverbänden, sondern in der einen und einzigen Gesamtorganisation des ganzen revolutionären Proletariats. Bis dahin sollen sie eine Kerntruppe des großen Kampfes bilden, sollen als entschlossene Destrukteure der alten Gesellschaft der neuen den Boden bereiten. Dazu mag sie das unsterbliche Wort Michael Bakunins befeuern: »Laßt uns also dem ewigen Geiste vertrauen, der nur deshalb zerstört und vernichtet, weil er der unergründliche und ewig schaffende Quell alles Lebens ist. Die Lust der Zerstörung ist zugleich eine schaffende Lust.«[5]

---

1 Jules Elysard (d.i. Michael Bakunin): Die Reaktion in Deutschland (1842), in: ders.: Philosophie der Tat. Auswahl aus seinem Werk. Eingeleitet und herausgegeben von Rainer Beer. Köln: Verlag Jakob Hegner, 1968. S.61-96. Hier: S.95f.

Die kommunistische Partei und die Syndikalisten

[Redaktion »Der Syndikalist«, Juli 1919]

In der letzten Zeit wurde unter den Berliner Funktionären der *K.P.D.* ein mit Maschinenschrift vervielfältigter Zettel verbreitet, der zur systematischen Bekämpfung des Syndikalismus den Agitatoren der *K.P.D.* folgende Thesen übermittelte:

Kommunismus und Syndikalismus

Die Kommunisten und Syndikalisten sind beide Gegner des Privateigentums an den Produktionsmitteln und des Klassenstaates. Gleichwohl aber sind ihre Ziele und ihre Taktik derart verschieden, daß niemand Kommunist und Syndikalist zugleich sein kann.

1. Die *Kommunisten* führen durch ihre Partei den Kampf um die politische Macht. Sie wollen, daß das Proletariat die politische Gewalt dem Bürgertum entreißt und selbst in die Hand nimmt. Die *Syndikalisten* lehnen es ab, einen Kampf um die politische Macht zu führen. Politik zu treiben erscheint ihnen überflüssig und zwecklos, ja sogar schädlich.

2. Die *Kommunisten* wollen die Ueberleitung der Produktionsmittel aus der Hand der Kapitalisten in die der Allgemeinheit durch die Betriebs- und Arbeiterräte. Die *Syndikalisten* lehnen dieses Rätesystem ab; genau wie die sogenannten »freien Gewerkschaften« halten sie an überlieferten Anschauungen fest und wollen ihre syndikalistischen Gewerkschaften zu den künftigen Trägern der Produktion machen.

3. Die *Kommunisten* erstreben, daß die Allgemeinheit künftig die Warenerzeugung und Warenverteilung nach den von ihr selbst festzustellenden Bedürfnissen regelt. Die *Syndikalisten* lehnen es ab, eine zentrale Regelung der Produktion anzuerkennen, sie wollen ihre nur föderativ verbundenen Gewerkschaften zu örtlichen Produktionsgesellschaften umgestalten, diese sollen dann den Warenaustausch unter sich vornehmen.

4. Die *Kommunisten* gewöhnen das Proletariat daran, sein ureigenstes Machtmittel, den Massenstreik einheitlich und planmäßig, also mit um so gewaltigeren Wirkungen zu gebrauchen. Die *Syndikalisten* lehnen einen solchen planmäßigen Massenstreik ab, sie legen es vielmehr jeder ihrer Gruppen nahe, jederzeit nach eigenem Gutdünken ohne Rücksicht auf die jeweiligen Verhältnisse in anderen Orten, Streiks zu inszenieren.
Also: Die *Kommunisten* erstreben eine planmäßige sozialistische Bedarfswirtschaft; die *Syndikalisten* zielen auf kleinbürgerliche Produktionsgenossenschaften hin. Die Kommunisten erziehen das Proletariat zum gemeinsamen, einheitlichen Kampfe, die Syndikalisten verzetteln und verschleudern die Kraft der Arbeiterschaft und schaffen dadurch dem Bürgertum und den Noskegarden die Möglichkeit, jeden einzelnen Streik niederzuschlagen. Daher weg mit dem kräftezersplitternden Syndikalismus. Es lebe der die Kräfte des Proletariats zusammenfassende Kommunismus!

Hier unsere Antwort:
Die *K.P.D.* und die Syndikalisten sind theoretische Gegner des Privateigentums an den Produktionsmitteln und des Klassenstaates. Die Syndikalisten sind *freiheitliche Kommunisten*, die Partei-Kommunisten sind *Staats*kommunisten. Die Ziele sind verschieden, die Taktik der Partei-Kommunisten ist im wesentlichen den Syndikalisten gestohlen. Die Partei-Kommunisten haben keine eigenen wirtschaftlichen Kampfmittel, die *politischen* haben sie der bürgerlichen Revolutionsepoche entnommen. Die *K.P.D.* ist *keine* Klassenorganisation, sondern eine *Organisation von Gesinnungsverwandten*. Der Syndikalismus ist die *Klassenorganisation des Proletariats*.
1. Die Partei-Kommunisten führen den Kampf um die politische Macht. Sie wollen, daß die Kommunisten die *politische Gewalt* dem Bürgertum entreißen und selbst in die Hand nehmen.
Die Syndikalisten führen den Kampf um die *Beseitigung jeder politischen Macht*, um die Eroberung der wirtschaftlichen Macht. Jeder wirtschaftliche Kampf ist gleichzeitig ein politischer Kampf.

Der politische Kmapf der Partei-Kommunisten wird geführt mit bürgerlichen Kampfmitteln und hat bürgerliche Ziele: Durch Eroberung der Waffengewalt und der Gesetzgebungsmaschinerie kann *nicht* der Sozialismus, sondern nur der *Staatskapitalismus* geboren werden

2. Die Partei-Kommunisten predigten ursprünglich nur den einen Grundsatz: Alle Macht den Arbeiter- und Soldatenräten! Die Gewerkschaften erklärten sie für überflüssig in einer sozialistischen Gesellschaftsordnung. Dabei blieben aber die bekannten Agitatoren der *K.P.D.* Angestellte der Zentralverbände. Später predigte die *K.P.D.* die Eroberung der Zentralverbände durch Besetzung der Angestelltenfunktionen. Gleichzeitig ging sie zur Gründung von Betriebsorganisationen über. Und in Rheinland-Westfalen versucht sie durch selbstherrlich-diktatorische Maßnahmen die syndikalistischen Organisationen in ihrem Aufstieg zu hemmen, indem sie plötzlich - aber nur für die Bergarbeiter - als Ziel ausspricht: Eroberung der Bergwerke durch die Bergarbeiter-Union und durch diese Einführung der sozialistischen Produktionsweise.

Die Syndikalisten sind Vertreter der Idee, daß die Gewerkschaften die Keimzelle der sozialistischen Gesellschaftsordnung werden müssen. Diese Idee ist geschichtlich begründet. Nie hat ein höherer Stand der Kultur und des allgemeinen Wohlstandes geherrscht als zur Zeit der Gilden und Markgenossenschaften. Erst das Emporkommen des Staates hat diese Blütezeit europäischer Kultur vernichtet.

Die Syndikalisten sind Anhänger des reinen Rätegedankens, eines Rätesystems, aufgebaut auf sozialrevolutionären Gewerkschaften. Sie sind Feinde eines Rätesystems, das in parteipolitischen Zänkereien ihre besten Kräfte verzettelt, das durch Unfähigkeit und Unduldsamkeit jede schöpferische Initiative der Gewerkschaften, Genossenschaften und Bünde unmöglich macht, das alles, auch das Geistesleben, nach einer Parteischablone zentralisieren und diktieren will.

Die Syndikalisten sind die alleinigen und konsequenten Feinde der Zentralverbände mit ihrer Tarifvertragspolitik, ihren Arbeitsgemeinschaften und ihrem Gewerkschaftsbund mit den von der Volkspartei und der Kirche gestützten Vereinen. Die Partei-Kommunisten dagegen sind in der Mehrheit noch immer Mitglieder dieser reaktionären, den Sozialismus verhindernden, die Ausbeutung und die Beherrschung der arbeitenden Massen stützenden Gewerkschaftsrichtung.

3. Die Partei-Kommunisten erstreben die *Regierungsgewalt*, um *durch Dekrete die Warenerzeugung und Warenverteilung zu regeln*. Die Syndikalisten wissen, daß keine Regierung die intimsten Verhältnisse in einer Industrie so gut kennen kann als die darin beschäftigten Kopf- und Handarbeiter. Die Gewerkschaftsbüros werden sich also am Tage nach der sozialen Revolution in statistische Büros verwandeln. Die Arbeiterräte werden die Bedürfnisse der Gemeinden und der Allgemeinheit berechnen, die Bestände der in den verschiedenen Industrien vorhandenen Rohstoffe aufnehmen, um so zu einer geregelten *Bedarfs*wirtschaft überzugehen. Da die Gewerkschaften *nicht* nur örtlich begrenzt, sondern über da ganze Land föderiert sind, da sie *örtlich* im *Kartell* allgemein, über das *Land* in *Industrieföderationen*, alle Industrieföderationen des Landes wieder zu einem *allgemeinen Gewerkschaftsbündnis* zusammengeschlossen sind, so ergibt sich schon aus diesem Aufbau die beste Regelung einer wahrhaft sozialistischen Produktions- und Verteilungsweise.

4. Die Partei-Kommunisten haben durch Aufrufe zu rein örtlich begrenzten Massen- und »General«streiks die Kräfte des Proletariats stark in Anspruch genommen. Von einer einheitlichen und planmäßigen Anwendung des Massenstreiks kann in Deutschland noch nicht gesprochen werden, da so wenig die Partei-Kommunisten als auch die Syndikalisten in allen Orten Deutschlands die Massen gewonnen haben.

Die Syndikalisten sind seit langen Jahren die Propagandisten der Idee des sozialen Generalstreiks, den die »Kommunisten« noch vor wenig Jahren nach »wissenschaftlicher« Methode als Generalblödsinn bezeichneten. Die Syndikalisten lassen allen ihren Ortsgruppen vollständiges Selbstbestimmungsrecht über Eintritt und Beendigung von Streiks. Sie sind der Ansicht, dass umfassende Massenstreiks

sich nicht von einer Zentrale aus diktieren lassen, sondern aus den wirtschaftlichen, politischen und psychologischen Verhältnissen und aus dem Willen der Massen selbst herauswachsen müssen.
Also: Die Partei-Kommunisten erstreben den *Staats*sozialismus, die Syndikalisten arbeiten seit langen Jahren an der *Ueberwindung des Kapitalismus und des Staates* und wurden dabei von den »Kommunisten«, den ehemaligen Sozialdemokraten, nicht nur nicht unterstützt, sondern stark bekämpft.
Die Partei-Kommunisten drängen die Massen mit Kraftausdrücken und starken Gesten zu unüberlegten Handlungen, zu deren Folgen sie zu feige sind, sich zu bekennen. Sie haben wiederholt bewußt gelogen, indem sie ihre Handlungen den Syndikalisten in die Schuhe schoben. Sie haben es an der geistigen Durchbildung der ihnen angeschlossenen Arbeiter völlig fehlen lassen.
Die Syndikalisten arbeiten systematisch an der Erkenntnis und an der Willensbildung der ihnen angeschlossenen Arbeiter. Sie verwerfen jede Art Militarismus, jeden Mord. Die Syndikalisten sind die Propagandisten ethischer Kampfmittel: Streiks, passive Resistenz.
Die Partei-Kommunisten lügen, wenn sie sagen, daß die Syndikalisten dem Bürgertum und den Noskegarden die Möglichkeit geben, die örtlichen Streiks niederzuschlagen. Die »Parteigenossen« der *K.P.D.*, *ihre* Gewerkschaftsbeamten sind die Organisatoren der Noskegarden und der Bürgerwehren. Auf Befehl der Gewerkschaftsbeamten sind allerorts die streikenden Arbeiter von den Freiwilligentruppen niedergeschlagen, in »Schutz«haft gesteckt und zu schweren Gefängnis- und Zuchthausstrafen verurteilt worden. Noske, Severing, Hoersing, Winnig sind geschworene Marxisten, Gesinnungsgenossen der Partei-Kommunisten. *Die drei sozialdemokratischen Parteien waren die Organisatoren und Leiter aller bisherigen örtlichen Streiks.*
Darum: Weg mit allen politischen Parteien, die das Proletariat zersplittern und seine Kräfte nutzlos verschwenden!
Es lebe die Klassen- und Einheitsorganisation aller produktiv tätigen Kopf- und Handarbeiter: der Syndikalismus!

Der Parlamentarismus und der Kampf für die Sowjets

[Rundschreiben des Exekutivkomitees der Kommunistischen Internationale, Sept.1919][1]

Werte Genossen!

Die gegenwärtige Phase der revolutionären Bewegung hat unter anderen Fragen die Frage des Parlamentarismus äusserst schroff an die Tagesordnung gestellt. In Frankreich, Amerika, England, Deutschland schliessen sich gleichzeitig mit der Verschärfung des Klassenkampfes alle revolutionären Elemente der kommunistischen Bewegung an, indem sie sich vereinen oder ihre Handlungen unter der Parole der Sowjetmacht koordinieren. Die anarchistisch-syndikalistischen Gruppen und die Gruppen, die sich bisweilen einfach anarchistische nennen, schliessen sich dabei dem allgemeinen Strom an. Das Exekutivkomitee der Kommunistischen Internationale begrüsst das aufs wärmste.

In Frankreich bildet die syndikalistische Gruppe des Gen. Pericat den Kern der kommunistischen Partei; in Amerika, zum Teil aber auch in England führen den Kampf für die Sowjets solche Organisationen wie I.W.W. (»Industrial Workers of the World«). Diese Gruppen und Strömungen sind immer gegen die parlamentarischen Kampfmethoden aktiv aufgetreten. Andererseits sind die Elemente der kommunistischen Partei, die aus dem Schosse

1 »Eine große Genugtuung erlebte ich durch einen Brief, mit dem sich Sinowjeff im offiziellen Auftrag des Exekutivkomitees der kommunistischen Internationale an das Proletariat wendet, der eine Ohrfeige für die KPD-Zentrale bedeutet. Da wird die Einigung mit Syndikalisten und Anarchisten verlangt und das Bekenntnis zum Parlamentarismus als untergeordnete Frage aus den prinzipiellen Streitereien ausgeschaltet. Dann sollten sich die revolutionären Proletarier in einer toleranten großen kommunistischen Partei einigen. Fast mein Einigungsprogramm. Nur für Deutschland keine Partei, sondern eine Föderation!« (Tagebucheintrag vom 11. Dezember 1919)

der sozialistischen Parteien entstanden sind, meistens geneigt, auch Aktionen im Parlament anzuerkennen (die Gruppe Loriot in Frankreich, die Mitglieder der A.S.P. in Amerika, der I.L.P. in England usw.) Alle diese Strömungen, welche um jeden Preis und möglichst bald in die kommunistische Partei vereinigt werden sollen, bedürfen einer einheitlichen Taktik. Die Frage muss folglich im allgemeinen Masstabe entschieden werden, und das Exekutivkomitee der Kommunistischen Internationale wendet sich mit vorliegendem Rundschreiben, das insbesondere dieser Frage gewidmet ist, an alle Bruderparteien.

Das allgemeine vereinigende Programm ist im gegenwärtigen Augenblick die Anerkennung des Kampfes für die Diktatur des Proletariats in der Form der Sowjetmacht. Die Geschichte hat die Frage so gestellt, dass gerade in dieser Frage die Grenze zwischen dem revolutionären Proletariat und den Opportunisten, zwischen den Kommunisten und den Sozialverrätern jeglicher Marke gezogen wird. Das sogenannte »Zentrum« (Kautsky in Deutschland, Longuet in Frankreich, I.L.P. und einige Elemente der B.S.P. in England, Hilquitt in Amerika) ist trotz aller seiner Versicherungen eine objektiv antisozialistische Strömung, weil es den Kampf für die Sowjetdiktatur des Proletariats nicht führen kann und nicht führen will. Im Gegenteil, jene Gruppen und Parteien, die früher jeglichen politischen Kampf verneinten (z. B. einige anarchistische Gruppen), haben, indem sie die Sowjetmacht, die Diktatur des Proletariats anerkannten, dadurch eigentlich ihrem politischen Wesen entsagt, weil sie die Idee des Ergreifens der Macht seitens der Arbeiterklasse, der Macht, die notwendig ist zur Unterdrückung der sich widersetzenden Bourgeoisie, anerkannt haben. Dadurch, wiederholen wir, ist ein gemeinsames Programm, das Programm des Kampfes für die Sowjetdiktatur, gefunden.

Die alten Einteilungen in der internationalen Arbeiterbewegung haben sich offensichtlich überlebt. Der Krieg hat eine neue Umgruppierung geschaffen. Viele von den Anarchisten oder Syndikalisten, die den Parlamentarismus verneinten, haben sich während der fünf Kriegsjahre ebenso niedrig und verräterisch benommen, wie die alten Führer der offiziellen Sozialdemokratie, die unnütz den Namen Marx' auf den Lippen führen. Das Zusammenschliessen der Kräfte vollzieht sich in einer neuen Richtung: die einen sind für die proletarische Revolution, für die Sowjets, für die Diktatur, für Massenaktionen bis zum bewaffneten Aufstand, - die anderen dagegen. Das ist die Grundfrage unserer Tage. Das ist das Hauptkriterium. Nach diesem Merkmal werden sich die neuen Vereinigungen zusammenschliessen und tun es bereits.

In welchem Verhältnis steht die Anerkennung der Sowjetidee zu dem Parlamentarismus? Hier muss man streng zwei Fragen unterscheiden, die logisch mit einander nichts gemein haben: Die Frage des Parlamentarismus als einer gewünschten Form der Staatsordnung und die Frage der Ausnutzung des Parlamentarismus zwecks Entwicklung der Revolution. Diese zwei Fragen verwechseln die Genossen oft, was ausserordentlich schädlich auf den ganzen praktischen Kampf einwirkt. Wollen wir der Reihe nach jede dieser Fragen erörtern und alle notwendigen Schlüsse ziehen.

Welches ist die Form der proletarischen Diktatur? Wir antworten: Die Sowjets. Das ist durch die Erfahrung bewiesen, die eine Weltbedeutung hat. Lässt sich die Sowjetmacht mit dem Parlamentarismus vereinbaren? Nein, und abermals nein. Mit den vorhandenen Parlamenten ist sie absolut unvereinbar, weil die Parlamentsmaschine die konzentrierte Macht der Bourgeoisie verkörpert. Die Deputierten, die Deputiertenkammern, ihre Zeitungen, das System der Bestechung, die geheimen Verbindungen der Parlamentarier mit den Leitern der Banken, die Verbindung mit allen Apparaten des bürgerlichen Staates, - alles das sind Fesseln für die Arbeiterklasse. Sie müssen gesprengt werden. Die Staatsmaschine der Bourgeoisie, folglich auch die bürgerlichen Parlamente sollen gebrochen, auseinander gejagt, vernichtet werden, auf ihren Trümmern soll eine neue Macht organisiert werden, die Macht der Vereinigungen der Arbeiterklasse, der Arbeiter»parlamente«, d. h. der Sowjets. Nur die Verräter der Arbeiterklasse können die Arbeiter mit der Hoffnung auf einen »friedlichen« sozialen Umsturz, auf dem Wege der parlamentarischen Reformen, täuschen.

Solche Leute sind die grimmigsten Feinde der Arbeiterklasse, und man soll gegen sie den erbarmungslosesten Kampf führen; mit ihnen sind keine Kompromisse zulässig. Daher ist unsere Parole für jedes beliebige bürgerliche Land: »*Nieder mit dem Parlament! Es lebe die Sowjetmacht!*«

Man kann jedoch eine solche Frage stellen: Gut, ihr verneint die Macht der jetzigen bürgerlichen Parlamente; warum organisiert ihr denn nicht neue, demokratischere Parlamente auf der Grundlage wirklich allgemeinen Wahlrechts? Während der sozialistischen Revolution ist der Kampf dermassen zugespitzt, dass die Arbeiterklasse schnell und entschieden handeln muss, ohne ihren Klassenfeinden in ihr Lager, in ihre Machtorganisation Zutritt zu gewähren. Solchen Förderungen entsprechen einzig und allein die Sowjets der Arbeiter, Soldaten, Matrosen, Bauern, gewählt in den Fabriken, Werken, Ländereien, Kasernen. So wird die Frage von der Form der proletarischen Macht gestellt. *Gestürzt* soll jetzt die Regierung werden: Könige, Präsidenten, Parlamente, Deputiertenkammern, Konstituanten. Alle diese Einrichtungen sind unsere geschworenen Feinde, die vernichtet werden müssen.

Jetzt gehen wir über *zur zweiten* Grundfrage: *können* die bürgerlichen Parlamente zwecks Entwicklung des revolutionären Klassenkampfes *ausgenutzt werden*? Diese Frage ist, wie wir eben bemerkten, logisch durchaus nicht mit der ersten Frage verwandt. In der Tat. Man kann ja bestrebt sein, irgend eine Organisation zu vernichten, indem man in dieselbe eintritt, sie »ausnutzt«. Das verstehen auch unsere Klassenfeinde ausgezeichnet, wenn sie die offiziellen sozialdemokratischen Parteien, die Trade-Unions u. dergl. zu ihren Zwecken ausnutzen. Nehmen wir das äusserste Beispiel. Die russischen Kommunisten, die Bolschewiki, wählten in die Konstituante. Sie tagten in ihrem Saal. Doch sie kamen dorthin, um diese Konstituante nach 24 Stunden auseinanderzujagen und die Sowjetmacht völlig zu realisieren. Die Partei der Bolschewiki hatte auch in der zaristischen Reichsduma ihre Deputierten. Hat sie damals die Duma als ideale oder wenigstens erträgliche Form der Staatsordnung »anerkannt«? Es wäre Wahnsinn, das anzunehmen. Sie schickte ihre

Vertreter dorthin, um auch von dieser Seite gegen den Apparat der zaristischen Macht vorzugehen, um auch zur Vernichtung derselben Duma beizutragen. Nicht umsonst verurteilte die zaristische Regierung die bolschewistischen »Parlamentarier« für »Hochverrat« zur Zuchthausstrafe. Die bolschewistischen Führer leisteten, indem sie, wenngleich zeitweilig, ihre »Unantastbarkeit« ausnutzten, auch eine illegale Arbeit, indem sie die Massen zum Sturm auf den Zarismus zusammenschlossen. Doch eine derartige »parlamentarische« Tätigkeit wurde nicht nur in Russland beobachtet. Nehmt Deutschland und die Arbeit Liebknechts. Der verstorbene Genosse war das Muster eines Revolutionärs. Und war denn etwas Nichtrevolutionäres darin, dass er von der Tribüne des verfluchten preussischen Landtags die Soldaten zum Aufstand gegen diesen Landtag rief? Im Gegenteil. Auch hier sehen wir die völlige Zulässigkeit und Nützlichkeit der Ausnutzung. Wenn Liebknecht nicht Deputierter gewesen wäre, hätte er nie eine solche Tat vollbringen können: seine Reden hätten keinen solchen Widerhall gehabt. Das Beispiel der Arbeit der schwedischen Kommunisten im Parlament überzeugt uns auch davon. In Schweden spielte und spielt Gen. Höglund eine gleiche Rolle wie Liebknecht in Deutschland. Seinen Deputiertenplatz ausnutzend hilft er mit dem bürgerlichen Parlamentssystem abschliessen; niemand in Schweden hat so viel für die Sache der Revolution und des Kampfes gegen den Krieg getan, als unser Freund. In Bulgarien sehen wir das gleiche. Die bulgarischen Kommunisten haben die Parlamentstribüne mit Erfolg zu revolutionären Zwecken ausgenutzt. Während der letzten Wahlen haben sie 47 Deputiertenplätze erlangt. Die Genossen Blagojew, Kirkow, Kolarow und andere Führer der kommunistischen Partei Bulgariens verstehen es, die Parlamentstribüne zu zwingen, der Sache der proletarischen Revolution zu dienen. Eine solche »Parlamentsarbeit« fordert besondere Kühnheit und einen besonderen revolutionären Geist: Hier stehen die Menschen auf besonders gefährlichen Posten; sie legen dem Feinde Minen, während sie sich im Lager des Feindes befinden; sie gehen dazu ins Parlament, um diese Maschine in ihre Hände zu bekommen,

um den Massen hinter den Mauern des Parlaments zu helfen, dasselbe in die Luft zu sprengen.
Sind wir für das Erhalten der bürgerlichen »demokratischen« Parlamente als Form der Staatsverwaltung?
Nein, in keinem Fall. Wir sind für die Sowjets.
Sind wir aber für das Ausnutzen dieser Parlamente in unserer kommunistischen Arbeit - solange wir noch nicht die Kraft haben, das Parlament zu stürzen?
Ja, wir sind dafür - in Anbetracht einer ganzen Reihe von Bedingungen.
Wir wissen recht gut, dass es in Frankreich, Amerika, England noch nicht solche Parlamentarier aus der Mitte der Arbeiter gegeben hat. Dort beobachten wir bisher ein Bild parlamentarischer Verräterei. Das ist aber kein Beweis der Unrichtigkeit jener Taktik, die wir für richtig halten. Es handelt sich nur darum, dass es dort keine revolutionäre Partei des Proletariats gab in der Art der Bolschewiki oder der deutschen Spartakisten. Wenn es eine solche Partei gibt, kann alles ganz anders werden. Im besonderen ist notwendig: 1. dass der Schwerpunkt des Kampfes ausserhalb des Parlaments liegt (Streiks, Aufstände und andere Arten des Massenkampfes); 2. Dass die Aktionen im Parlament mit diesem Kampf verbunden sind; 3. dass die Deputierten auch illegale Arbeit leisten; 4. dass sie im Auftrag des Zentralausschusses und sich diesem unterordnend handeln; 5. dass sie in ihrem Auftreten nicht auf die parlamentarischen Formen Rücksicht nehmen (nicht direkte Zusammenstösse mit der bürgerlichen Mehrheit fürchten, »über diese hinweg« reden usw.) Ob an den Wahlen im gegebenen Augenblick, während einer gegebenen Wahlkampagne teilgenommen werden soll, hängt von einer ganzen Reihe konkreter Bedingungen ab, die in jedem Lande in jedem gegebenen Moment besonders erwogen werden müssen. Die russischen Bolschewiki waren für Boykott der Wahlen in die erste Reichsduma im Jahre 1906. Und dieselben waren für Teilnahme an den Wahlen in die zweite Reichsduma, als es sich gezeigt hatte, dass die bürgerlich-gutsherrliche Gewalt in Russland noch im Lauf mancher Jahre herrschen würde. Vor den Wahlen in die deutsche Nationalver-

sammlung im Jahre 1918 war ein Teil der Spartakisten für die Teilnahme an den Wahlen, der andere Teil - dagegen. Die Partei der Spartakisten blieb aber eine einheitliche kommunistische Partei. Wir können uns im Prinzip nicht von dem Ausnutzen des Parlamentarismus lossagen. Die Partei der Bolschewiki in Russland erklärte im Frühling 1918 auf ihrem VII. Kongress, als sie bereits an der Macht stand, in einem besonderen Beschluss, dass die russischen Kommunisten, falls die bürgerliche Demokratie in Russland durch eine besondere Verknüpfung der Umstände noch einmal Oberhand nähme, gezwungen werden könnten, zur Ausnutzung des bürgerlichen Parlamentarismus zurückzukehren. Man soll sich auch in dieser Hinsicht Spielraum lassen.

Was wir besonders betonen möchten, ist folgendes: die wirkliche Lösung der Frage geschieht unter allen Umständen ausserhalb des Parlaments, auf der Strasse. Jetzt ist bereits klar, dass Streiks und Aufstand die einzigen Methoden des entscheidenden Kampfes zwischen Arbeit und Kapital sind. Daher sollen die Hauptbestrebungen der Genossen in der Arbeit an der Mobilisation der Massen bestehen: Gründung der Partei, Bildung eigener Gruppen in den Gewerkschaften und deren Eroberung; Organisation von Sowjets im Verlaufe des Kampfes, Leitung des Mas[s]enkampfes, Agitation für die Revolution unter den Massen, - alles das in erster Linie; Parlamentsaktionen und Teilnahme an der Wahlkampagne nur als eins der Hilfsmittel bei dieser Arbeit - nicht mehr.

Wenn dem so ist - und es ist zweifellos so - dann versteht es sich von selbst, dass es sich nicht lohnt, sich in Teile zu spalten, die nur in dieser, jetzt nebensächlichen Frage verschiedener Meinung sind. Die Praxis des Prostituierens im Parlament war dermassen ekelhaft, dass sogar die besten Genossen in dieser Frage Vorurteile haben. Diese sollen im Verlaufe des revolutionären Kampfes überwunden werden. Wir wenden uns daher eindringlich an alle Gruppen und Organisationen, die einen wirklichen Kampf für die Sowjets führen, und rufen sie zum maximalen Zusammenschluss, sogar trotz der Uneinigkeit in dieser Frage.

Alle, die für die Sowjets und die proletarische Diktatur sind, wollen sich baldmöglichst vereinen und eine einheitliche kommunistische Partei bilden.

Mit kommunistischem Gruss

Vorsitzender des, Exekutivkomitees
der Kommunistischen internationale

G. Sinowjew. 1. September 1919.

Mühsams Uebertritt in die K.P.D.

[Redaktion »Der Freie Arbeiter«, Okt./Nov.? 1919]

[Einleitung der Redaktion:]
Schon vor einigen Wochen brachten wir die Nachricht, daß Erich Mühsam seinen Eintritt in die Kommunistische Partei Deutschlands vollzogen habe. Jetzt liegt uns seine Erklärung im Wortlaut vor und wir müssen leider konstatieren, daß die Gründe, die ihn zum Uebertritt veranlaßten, genau so fadenscheinig sind wie diejenigen, mit der er seine Stellung zum Kriegsbeginn entschuldigte. Hören wir ihn selbst:

[Erich Mühsam:]
Erklärung
Seit fast 20 Jahren bekenne ich mich zu den Lehren und Forderungen des kommunistischen Anarchismus. Mein politischer Kampf galt, lange ehe an Weltkrieg und Weltrevolution zu denken war, der Vorbereitung der sozialen Revolution mit den Mitteln der direkten Aktion, wie sie besonders von Michael Bakunin gelehrt worden sind. Meine Gegnerschaft gegen den von Kautsky ausgedeuteten Marxismus richtete sich im wesentlichen auf die Bekämpfung der parlamentarischen Betätigung des Proletariats, der opportunistischen Anbiederung an die kapitalistische Gesellschaft und des grundsätzlichen Paktieren mit der Bourgeoisie, die die Politik der Sozialdemokratie jahrzehntelang charakterisiert haben. Ich und meine Freunde haben immer gewarnt vor der Versumpfung der Arbeiterbewegung in Parlamentsschwätzerei, Tarifmeierei und Vereinsbureaukratismus. Wir verweigerten der Philisterorganisation der Sozialdemokratischen Partei die Gefolgschaft und warben, verfolgt von den Staatsgewalten und geschmäht von den geeichten und gestempelten »Führern« der Arbeiterschaft, für die Befreiung vom Staat durch rücksichtslose Anwendung der ökonomischen Machtmittel des Proletariats.
Das Erlebnis der Revolution öffnete einem großen Teil der ausgebeuteten Klasse die Augen über die verfehlte Politik der Sozi-

aldemokratie, deren Konsequenz in dem verräterischen Verhalten ihrer offiziellen Vertretung während des Krieges offenbar geworden war. Die vorbildliche Leistung der Bolschewiki in Rußland und ihr in der Revolutionsgeschichte aller Zeiten beispielloser Erfolg gab denen recht, die das Heil des Weltproletariats in der Übernahme der legislativen und exekutiven Gewalt in die Hände der werktätigen Massen selbst erblickten.
Lenins theoretische und praktische Anweisungen für die Durchführung der Revolution bis zur Verwirklichung der kommunistischen Ziele des Proletariats schufen neuen Boden, gaben dem revolutionären Kampf um die Befreiung vom Kapitalismus neue Formen. Seine Lehren - ich werde das in einer besonderen Broschüre nachweisen - schlugen die Brücke, auf der sich die Anhänger des von Kautsky und Bernstein befreiten Marx und Bakunins begegnen können, der Einigung des wahrhaft revolutionären Proletariats stehen keine unüberwindlichen Schranken mehr im Wege.
Wir kommunistischen Anarchisten mußten allerdings einen wichtigen Differenzpunkt zwischen den beiden hauptsächlichen sozialistischen Schulen, Bakunins Widerstand gegen eine Diktatur des Proletariats zugunsten Marxens, preisgeben. Ich persönlich habe bereits zu Beginn der Revolution eingesehen, daß die proletarische Diktatur ein unumgängliches Mittel zur Eroberung der Macht darstellt, und meine propagandistische Tätigkeit dementsprechend ausgeübt. Der weitere Konflikt, die Frage nach zentralistischer oder föderalistischer Organisation wird durch die geniale Leninsche Lösung, durch den Rätegedanken, zu einem Streit um Worte.
Als sich in Deutschland die kommunistische Partei konstituierte, habe ich mich bemüht, in engster kameradschaftlicher Nachbarschaft mit ihr zu wirken, bin vielfach als Referent in ihren Versammlungen aufgetreten und habe ihr, ohne noch direkt für sie zu werben, in und außerhalb Münchens Tausende von Mitgliedern zugeführt. Selbst der Partei beizutreten, konnte ich mich, trotz der vollständigen Übereinstimmung in den Kampfprinzipien, bisher nicht entschließen, weil ich nie einer Partei

angehört habe und die anarchistische Vergangenheit nicht verleugnen wollte.
Der Verlauf der Revolution, ihre zeitweise Niederwerfung durch die vereinigte Macht der militaristischen, kapitalistischen und sozialpatriotischen Konterrevolution, hat mich zu einem anderen Entschluß gebracht. Ich vollziehe hiermit meinen Eintritt in die Kommunistische Partei Deutschlands. Die Einigung des revolutionären Proletariats ist notwendig und unaufschiebbar. Die Organisation, in der diese Einigung allein möglich ist, ist in der K.P.D. gegeben. Ich hoffe, daß meine anarchistischen Genossen, soweit sie im Kommunismus die Grundlage der gerechten Gesellschaft erblicken, meinem Beispiel folgen werden. Die Überwindung des Staates in jeder Gestalt ist das Ziel Lenins so gut wie das unsrige. Ein Opfer der Überzeugung wird also von niemandem verlangt. Die Genossen der K.P.D. aber bitte ich, mich und meine Kameraden im Geiste treuer Kampfsolidarität aufzunehmen. Wir werden unsern Mann stellen, und der Zustrom an Kampf und Verfolgung gewöhnter Rebellen wird die Tatkraft der Partei befeuern und sie vor Verknöcherung und Verbonzung dauernd bewahren.
Es lebe die Weltrevolution! Es lebe die 3. Internationale!
Festung Ansbach, Mitte September 1919.

Erich Mühsam

[Redaktioneller Kommentar:]
Wenn Mühsam hier zugibt, daß sich seine frühere Gegnerschaft gegen den »von Kautsky gedeuteten« Marxismus *im wesentlichen* auf die Bekämpfung der parlamentarischen Betätigung richtete, so ist es auffallend, daß er seinen Beitritt zur K. P. D. gerade in dem Augenblick vollzog, als die Zentrale sich offen für die parlamentarische Betätigung aussprach und diejenigen ihrer Mitglieder, die einen anderen Standpunkt einnahmen, mit dem Ausschluß bedrohte. Das grundsatzlose Paktieren mit der Bourgeoisie und die Anbiederung an die kapitalistische Gesellschaft sind Erscheinungen, die nicht nur bei der alten Sozialdemokratie zu bekämpfen waren, nein, sie zeigen sich auch heute bei den Kommunisten und besonders bei der Zentrale der K.P.D. Und

der von der Zentrale gedeutete Marxismus ist ebenso verwerflich wie der von Kautsky gedeutete, denn er führt zur Diktatur und zwar nicht nur zur Diktatur des Proletariats über seine Unterdrücker - denn darüber ließe sich reden - sondern zur Diktatur der Führer über die Arbeiter. Und gegen diese Diktatur richtete sich unser Kampf von jeher, wie auch Bakunins Kampf sich dagegen richtete. Und wenn Mühsam glaubt, daß die kommunistischen Anarchisten diesen wichtigen Differenzpunkt zu Gunsten Marxens preisgeben werden, so irrt er sich ganz entschieden.

In Marx und Bakunin stehen sich zwei Weltanschauungen gegenüber: »hie Zentralismus, hie Föderalismus«. Und der Gegensatz zwischen diesen beiden Organisationsformen verschwindet keineswegs durch den Rätegedanken, oder gar, wie Mühsam glaubt, zu einem Streit der Worte.

Die Marxisten unabhängiger und kommunistischer Observanz haben sofort nach der Bildung der Arbeiterräte versucht, dieselben ihren Parteiinteressen dienstbar zu machen. Die Arbeiterräte sollten lediglich Mittel zu Parteizwecken sein.

Und sie wurden auch Mittel zu Parteizwecken und in den letzten Monaten der Räteherrschaft dienten sie lediglich den Zwecken der verschiedenen Parteien. Und nach diesen Erfahrungen mit dem Rätegedanken soll die Frage nach zentralistischer oder föderalistischer Organisation nur ein Streit der Worte sein?

Wenn Mühsam keine andere Lehre aus den Ereignissen der letzten Monate gezogen hat, dürfte bald der Fall eintreten, den der Genosse Großmann schon voraussagte: daß Mühsam bald ebenso gereuen würde, wie seine Stellungsnahme bei Kriegsausbruch.

Heidelberger Leitsätze der KPD

[Okt. 1919]

Leitsätze über kommunistische Grundsätze und Taktik

1. Die Revolution, geboren aus der wirtschaftlichen Ausbeutung des Proletariats durch den Kapitalismus und aus der politischen Unterdrückung durch die Bourgeoisie zum Zwecke der Aufrechterhaltung des Ausbeutungsverhältnisses, hat eine zweifache Aufgabe: Beseitigung der politischen Unterdrückung und Aufhebung des kapitalistischen Ausbeutungsverhältnisses.

2. Die Ersetzung des kapitalistischen Ausbeutungsverhältnisses durch die sozialistische Produktionsordnung hat zur Voraussetzung die Beseitigung der politischen Macht der Bourgeoisie und deren Ersetzung durch die Diktatur des Proletariats.

3. In allen Stadien der Revolution, die der Machtergreifung des Proletariats vorangehen, ist die Revolution ein politischer Kampf der Proletariermassen um die politische Macht. Dieser Kampf wird mit allen politischen und wirtschaftlichen Mitteln geführt.
Die KPD ist sich bewußt, daß dieser Kampf nur mit den größten politischen Mitteln (Massenstreik, Massendemonstration, Aufstand) zum siegreichen Ende gebracht werden kann. Dabei aber kann die KPD auf kein politisches Mittel grundsätzlich verzichten, das der Vorbereitung dieser großen Kämpfe dient. Als solches Mittel kommt auch die Beteiligung an Wahlen in Betracht, sei es zu Parlamenten, sei es zu Gemeindevertretungen, sei es zu gesetzlich anerkannten Betriebsräten usw.
Da aber diese Wahlen als nur vorbereitende Mittel dem revolutionären Kampf unterzuordnen sind, kann auf die Anwendung dieser Mittel in ganz besonderen politischen Situationen verzichtet werden, nämlich wenn im Gange befindliche und auf die Entscheidung gehende revolutionäre Aktionen die Anwendung

parlamentarischer Mittel vorübergehend oder dauernd überflüssig machen.
Die KPD lehnt daher einerseits die syndikalistische Auffassung von der Überflüssigkeit oder Schädlichkeit politischer Mittel, anderseits die Auffassung der USP ab, daß revolutionäre Errungenschaften auch auf dem Wege parlamentarischer Beschlüsse oder Verhandlungen mit der Bourgeoisie herbeigeführt werden könnten.
Die Beteiligung oder Nichtbeteiligung an den Wahlen ist von der Reichskonferenz oder vom Parteitag einheitlich für das ganze Reich zu bestimmen.

4. Schon vor Eroberung der Macht ist auf den Ausbau bestehender und die Schaffung neuer Räteorganisationen das größte Gewicht zu legen. Dabei ist zunächst freilich im Auge zu behalten, daß Räte und Räteorganisationen nicht durch Statuten, Wahlreglements usw. geschaffen werden können und daß sie nicht durch Statuten, Wahlreglements usw. gehalten werden können. Sie verdanken ihre Existenz vielmehr allein dem revolutionären Willen und der revolutionären Aktion der Massen und sind der ideologische und organisatorische Ausdruck des Willens zur Macht für das Proletariat geradeso, wie das Parlament dieser Ausdruck für die Bourgeoisie ist.
Aus diesem Grunde sind die Arbeiterräte auch die gegebenen Träger der revolutionären Aktionen des Proletariats. Innerhalb dieser Arbeiterräte haben sich die Mitglieder der KPD fraktionsmäßig zusammenzuschließen und zu versuchen, durch geeignete Parolen die Arbeiterräte auf die Höhe ihrer revolutionären Aufgabe zu erheben und die Führung der Arbeiterräte und der Arbeitermassen zu gewinnen.

5. Die Revolution, die kein einmaliges Schlagen, sondern das lange, zähe Ringen einer seit Jahrtausenden unterdrückten und daher ihrer Aufgabe und ihrer Kraft nicht von vornherein voll bewußten Klasse ist, ist dem Auf- und Abstieg, der Flut und Ebbe ausgesetzt. Sie ändert ihre Mittel je nach der Lage; sie

greift den Kapitalismus bald von der politischen, bald von der wirtschaftlichen, bald von beiden Seiten an. Die KPD bekämpft die Anschauung, als löste eine wirtschaftliche Revolution eine politische ab.
Die wirtschaftlichen Kampfmittel sind von besonderer Bedeutung, weil sie dem Proletariat über die eigentlichen Ursachen seines wirtschaftlichen und politischen Elends in ganz besonderem Maße die Augen öffnen. Der Wert dieser Kampfmittel steigt um so mehr, als in dem Proletariat die Einsicht wächst, daß auch diese wirtschaftlichen Kampfmittel dem politischen Ziel der Revolution dienen.
Aufgabe der politischen Partei ist es, dem Proletariat den ungehinderten, auch von keiner konterrevolutionären Gewerkschaftsbürokratie gehemmten Gebrauch dieser wirtschaftlichen Mittel zu sichern, wo nötig, selbst um den Preis der Zerstörung der Form der Gewerkschaft und Schaffung neuer Organisationsformen.
Die Anschauung, als könne man vermöge einer besonderen Organisationsform Massenbewegungen erzeugen, daß die Revolution also eine Frage der Organisationsform sei, wird als ein Rückfall in kleinbürgerliche Utopie abgelehnt.

6. Die wirtschaftliche Organisation ist die, in der die breiten Massen sich sammeln. Hier steht ein wichtiger, wenn auch nicht der einzige Teil der Masse, die den revolutionären Kampf durchführt.
Die politische Partei ist demgegenüber zur Führung des revolutionären Massenkampfes berufen. In der KPD sammeln sich die vorgeschrittensten und zielklarsten Elemente des Proletariats, die dazu berufen sind, in den revolutionären Kämpfen voranzugehen. Im Interesse der Einheitlichkeit, geistigen Schulung und Übereinstimmung dieser Führerschicht müssen sie in der politischen Partei vereinigt sein.
Die syndikalistische Meinung, daß diese Vereinigung der zielklarsten Proletarier in einer Partei nicht notwendig sei, daß vielmehr die Partei gegenüber den wirtschaftlichen Organisationen des Proletariats zu verschwinden habe oder in ihnen aufgehen müsse

oder daß die Partei ihre Führung in revolutionären Aktionen zugunsten von Betriebsorganisationen usw. aufgeben und sich auf Propaganda beschränken müsse, ist gegenrevolutionär, weil sie die klare Einsicht der Vorhut der Arbeiterklasse durch den chaotischen Trieb der in Gärung geratenen Masse ersetzen will.
Die Partei kann aber dieser Aufgabe nur gerecht werden, wenn sie in revolutionären Epochen in straffster Zentralisation vereinigt ist. Föderalismus in solchen Zeiten ist nur die versteckte Form für die Verneinung und Auflösung der Partei, weil Föderalismus in Wirklichkeit die Partei lähmt. Ebenso wie für die politische ist für die wirtschaftliche Organisation des Proletariats straffste Zentralisation erforderlich. Der Föderalismus in wirtschaftlichen Organisationen macht einheitliche Aktionen der Arbeiter unmöglich. Die KPD verwirft jeden Föderalismus.

7. Mitglieder der KPD, die diese Anschauungen über Wesen, Organisation und Aktion der Partei nicht teilen, haben aus der Partei auszuscheiden.

Leitsätze über den Parlamentarismus

1. Das Parlament ist neben anderem ein Mittel der herrschenden Klassen zur Ausübung und Aufrechterhaltung der politischen Macht. Wie gegen die politische Macht der Bourgeoisie überhaupt, führt das Proletariat auch gegen dieses politische Mittel der Bourgeoisie einen Kampf, der bis zur Vernichtung der politischen Macht der Bourgeoisie und bis zur Eroberung der politischen Macht durch das Proletariat dauert.

2. Wie alle anderen Mittel der Bourgeoisie zur Ausübung und Aufrechterhaltung der politischen Macht mit der Eroberung der politischen Macht zerstört werden müssen - Bürokratie, Gerichtsorganisation, weiße Garden usw. -, so wird auch das Parlament mit diesem Zeitpunkt zerstört werden. Während andere Organisationen nach Ergreifung der Macht durch das Proletariat in

neuer Form und neuem Geist werden aufgebaut werden müssen – so Gerichtsorganisation, militärische Macht usw. –, wird das Parlament dauernd zerstört bleiben. Seine Funktionen im Stadium nach der Eroberung der politischen Macht werden durch die Arbeiterräte völlig ersetzt. Denn in der ersten Epoche nach der Machtergreifung, der Epoche der proletarischen Diktatur, bedarf das Proletariat der schärfsten und konzentriertesten Willensanspannung zur Aufrechterhaltung seiner Macht. Die Räteorganisation ist dann der klarste Ausdruck des Willens des Proletariats zur Macht wie die Macht selbst. Ein Parlament, das lediglich ein Mittel einer herrschenden Minderheit ist, einer beherrschten Mehrheit die Demokratie vorzuspiegeln, ist in dieser Epoche, in der die herrschende Mehrheit, das Proletariat, der beherrschten Minderheit von Kapitalisten, Spekulanten und Gegenrevolutionären gegenübersteht, nicht mehr vonnöten.
In der zweiten Epoche aber, der klassenlosen Gesellschaft, ist das Parlament, ein Mittel der Klassenherrschaft, völlig undenkbar.
Die KPD steht also dem Parlamentarismus als einem Mittel zur Ausübung einer Klassenherrschaft grundsätzlich ablehnend gegenüber.

3. Im gegenwärtigen Zeitpunkt handelt es sich für das Proletariat nicht darum, wie es seine politische Macht ausübe, sondern darum, wie es zur politischen Macht gelange. Den Kampf um diese politische Macht führt das Proletariat mit allen ihm gegebenen politischen und wirtschaftlichen Mitteln. Die Tatsache, daß eine Epoche größerer und größter Kämpfe – Massendemonstrationen, Massenstreiks, offener Aufstand – gekommen ist, zwingt das Proletariat noch nicht, auf kleinere Mittel, zu denen auch die Ausnutzung der Parlamente gehört, dauernd zu verzichten. Sind solche großen Kämpfe entbrannt, so treten solche kleineren Mittel von selbst in den Hintergrund.
Sind die großen Kämpfe ohne entscheidenden Sieg abgeflaut oder sind sie in Vorbereitung, so treten naturgemäß die kleineren Mittel in den Vordergrund. Lediglich diese Erwägung ist für die Stellung der KPD zur Frage der Teilnahme an Wahlen und par-

lamentarischen Aktionen entscheidend. Die Frage ist eine rein taktische.

4. In keinem Falle kann durch das Parlament und durch die parlamentarische Aktion, durch parlamentarische Abstimmungen und Mehrheitsbeschlüsse die politische Macht errungen werden. Wie die Bourgeoisie im Falle ungünstiger parlamentarischer Beschlüsse zu anderen Mitteln greifen würde, um die politische Macht sich zu erhalten, so muß auch das Proletariat gewärtig sein, daß es andere Mittel ergreifen muß, um sich die politische Gewalt zu holen. Nur die großen Aktionen der Massen - Demonstrationen, Massenstreik, Aufstand - bringen die Entscheidung. Die Teilnahme an parlamentarischer Wahl und Tätigkeit dient allein dem Ziel, jene Aktionen agitatorisch und organisatorisch vorzubereiten.

5. Damit ist auch der ganze Unterschied der Stellung der KPD und der USPD in der Frage der Parlamente gekennzeichnet. Die Teilnahme der USP zielt auf Errungenschaften und Erfolge innerhalb des Parlaments. Der KPD sind die »positiven« Erfolge nebensächlich, ihr Ziel liegt außerhalb des Parlaments. Die USP verspricht sich von den Beschlüssen des Parlaments einiges oder alles (Verankerung der Räte in der Verfassung). Die KPD verspricht sich von den Beschlüssen nichts. Die USP sieht in den parlamentarischen Aktionen den Ersatz für revolutionäre Kämpfe, die KPD in ihnen ein Mittel zu deren Herbeiführung. Die USP bedient sich des Parlaments zur Einwirkung auf die herrschenden Klassen, die KPD zur Einwirkung auf die Massen.

6. In Anwendung dieser Grundsätze wird die KPD über Beteiligung an Wahlen Beschluß fassen, sobald an sie die Notwendigkeit herantritt.
Parlamentarische Vertreter, die in ihrer Tätigkeit diesen Grundsätzen zuwiderhandeln, sind von ihren Organisationen abzuberufen.

II.

Nicht nur die Tätigkeit innerhalb der Parlamente, sondern nach Lage der Verhältnisse auch das Ausscheiden aus den Parlamenten kann von revolutionierender Wirkung auf das Proletariat und ein revolutionärer Akt sein.
Die Kommunisten in den Parlamenten haben dementsprechend in entscheidenden politischen Konflikten entweder auszuscheiden oder ihren Ausschluß aus den Parlamenten durch die Bourgeoisie herbeizuführen.
Das Ausscheiden soll in den Augen der gesamten Arbeiterschaft als revolutionäre Aktion erfaßt werden und zur Auslösung der revolutionären Massenaktion führen.
Ihre Tätigkeit ist auf die Herbeiführung solcher Konflikte zu richten.

Leitsätze über die Gewerkschaftsfrage

1. Hatte schon vor dem Kriege das Anwachsen und die Konzentration der Kapitalien, deren Zusammenfassung und einheitliche Leitung in Trusts, Syndikaten und Arbeitgeberverbänden die gewerkschaftliche Politik der kleinen Reformen, der Lohnverbesserungen und Tarifverträge vor eine Mauer gestellt, so ist mit dem Zusammenbruch des deutschen Imperialismus und mit dem Beginn des offenen Kampfes zwischen Kapital und Arbeit diese Politik völlig aussichtslos geworden.
Die Zerrüttung, in die die Wirtschaft durch den Krieg geraten ist, die unerträgliche Schuldenlast gegen In- und Ausland, die Entwertung der Mark und damit die Unmöglichkeit, fehlende Rohstoffe in rationeller Weise zu beschaffen, die Unmöglichkeit, gegenüber den Verpflichtungen an das Ausland das Inland mit genügend heimischen Rohstoffen zu versehen, die Unmöglichkeit, aus dem In- oder Ausland genügend Nahrungsmittel zu beschaffen, die Unmöglichkeit, der dauernden Entwertung der Zahlungsmittel, dem damit verbundenen Sinken des Reallohnes,

der damit verbundenen Notwendigkeit, die Lohnsätze wieder zu erhöhen, neue Banknoten zu drucken und damit neue Entwertung der Mark herbeizuführen, [entgegenzuwirken] – das alles zwingt einerseits die Bourgeoisie, die Ausbeutung der Proletarier bis zur äußersten Grenze zu treiben, und gestaltet andererseits die ökonomische Lage der Bourgeoisie so, daß jeder Versuch, diese äußerste Ausbeutung zu verhindern, das ganze kapitalistische Wirtschaftssystem zum Einsturz zu bringen droht. Jeder Versuch der Besserung der wirtschaftlichen Lage des Proletariats, sei es Verkürzung der Arbeitszeit, sei es Erhöhung des Reallohnes, sei es Schutz gegen die Folgen der Arbeitslosigkeit, geht dem Kapitalismus ans Leben.
Ja, noch mehr. Um seiner Weiterexistenz willen ist der Kapitalismus gezwungen, die Lage des Proletariats noch zu verschlechtern, die Ausbeutung noch über die derzeitigen Grenzen hinauszutreiben. Schon die Abwehr solcher Maßnahmen wie Herabsetzung der Stundenlöhne, Heraufsetzung der Arbeitszeit, Wiedereinführung der Akkordarbeit usw. ist für den Kapitalismus tödlich. Er muß, wenn er leben will, schärfer ausbeuten als bisher.

2. In klarer Erkenntnis dieser Tatsachen hat die Bourgeoisie es längst aufgegeben, von »rein wirtschaftlichen« Kämpfen zu reden und die Staatsgewalt als quasi neutral beiseite zu lassen. Bisher nur geheim und indirekt, heute direkt und offen sind die politischen Gewalten in den Dienst der ökonomischen Ausbeutung gestellt. Noskegarden, die die Ausständigen mit Maschinengewehren in die Fabriken treiben, staatlich organisierte Streikbrechergarden, die in bestreikten Betrieben Dienste tun, Belagerungszustand, Kriegsgerichte, Preßverbote usw. sind das Zeugnis dafür.,

3. Nicht nur deswegen, weil jeder wirtschaftliche Kampf heute von der Bourgeoisie mit politischen Mitteln, steigend bis zur Massenerschießung, geführt wird, sondern aus denselben objektiven Gründen wie die Bourgeoisie erkennt auch das Proletariat, daß heute jeder wirtschaftliche Kampf nicht nur ein politischer ist, sondern ein revolutionärer, weil er, mag er wollen oder nicht,

das kapitalistische Gebäude zu sprengen droht. Die von den deutschen Gewerkschaften bisher verfolgte Politik der rein wirtschaftlichen Kämpfe, der politischen Neutralität und der »Ablehnung« des politischen Massenstreiks ist durch die Tatsachen überholt.

4. Aus dieser Einheit von wirtschaftlichem und politischem Kampf - beides nur Erscheinungsformen eines und desselben revolutionären Kampfes - folgt keineswegs die Notwendigkeit einer Einheit von politischer und gewerkschaftlicher Organisation.
Die politische Organisation der KPD hat zur Aufgabe die Sammlung der vorgeschrittensten Elemente der Arbeiterschaft auf der Grundlage des Programms der KPD.
Die wirtschaftliche Organisation hat zur Aufgabe die Sammlung des gesamten Proletariats, das Objekt kapitalistischer Ausbeutung ist.
Grundlage der politischen Organisation ist der gemeinschaftliche Wille zur Erreichung eines künftigen politischen Zustandes.
Grundlage der gewerkschaftlichen Organisation ist die Tatsache eines bestehenden wirtschaftlichen Zustandes.
Aufgabe der politischen Organisation ist die Führung im politischen Kampfe. Diese Aufgabe kann von einer Minderheit gelöst werden.
Aufgabe der wirtschaftlichen Organisation ist die Durchführung des Kampfes selbst. Diese Aufgabe kann nur von geschlossenen proletarischen Massen gelöst werden.
Der wirtschaftlichen Organisation fallen im Stadium des Aufbaues besonders schwierige Aufgaben zu; die politische Partei kann aus sich diese Aufgaben nicht lösen.

5. Aus dieser grundsätzlichen Verschiedenheit ergibt sich auch das Verhalten gegenüber den Gewerkschaften.
Die politische Partei der KPD konnte sich dadurch bilden, daß sich jene vorgeschrittensten Elemente von der SPD bzw. USPD loslösten und die eigene Partei bildeten; die Aufgabe der Führung entstehender Aktionen war ihr trotzdem und ebendeswegen möglich.

Die Herausnahme der vorgeschrittensten Elemente aus dem gewerkschaftlichen Heerhaufen des Proletariats lähmt und unterbindet die Schlagkraft der Massen, nimmt aus ihnen den Gärstoff und hemmt so den Ausbruch und die Durchführung revolutionärer Massenkämpfe überhaupt.

6. Die wirtschaftliche Massenaktion allein kann nicht das Werk der Revolution vollenden. Sie kann nicht zum unmittelbaren Siege des Proletariats führen, kann vielmehr nur dadurch, daß sie die Massen zusammenfaßt und in Bewegung bringt, die revolutionäre Aktion zu höheren Formen, d.h. zum Generalaufstand, zum Aufstand des gesamten werktätigen Volkes, hinaufführen.
Von dieser Auffassung ausgehend, daß die wirtschaftliche Aktion nur ein Glied in der Gesamtaktion der Massen ist, verwirft die KPD jene Formen des wirtschaftlichen Kampfes, die nicht Massenaktion, sondern Individualakt sind. Sie verwirft die Sabotage als ein anarchistisches Mittel, das durch individuellen Akt die Aktion der Massen zu ersetzen sucht, in Wirklichkeit aber durch Akte individuellen Terrors die Aktion der Massen lähmt.
Von diesem Gesichtspunkt aus bedarf auch das Mittel der passiven Resistenz einer besonderen Würdigung. Die passive Resistenz im gegenwärtigen Augenblick, als Ausdruck der herabgesetzten Ernährung und durch Krieg und Hungersnot hervorgerufenen physischen und psychischen Erschöpfung, ist eine natürliche gesellschaftliche Erscheinung und ein Akt berechtigter Notwehr des Proletariats.
Ein Mittel jedoch, durch dessen Ausübung das Proletariat die Macht erobern könnte, ist sie nicht. Im Gegensatz zum Streik, der einer Steigerung zur Demonstration, zum Massenaufstand, zum Generalaufstand und damit zum endgültigen Siege fähig ist, ist die passive Resistenz einer solchen Steigerung nicht fähig, und sie führt daher ganz von selbst zu einer Verflachung der wirtschaftlichen Kämpfe.

7. Die Tatsache, daß die Gewerkschaften heute zu einem Werkzeug der Bourgeoisie und der Gegenrevolution geworden sind,

ist keine Organisationsfrage. Sie ist lediglich das Widerspiel der Tatsache, daß das Proletariat in seinen weiten Schichten sich über seine Klassenlage und über die Mittel zu deren Änderung, kurzum über Wesen und Ziel der Revolution, noch nicht im klaren ist. Diese Änderung der geistigen Konstitution des Proletariats würde auch nicht dadurch herbeigeführt werden, wenn man die Proletarier aus der einen Organisation herausnähme und sie einer anderen zuführte.
Dieser Umwandlungsprozeß kann vielmehr nur durchgeführt werden einerseits durch unermüdliche Agitation und Aufklärung in den Massen und innerhalb ihrer Organisation, andererseits aber - und im wesentlichsten - durch die praktische Schule des Kampfes, des wirtschaftlichen Kampfes gegen das Unternehmertum - in dem die Gewerkschaftsbürokratie immer ausgesprochener auf der Seite des Kapitals stehen wird - als auch des organisatorischen Kampfes gegen die Gewerkschaftsbürokratie selbst.
Diese Aufgabe und dieser Kampf können nur erfolgreich durchgeführt werden, wenn die Mitglieder der KPD in engster Fühlung mit diesen Massen bleiben und nicht davonlaufen. Die KPD sieht aber im Einzelaustritt einen individuellen Akt, der mit Rücksicht auf die verbleibenden Massen sehr schädlich wirken kann.

8. Die konterrevolutionäre Sabotage des wirtschaftlichen Kampfes durch die Gewerkschaftsbürokratie hat einen Grad von Gefährlichkeit erreicht, daß unmittelbare Maßnahmen dagegen notwendig sind.
Die KPD empfiehlt daher, den Kampf gegen die Gewerkschaftsbürokratie aufzunehmen mit dem Ziele, die konterrevolutionäre Gewerkschaftsbürokratie von den Massen zu isolieren. Zu diesem Zweck schließen sich die Kommunisten innerhalb der Ortszahlstellen fraktionsmäßig zusammen und führen den Kampf mit ihr innerhalb und, wenn es sein muß, außerhalb der Gewerkschaft.

9. Wo es sich um einheitliche, geschlossene Wirtschaftskörper handelt, wie im Bergarbeiterrevier von Rheinland-Westfalen oder wie bei den Eisenbahnern, wo also zwischen Wirtschaftskörper und

Berufszweig ganz oder nahezu Identität herrscht, kann mit diesem Kampfe der Kampf um die neue Organisationsform der Betriebsorganisation verbunden werden. In diesen ihrer Natur nach in Riesenbetrieben vereinigten Gewerken bedeutet die Betriebsorganisation nicht nur eine neue Organisationsform, sondern hier ist auch diese Betriebsorganisation ohne weiteres möglich.
In allen anderen Fällen aber, namentlich da, wo die Gewerke sich ihrer Natur nach in viele Betriebe verzetteln, so etwa Transportarbeiter, Holzarbeiter, teilweise Metallarbeiter usw., kann diese neue Organisationsform nicht die Plattform für den Kampf abgeben, weil deren Durchführbarkeit je nach örtlichen und beruflichen Verhältnissen sich richtet.

10. Im einen wie im anderen Falle darf der Kampf niemals ein rein organisatorischer werden. Auch dieser gewerkschaftliche Kampf ist dem höheren Ziel unterzuordnen, die Masse als solche durch diesen Kampf auf eine höhere Stufe politischer und ökonomischer Erkenntnis ihrer Lage zu erheben. In diesem Zusammenhang ist es besonders erforderlich, die gewerkschaftliche Theorie und Praxis der »rein wirtschaftlichen« Kämpfe, der Verwerfung der politischen Massenaktion (Kölner Kongreß usw.) grundsätzlich zu bekämpfen.
Der Zweck dieser Kämpfe ist also ein zweifacher; direkt: die Sabotage des wirtschaftlichen Kampfes durch die Bürokratie zu brechen; indirekt: die Masse des Proletariats über ihre jetzige Indolenz und Schwäche hinauszuführen.

11. Hiernach sich loslösende Gewerkschaftsteile sind innerhalb der Wirtschaftsgebiete zu Arbeiterunionen zusammenzufassen. Solche Arbeiterunionen können daher vorläufig aus Gruppen bestehen, die entweder beruflich oder betriebsmäßig organisiert sind. Es richtet sich nach der Art der Industrie, ob außer der obengenannten auch andere Arbeitergruppen betriebsmäßig organisiert werden können.
Ziel der ganzen Organisation ist eine Reichsarbeiterorganisation. Innerhalb dieser gruppieren sich die betriebsmäßig organisierten Arbeiter nach Industrien, die andern nach Fächern.

Austrittserklärung

[Erich Mühsam, »Der Freie Arbeiter«, Dez. 1919]

Der »Freie Arbeiter« druckt in Nr. 20 stark post festum[1] die Kundgebung ab, mit der ich meinen Beitritt zur KPD begründete. Wer lesen kann, erkennt daraus, daß mein Übertritt keine Verleugnung meiner von jeher betätigten Überzeugungen in sich schloß, sondern den Versuch bedeutete, die Einigung des revolutionären Proletariats unabhängig von theoretischen Doktrinen auf einer bereits vorhandenen Grundlage herbeizuführen. Ich wollte die Partei veranlassen, entweder meine Aufnahme mit der Begründung abzulehnen, daß die in meinem Manifest niedergelegten Ansichten sich nicht mit den Auffassungen der KPD vertragen, oder aber mich aufzunehmen und damit mit der Engherzigkeit der Parteiverbohrtheit alten Stils zu brechen und sich selbst zu einer Organisation zu erweitern, die nur noch den Namen nach eine Partei, in Wirklichkeit eine Kampfbasis für alle die wäre, die die Revolution bis zum Ziele einer freien kommunistischen Gesellschaft durchführen wollen. - Die KPD-Presse druckte meine Kundgebung kommentarlos ab, schien sie also ohne eigne Stellungnahme zur Diskussion stellen zu wollen. Zu meiner Enttäuschung blieb jedoch die Diskussion aus, nur die anarchistischen Blätter winkten mir mit tränenfeuchten Schnupftüchern nach, wobei sie - auch der »Freie Arbeiter«[2] - an meine Stellung beim Kriegsausbruch erinnerten. Welches die fadenscheinigen Gründe waren, mit denen ich damals meine angeblich anfechtbare Haltung entschuldigte, weiß ich nicht. Ich weiß nur, daß ich vom ersten Kriegstage an in Opposition zur offiziellen Politik stand und nicht mit einer Silbe eine andre Einstellung zu erkennen gegeben habe. Es bedurfte erst einer gründlichen Verfälschung meiner Erklärung an die Leser meiner Zeitschrift,

1 Meint: im Nachhinein; zu einem Zeitpunkt, wo es eigentlich zu spät ist, keinen Zweck oder Sinn mehr hat.

2 Siehe den redaktionellen Kommentar in dem Text »Mühsams Uebertritt in die K.P.D«. Im vorliegenden Band: S.186.

um aus einem winzigen aus dem Zusammenhang gerissenen Satz eine Gesinnungsänderung konstruieren zu können. Ein Vergleich zwischen damals und jetzt hat demnach garkeine Berechtigung. Ich war 1914 derselbe geblieben, der ich vorher auch war, und habe erst 1919, von den Erfahrungen der Revolution belehrt, eine gewisse Wandlung durchgemacht, die aber im Kern auch nichts an meinen Überzeugungen geändert hat. - Sechs Wochen nach meinem Eintritt in die Partei provozierte die Zentrale der KPD die Spaltung, indem sie den großen Bannfluch gegen alle Genossen schleuderte, die nicht in ihrer Parteibürokratie die letzte Weisheit des proletarischen Klassenkampfs vereinigt sahen, die nicht zur Parlamentsschwätzerei zurückkehren wollten und die die Diktatur des Proletariats anders auffaßten denn als unbegrenzte Machtfülle eines Parteivorstands.[3] Aus meiner Beitrittserklärung ging klar hervor, daß ich die Einigung des Proletariats ganz gewiß nicht durch das Zusammentreiben der revolutionären Kräfte in einen möglichst engen Pferch pedantischer Programmartikel bezweckte. Am wenigsten hatte ich mit der Rückkehr zu den abgestandenen und durch die sichtbaren Resultate einer fünfzigjährigen Praxis hinlänglich verurteilten Methoden der alten sozialdemokratischen Partei gerechnet. Mit der Ausschließung der Opposition auf dem letzten Parteikongreß der KPD bin ich demnach selbstverständlich automatisch aus dem Gehege dieser Organisation wieder hinausgeflogen. - Obwohl ich nach dieser Prozedur die Empfindung habe, als hätte ich einen zu engen Kragen vom Halse entfernt, muß ich doch feststellen, daß ich das kurze Gastspiel in einer Partei durchaus nicht bereue. Mein Ziel ist und bleibt die Einigung im reinen Bolschewismus, wobei ich darauf hinweisen kann, daß die Weitherzigkeit Lenins den kommunistischen Anarchisten Rußlands den Anschluß an die Bolschewiki, ohne Überzeugungsopfer zu fordern, längst möglich gemacht hat. Mein Versuch, diese Einigung auf dem Boden einer Partei zu erreichen, hat zu dem praktischen Resultat geführt, daß diese Methode einwandfrei widerlegt ist. - Trotzdem werde

---

3 Gemeint sind die »Heidelberger Leitsätze der KPD (Okt. 1919)«. Im vorliegenden Band: S.190-201.

ich das Bestreben, zur Einigung zu gelangen, nicht verloren geben. Begreift man, wie ich es tue, unter »Diktatur des Proletariats« die Machtuniversalität der Gesamtheit in den Händen des ganzen Proletariats, das von den Betriebsräten angefangen von unten herauf revolutionär organisiert ist, so ist dieser Gedanke durchaus nicht in Widerspruch zu Bakunins föderalistischem Revolutionarismus, wie denn der Aufbau des Rätesystems, wie die Sovjetrepublik ihn durchgeführt hat, keineswegs in dem Sinne zentralistisch ist, wie die deutschen Marxpfaffen sich einbilden. Gewiß beruft sich Lenin auf Marx und Engels, aber er nimmt in Theorie und Praxis soviel von Bakunin, daß die Errichtung eines Bakunin-Denkmals in Moskau neben dem Marxens nur ein völlig konsequenter Dankbarkeitsakt war. Es wäre den deutschen Anarchisten ebenso wie den Sozialdemokraten aller Richtungen nur dringend zu wünschen, daß sie sich von jeder Bibelgläubigkeit befreiten und sich vom Erlebten in ihren Anschauungen stärker befruchten ließen als vom Erlesenen. – Die dritte Internationale erlaubt uns Antiautoritären ohne Gesinnungswandlung die Zustimmung. Glaubt die KPD eine Politik des Bonzentums treiben zu sollen, die den Sinn des Rätegedankens verleugnet und verfälscht und die dem Spartakismus den Schrecken für die Bourgeoisie nimmt, so schließt sie sich selbst als aktive Kraft der Weltrevolution aus. Das revolutionäre Proletariat Deutschlands wird über Doktrinen und Katechismen, über Führereitelkeiten und Parteitagsbeschlüsse hinweg seine Einigung in Freiheit durchsetzen und Hand in Hand mit den russischen Brüdern und dem Weltproletariat den Weg zum Kommunismus und zur Weltgemeinschaft finden.

Festungsgefängnis Ansbach, Ende November 1919
Erich Mühsam.

Bolschewismus, Diktatur und Anarchismus

(Zugleich eine Polemik gegen Erich Mühsams Idealisierung des Bolschewismus)

[Pierre Ramus, »Erkenntnis und Befreiung«, Feb. 1920]

In Nr. 46 (19.-25. Oktober) des ersten Jahrganges unseres Blattes haben wir den Beitritt des früheren Anarchisten *Erich Mühsam* zur »Kommunistischen Partei Deutschlands« unseren Lesern mitgeteilt und daran die Bemerkung geknüpft: »Möge ihn dereinst sein Übertritt nicht ebenso *gereuen*, wie heute ihn seine Stellung bei Kriegsausbruch *reut*«.

Die letztere Bemerkung bezog sich auf ein Geständnis Mühsams in einer Abwehr gegen einen wahrheitsgemäßen, aber von gehässigen Motiven eingegebenen Angriff seines heutigen »kommunistischen« Genossen *Franz Pfemfert*, der ihn fortgesetzt mit Vorwürfen über einige, gewiß nicht einwandfreie Worte verfolgte, die Mühsam leider bei Kriegsausbruch geschrieben hatte. Diesem Vorwurf gegenüber gestand Mühsam wirklich ein: »Zunächst: ich habe am 3. August einige Worte geschrieben, *die ich später sehr bereut habe*«. (Zeitschrift »Ver«, Wien, 1. Oktober 1917.)[1] Wodurch unsere obige Bemerkung sowohl sachlich als auch inhaltlich berechtigt erscheint.

Früher, als wir vermutet hatten, ist Erich Mühsam dazu gelangt, seinen Beitritt zur »*K.P.D.*« bereuen zu können. Aus den Dezemberausgaben unseres reichsdeutschen Bruderblattes »Der freie Arbeiter«, wie der unklar-verschämt bolschewistischen Wiener »Revolution« entnehmen wir, daß er die »*K.P.D.*« *schon wieder verlassen* hat; in Wirklichkeit ist er durch die parteidiktatorischen Beschlüsse der »Zentrale« genannter Partei außerhalb des Rah-

---

4 Erich Mühsam: An Karl Franz Kocmata und die Leser der »Ver!« (1917), in: ders.: In meiner Posaune muß ein Sandkorn sein. Briefe 1900-1934. Band 1. Herausgegeben von Gerd W. Jungblut. Vaduz: Topos Verlag,1984. S.234-238. Hier: S.235.

mens derselben gestellt worden, was doch unzweifelhaft erweist, daß sein Beitritt höchst unbedacht gewesen ist und ihm alle objektiven Voraussetzungen dafür gefehlt haben, durch diesen Beitritt die »Einigung des revolutionären kommunistischen Proletariats unabhängig von theoretischen Doktrinen auf einer bereits vorhandenen Grundlage herbeizuführen«[2].

Somit hat es sich sehr bald herausgestellt, daß es durchaus falsch gewesen ist, zu behaupten und zu meinen, daß diese »bereits vorhandene Grundlage« in der »K.P.D.« vorhanden wäre oder sei. Eher denn doch in dem, was wir Mühsam sofort entgegengehalten haben, erfreulich gedeihenden, revolutionären Syndikalismus Deutschlands, der zumindest wirklich kommunistisch ist, während sogar darin die »K.P.D.« nur eine Pseudopartei ist. Diesen Syndikalismus scheint der Bolschewik Mühsam leider nicht bemerken zu wollen.

Stellen wir also fest, daß alle diejenigen, die wohl auch ein wenig »von den Erfahrungen der Revolution belehrt«[3], aber gerade deshalb *nicht* jene Wandlung durchgemacht haben, die bei Mühsam zu verzeichnen ist, und ihm in seinem Beitritt zur »*K.P.D.*« *nicht* gefolgt sind, sich nur jene Enttäuschungen erspart haben, deren Opfer Mühsam bis jetzt immer wieder geworden ist. Und zwar auf Grund eben jener, vor dem Kriege mit mir genugsam von ihm bekämpften, sozialdemokratischen (alias »kommunistischen«) Taktik, in die er sich seit Ausbruch der Revolution verstrickt hat.

Wenn ich mir erlaube, ihm daraus einen Vorwurf zu machen, so ist es nicht der seiner Gesinnungsänderung, denn dazu ist jedermann auf Grund einer subjektiv als besser erachteten Erkenntnis berechtigt, sondern der, daß er nicht die nötige Konsequenz des Denkens bekundet, die ihn veranlassen würde, rücksichtslos, zu erklären, daß er gegenwärtig nicht die Propaganda des Anarchismus, sondern die des Bolschewismus für *opportun* erachte und

---

1 Erich Mühsam: Austrittserklärung (24.11.1919). Im vorliegenden Band: S.202.

2 Erich Mühsam: Austrittserklärung (24.11.1919). Im vorliegenden Band: S.203.

deshalb den anarchistischen Standpunkt, zumindest temporär, aufgebe.
Letzeres wäre Sache des Empfindens, Temperaments, der Veranlagung und schließlich eine persönliche Angelegenheit des Betreffenden. Leider nimmt Mühsam nicht diesen Standpunkt ein, sondern verübt eine wahre Todsünde an seinen eigenen, wie gegen den Geist unserer Idee, Weltanschauung und prinzipiellen Taktik, indem er immer aufs neue versucht, die *absolut unversöhnlichen Gegensätze* zwischen kommunistischem Anarchismus und Bolschewismus - denn um *diesen* handelt es sich, nicht um »Kommunismus«, den diese Partei nur als ein zugkräftiges Schlagwort, keineswegs als Idee und Aktion vertritt - bewußt zu vertuschen und dadurch eine noch größere Verwirrung zu stiften, als sie vom Bolschewismus bereits ohnehin zum Unheil der Revolution und der zielklaren Aktivität der Arbeiterbewegung gestiftet worden ist. *Denn der Bolschewismus ist der Hauptschuldträger an dem Untergange der historischen Phasen der Revolution, die wir durchleben*.
Jedermann, der *Bakunin* und seinen Kampf in der Arbeiterbewegung, wie seine herrlichen Schriften kennt, weiß, welchen mit Recht erbitterten Kampf Bakunin gegen jegliche »revolutionäre Diktatur«, jede »revolutionäre Regierung« geführt hat. Was soll man nun dazu sagen, wenn Mühsam diesen Bakunin heranzieht als Kronzeuge zugunsten eines Lenins, indem er uns seinen Standpunkt folgendermaßen plausibel machen will:
»Begreift man, wie ich es tue, unter ›Diktatur des Proletariats‹ die Machtuniversalität in den Händen des *ganzen* Proletariats, das von den Betriebsräten angefangen von unten herauf revolutionär organisiert ist, so ist dieser Gedanke durchaus *nicht* im Widerspruch zu Bakunins föderalistischem Revolutionarismus, wie denn der Aufbau des Rätesystems, wie die Sowjetrepublik ihn durchgeführt hat, *keineswegs in dem Sinne zentralistisch ist*, wie die deutschen Marxpfaffen sich einbilden.
Gewiß beruft sich Lenin auf Marx und Engels, aber er nimmt in Theorie und Praxis soviel von Bakunin, daß die Errichtung eines Bakunindenkmals in Moskau neben dem Marxens nur ein völlig

konsequenter Dankbarkeitsakt war. Es wäre den deutschen Anarchisten ebenso wie den Sozialdemokraten aller Richtungen nur dringend zu wünschen, daß sie sich von jeder Bibelgläubigkeit befreiten und sich vom Erlebten in ihren Anschauungen stärker befruchten ließen, als vom Erlesenen.«[4]

*

Nun ist es unbestreitbar, daß alles, was Mühsam in Obigem sagt, nur Erlesenes und absolut *nichts* Erlebtes ist, was übrigens kein Argument gegen das darin Gesagte sein soll. Ein Argument dagegen ist bloß dies, daß das Bakunindenkmal in Moskau nicht von Lenin und der Bolschewikiregierung, sondern von den in dieser Stadt außerordentlich stark vertretenen, russischen Anarchisten errichtet worden ist. Sieht man in der sowjetstaatlichen Bewilligung einer solchen Errichtung ein ungeheures Verdienst der Bolschewikiregierung, so übersehe man doch nicht, daß in Belgien vor dem Kriege eine monarchistische Regierung die Bewilligung zur Errichtung eines *Ferrerdenkmals* erteilt hat; wie auch seit mehreren Wochen das Ferrerdenkmal in Brüssel mit behördlicher Genehmigung wiedererrichtet ist.

Es ist weiterhin absolut falsch, zu behaupten, daß der Aufbau des »Rätesystems, wie die Sowjetrepublik ihn durchgeführt hat, *keineswegs* in dem Sinne zentralistisch ist, wie nicht nur die deutschen Marxpfaffen es behaupten«[5]. Tatsache ist, daß das Rätesystem, wie es von der russischen Arbeiterklasse bereits 1905 und vor der Machteroberung durch den Bolschewismus in 1917 verwirklicht worden ist, durch die *politische zentralistische Form der Diktatur des Sowjetstaates*, in die es durch Lenin und seine herrschende Partei geschnürt ward, in seiner wirtschaftsautonomen, föderalistischen Form praktisch *illusorisch* gemacht, *aufgehoben* worden ist.

---

3 Erich Mühsam: Austrittserklärung (24.11.1919). Im vorliegenden Band: S.204.

4 Erich Mühsam: Austrittserklärung (24.11.1919). Im vorliegenden Band: S.204.

Wer das bezweifelt, dem raten wir, vom Standpunkt des Föderalisten aus die seit Juli 1918 angenommene Verfassung der russischen Sowjetdiktatur zu studieren und insbesondere den Abschnitt über die »Organisation der *Zentralgewalt*«. Diese wird von einem Kongreß - also indirekt - erwählt, deren sämtliche Fehler aller parlamentarischen Körperschaften gleichfalls innewohnen. Es genügt, zu wissen, daß 25.000 Wähler *einen* Delegierten entsenden, um sich einen Begriff von dem Rechte der Minoritäten in diesem System einer Rätediktatur zu machen, die, wie Mühsam kühnlich behauptet, *»nicht im geringsten* den anarchistischen Grundsätzen widerspricht«. (»Revolution«.)
Dieser Kongreß, der ein auf etwa 28 Departements verteiltes 60-70-Millionenvolk zu vertreten hat, wählt das *Zentralexekutivkomitee* »in einem Bestand von nicht mehr als 200 Personen«. Also eine Oligarchie von 200 Personen herrscht über mindestens 60 Millionen Menschen.
Welche Macht diese Körperschaft, deren sie verkörpernde »Gedanke durchaus nicht im Widerspruch zu Bakunins föderalistischem Revolutionarismus« (übrigens ein schönes Wort; als ob Bakunin nur ein Revoluzzer gewesen wäre!) auszuüben vermag, dafür folgende wörtliche Zitate aus der Verfassung der russischen Sowjetdiktatur:
»31. Das Allrussische Zentralexekutivkomitee bildet das *oberste, gesetzgebende, verfügende und kontrollausübende* Organ...«
»32. Das Allrussische Zentralexekutivkomitee *gibt die allgemeine Richtung* für die Wirksamkeit der Arbeiter- und Bauernregierung und *aller* Organe der Sowjetmacht im Lande an...«
»33. Das Allrussische Zentralexekutivkomitee *überprüft und genehmigt* die vom Sowjet der Volkskommissare oder von den einzelnen Ressorts eingebrachten Dekretentwürfe und andere Anträge *und erläßt selbst Dekrete* und Verfügungen.«
»35. Das Allrussische Zentralexekutivkomitee *bildet* (sollte heißen: stellt zusammen) den Sowjet der Volkskommissare für die allgemeinen Verwaltungsgeschäfte...«

»40. Das Allrussische Zentralexekutivkomitee *hat das Recht, jede Bestimmung oder jeden Beschluß der Sowjets* der Volkskommissäre *aufzuheben oder zu suspendieren.*«
So also sieht in Wahrheit die russische Staatsverfassung gegenwärtig aus. Von einem wahren Rätesystem gar keine Spur, vielmehr haben wir einen *hierarchisch-zentralistisch-autoritären* Mißbrauch des Rätesystems vor uns, eine der ungeheuerlichsten, politischen Usurpationen in der Geschichte des Proletariats, die sich nur denken läßt, einen positiven Betrug, verübt an dem arbeitenden Volk Rußlands und seinen autonomen Räteassoziationen, die absolut keiner diktatorischen Machtgewalt und Machtspitze bedürfen.

II.

Wenn Mühsam behauptet, daß für ihn »Diktatur des Proletariats« ein Proletariat sei, »das von den *Betriebsräten* angefangen *von unten herauf* revolutionär organisiert ist«[1], so behaupte ich, er versucht sich oder andere zu täuschen, wenn er diesen Gedanken in der Sowjetdiktatur Rußlands als verwirklicht verkündet. Laut ihrer Verfassung räumt jene Betriebsräten überhaupt *keinerlei* wirtschaftlich-politisches Recht ein; sie kennt nur »Provinzial-, Gouvernements-, Kreis- und Bezirksorgane der Sowjetmacht, ebenso wie Deputiertensowjets«. Und was deren Autonomie, die »Autonomie der Lokalsowjets«, und ihre föderative Initiative, überhaupt ihr »von untenauf revolutionär organisiert«-sein anbelangt, so wird es am besten durch folgende, *erste* Bestimmung der Verfassung über die »Kompetenzen der lokalen *Organe* der Sowjetmacht« illustriert; diese haben folgendem Zweck zu dienen:
»a) Verwirklichung *aller* Verordnungen der *betreffenden höheren* Organe dar Sowjetmacht.«
Ich bezwecke mit diesem Aufsatz keine erschöpfende Analyse und Charakteristik des Bolschewismus. Aber ich fühle mich dem Ideal meiner Weltanschauung gegenüber verpflichtet, den positiv irreführenden Behauptungen Mühsams entgegenzutreten.

---

5 Erich Mühsam: Austrittserklärung (24.11.1919). Im vorliegenden Band: S.204.

Gerade derjenige, der Anhänger des Rätegedankens ist, muß den Bolschewismus, der ihn mißbrauchend entstellt bekämpfen; wie der Bolschewismus ja auch den Kommunismus mißbrauchend entstellt, im *Tun* durchaus staatskollektivistisch ist, nur in der Phrase »kommunistisch«; wie er, während er straff zentralistisch ist, auch das Wort »Föderalismus« mißbrauchend entstellt – welch letzteres er nicht tut, um Bakunin entgegenzukommen, wie Mühsam glauben machen möchte, sondern um sich den verschiedenen national-föderativen, rein bürgerlich-staatlichen Tendenzen der verschiedenen russischen Volkseinheiten anzuschmiegen. Kurzum: *im Bolschewismus steckt nicht ein einziges Wesensprinzip einer wahren sozialistisch-revolutionären Befreiungsidee*, sondern er ist das zur Macht gelangte System des jeden Sozialismus verfälschenden *Marxismus*, in reinster Frühform seiner Wesensart.

*

Eben so unhaltbar, wie die obigen Behauptungen Mühsams sind auch alle seine sonstigen in dieser Beziehung, wenn geprüft von Sachkenntnis, die nicht nur aus Erlesenem herrührt, sondern aus dem Erlebten unserer russischen Kameraden. Bezeichnet Mühsam die »Diktatur des Proletariats« als »Machtuniversalität der Gesamtheit in den Händen des ganzen Proletariats«, so ist dies eine schöngeistige Phrase, aber keine soziologische Möglichkeit. Ebensowenig, wie Volksherrschaft (Demokratie) wirklich das Volk zur Herrschaft gelangen läßt, ebensowenig kann eine Diktatur noch existieren, könnte die ganze Verfassung der Sowjetdiktatur bestehen, »wenn wirklich alle Proletarier Diktatoren geworden wären.«

Übrigens gewährt uns diese Polemik die Gelegenheit, dem praktischen Resultat einer zweijährigen »Diktatur des Proletariats« in seiner ganzen, nicht nur erlesenen, sondern erlebten Aktualität näher zu treten, einer Diktatur, wie sie nun seit über zwei Jahren in Rußland besteht. Bekanntlich wird als Rechtfertigung für die infame Ungeheuerlichkeit der Anforderung einer Diktatur stets die Behauptung ins Feld geführt, nur sie sei im Stande, die Bourgeoisie zu beseitigen, den Kapitalismus zu stürzen, den Kommunismus herbeizuführen. Ich stehe nicht an, zu konstatieren: *Wenn* dies wahr ist, dann ist eine Diktatur berechtigt. Aber eben, weil es *nicht* wahr ist, haben wir in dem Streben nach der Diktatur keine sozialistische Taktik, vielmehr ausschließlich die durch die Theorie des Marxismus gestützte, politische Hochstapelei der Machtgier und des Volksbetruges zu erblicken.

Betrachten wir doch objektiv, wie nach zweijährigem Bestand die »Diktatur des Proletariats« in Rußland dieses dem Kommunismus näher gebracht hat. Ich stütze mich in dem Folgenden auf die Berichterstattung eines dem Bolschewismus unverkennbar sympathisch gegenüberstehenden Mannes, Professors *W.T. Goode*, der in einer langen Serie von Artikeln die Eindrücke seines sechsmonatigen Aufenthaltes im bolschewikischen Rußland in der englischen liberalen Tageszeitung »Manchester Guardian«, im Oktober 1919, niedergelegt hat. Diese Aufsätze sind so objektiv geschrieben, daß die Bolschewiki, Spartakisten und Kommunisten Deutschlands und Österreichs sie mit Vorliebe zitieren. Für jeden wahren Sozialisten, insbesondere für einen kommunistischen Anarchisten, sind sie aber der beste Beweis dafür, daß nach zweijähriger Diktatur in Rußland weder die Bourgeoisie noch die Klassenherrschaft abgeschafft, aber auch kein Kommunismus eingeführt worden ist.

Das Fazit der Beobachtungen W.T. Goodes faßt er selbst in folgendem Schlußtitel zusammen: »Der *Mißerfolg* der Etablierung des Kommunismus« (»M.G.«, 25. Oktober 1919). Und er sagt:

»Die bolschewistischen Führer haben in dem einzigen Land, in dem solch ein Experiment gemacht werden konnte, damit begonnen, ein System des Kommunismus zu etablieren. *Das Resultat*, wie ich es gesehen habe, *beweist*, daß sie in dieser besonderen Beziehung einen *Mißerfolg* haben. *Das System ist nicht Kommunismus*. Der *Staat* als Arbeitgeber, als Verteiler der Waren, als Lieferant der Nahrungsmittel - (sind *diese* Funktionen für uns *kommunistisch*? *P.R.*) die reinen Staatsfunktionen und die individualistischen (Goode meint darunter: kapitalistische, P. R.) arbeiten Seite an Seite, während in jedem Lebensgebiete die konventionellen Verhältnisse und üblichen Einrichtungen, gegen die die Bolschewiki sich erhoben hatten, sie bezwungen und zu Anpassungen veranlaßt haben, die in ihren Abänderungen in einer sonderbaren Umwandlung der ursprünglich marxistischen Idee resultierten.

»Alles dies will besagen, daß in dem Fortschritt ihrer Staatsexistenz die Umstände sich als zu übermächtig für die Bolschewiki erwiesen haben. Die fortwährenden Zugeständnisse, die gemacht worden sind, und die Konzessionen. die innerhalb des russischen Lebens erteilt worden sind, sie sind bloß ein kleines Anzeichen dafür, welche viel größere Veränderungen und Umwandlungen sich vollzogen hätten, hätte man die Grenzen Rußlands dem Verkehr mit der westlichen Welt öffnen können.«

Damit - und das beweist Goode in allen seinen Abhandlungen - ist der Beweis geliefert, daß die »Diktatur des Proletariats« *nicht* diejenigen Resultate zeitigt, die ihre Befürworter versprechen, sondern das gerade Gegenteil derselben. Die Repräsentanten der Diktatur werden zu Sachwaltern einer rein kapitalistischen Wirtschaftsform der Ausbeutung, die sich von der gegenwärtigen nur dadurch unterscheidet, daß sie im *Staatszentralismus* gipfelt, also eine besondere Abart des schon bisher bestandenen *Staatskapitalismus* verkörpert. Das Proletariat bleibt nach wie vor besitzlos, eignet auch nicht die Produktionsmittel und ist nach wie vor im Joche der Lohnsklaverei und Unterdrückung. Seine früheren Parteiführer sind nun allerdings seine politisch und wirtschaftlich allmächtig gewordenen Herrscher und Ausbeuter geworden.

***

Hat sich die »Diktatur des Proletariats« nach zweijährigem Bestande in Rußland als *unfähig erwiesen*, die Abschaffung der Klassenherrschaft zu bewirken, nur eine neue herbeigeführt, so ergeben sich uns aus dieser praktischen Tatsache wichtige, neue theoretische Lehren, die unsere alten ausgezeichnet stützen. Denn da die Diktatur somit den Sturz der Bourgeoisie, überhaupt bevorrechteten Gesellschaftskategorien nicht herbeizuführen - also ihren einzigen Wesensgrund nicht zu erfüllen - vermochte, so *ist dadurch der Beweis geliefert*, daß sie zur Vollbringung jener, ihr scheinbar zugeschriebenen Aufgabe untauglich, vielmehr *das gefährlichste und giftigste Mittel* zur Vereitelung jeder Verwirklichung des Sozialismus ist!

Und zwar aus folgenden Gründen: Das Problem der sozialen Revolution, überhaupt des Sozialismus, ist nur zu verstehen, kann nur verwirklicht werden, wenn nicht nur die gegenwärtige Bourgeoisie, sondern mit ihr *zugleich jegliches Proletariat* in der Gesellschaft abgeschafft wird. Geschieht dies nicht, so ist die Verwirklichung des Sozialismus völlig ausgeschlossen, wird nicht einmal beabsichtigt, da, so lange es ein Proletariat in der Gesellschaft gibt, geben kann und muß, es auch immer wieder irgend eine Bourgeoisie, also eine bevorrechtete und ausbeutende Klasse gibt.

Indem die »Diktatur des Proletariats« unfähig ist zur Beseitigung von *jeglichem* bourgeoisen wie staatlichen Schmarotzertum, *ist sie das Mittel, um dieses, aber mit diesem zugleich auch das Proletariat zu verewigen*, weil jede Herrschaft ein Proletariat braucht, um ausbeuten und sich auf Kosten der Gesellschaft schmarotzerhaft erhalten zu können. Die »Diktatur des Proletariats« ist somit, da, wie Rußland zeigt, sie *nicht* die Bahnbrecherin des Kommunismus ist, *nichts anderes als die Aufrechterhaltung der bestehenden Ausbeutungsordnung unter einer reaktionär-despotischen politischen Herrschaftsform*, deren Nutznießer die proletarischen Parteiführer sind, deren Ausbeutungs- und Beherrschungsmaterial nach wie vor das Proletariat bildet. –

***

Eine solche, von Theorie wie Praxis – von letzterer immer deutlicher – längst als ehrlosester Volksbetrug der Machtgier gebrandmarkte Methode will Mühsam, weil er ihr auf den Leim gegangen, in die klare Vernunfttheorie des kommunistischen Anarchismus einschmuggeln. Geradezu köstlich ist es, wenn er von der »Weitherzigkeit Lenins« schwärmt, uns erzählt, daß »Lenin gerade dem *ganzen* Proletariat die Diktatur übertragen *will*, was durch den Rätegedanken gewährleistet wird«, und daß Lenin »den kommu-

nistischen Anarchisten den Anschluß an die Bolschewiki, ohne Überzeugungsopfer zu fordern, längst möglich gemacht hat«.[2]
Jede dieser Behauptungen ist unwahr und unrichtig. Oder hat Mühsam nie etwas gehört von der gewaltsamen Auflösung von mißliebigen Sowjets? Weiß er nichts von der Abschaffung der Soldaten- und Marineräte in der russischen Roten Armee? Ist ihm unbekannt, daß diese mittels Waffengewalt gegen Arbeiter und Proletarier nicht nur einmal vorgegangen ist? Und kennt er nicht die von seinem Kameraden Karl Radek über »*Anarchismus und Räteregierung*« (Verlag Willascheck & Co., Hamburg) verfaßte sophistisch-verlogene Schrift, die das wahre Verhältnis unserer russischen Bewegung zur Sowjetdiktatur blitzhell beleuchtet - ein Verhältnis, das übrigens erst im November 1919 leider abermals zu einer entsetzlichen Auseinandersetzung geführt hat!

***

Es ist mir unbekannt, woher Mühsam sein Idealisierungsmaterial des Bolschewismus schöpft; meine Quellen kann ich ihm ungescheut nennen: Es sind die eigenen Publikationen der Bolschewiki und direkte, verläßliche Informationen, die ich von in Rußland die Räteregierung erlebenden Kameraden erhalte.
Mühsam hat das volle Recht, zu sein, was ihm beliebt. Aber ich spreche ihm das Recht ab, die Tatsachen verdecken, verdunkeln und vertuschen zu wollen, um seinen jetzigen Standpunkt rechtfertigen zu können. Es geht um viel mehr, als daß es auf letzteres ankäme.
Ich begrüße es, wenn er den Arbeitern zeigen will, »wie sich ein- für allemal von jeglichem Bonzentum zu befreien«, aber der Eintritt in eine Partei, die geführt ist von Bonzen eines Zentralexekutiv-Komitees und die Verherrlichung des Bonzen Lenin ist schwerlich der Weg dazu. Von einem Kämpfer wie Mühsam hätte man doch annehmen dürfen, daß ihm bewußt geworden, wie der Eintritt in jede Partei gleichbedeutend ist mit Selbstunterwerfung unter ihr Parteibonzentum. Sagt er, daß »die Gegensätze zwischen

1 Erich Mühsam: Austrittserklärung (24.11.1919). Im vorliegenden Band: S.203.

anarchistischem und bolschewistischem Kommunismus nicht gar so groß sind«, so behaupte ich: sie sind glücklicherweise *unüberbrückbar* groß für jeden, der im anarchistischen Kommunismus *Freiheit der Persönlichkeit, Beseitigung jeder Monopolherrschaft und Abschaffung jedes Lohnsklavensystems*, also *jeder* Ausbeutungsmöglichkeit erblickt.

Eben weil der Bolschewismus diese Grundforderungen eines vernunftgemäßen Kommunismus *nicht* erfüllt, muß jeder kommunistische Anarchist ihn bekämpfen. Oder wird dieser Kampf immer dann zur »talmudistischen Wortklauberei«, wenn man selbst die Möglichkeit und Gelegenheit hat, Herrscher und Monopolist, Lohnherr, Staatsmann und Kriegsindustrieller – sämtliche dieser Funktionen umfaßt der Bolschewismus, vulgo staatskommunistische Marxismus! – zu werden und sind plötzlich alle diese Funktionen integrale Bestandteile des Sozialismus geworden, weil deren Inhaber sie im Namen des »Bolschewismus« ausüben und im Namen des Proletariats dessen furchtbarste Neuversklavung bewirken?

Anarchismus und Revolution

[Erich Mühsam, »Die Aktion«, Okt. 1920][1]

Es ist den Genossen bekannt, daß die Praxis der Revolution mich zu Ansichten geführt hat, die nicht in allen Punkten mit denen übereinzustimmen scheinen, auf die die Anarchisten gemeinhin ihre Haltung zu stützen pflegen. Ich mußte mir deshalb manche Grobheit sagen lassen; ja es gibt Leute, die mich schon wie einen leibhaftigen Renegaten behandeln möchten.

Vor einem Jahr machte ich, wie sich die Genossen erinnern werden, den Versuch, durch meinen Beitritt zur Kommunistischen Partei, zugleich diese Partei zu einem Sammelbecken aller revolutionären Kommunisten zu erweitern und die Anarchisten zur Anerkennung bestimmter revolutionärer Methoden zu bewegen, die sich im Namen »bolschewistisch« charakterisieren lassen; mit einem Wort: die revolutionären Marxisten mit den Schülern Bakunins zu geschlossener Kampffront zu vereinen. Ich habe damals gleich öffentlich erklärt, daß es sich lediglich um einen Versuch handle, dessen Mißlingen mich selbstverständlich zum Wiederaustritt aus der Partei veranlassen würde. Die Heidelberger Leitsätze der KPD belehrten mich schon nach sechs Wochen, daß hier keineswegs die Absicht bestehe, die Pforten nach links weit zu öffnen und nach rechts solide zu verrammeln, sondern daß man im Gegenteil auf alle alten sozialdemoktratischen Halbheiten zurückgriff (Parlamentarismus, Gewerkschaftszentralismus,

---

2 »Etwas Erfreulicheres in all dem Wust von Dreck, persönlichem Gehetz und intrigantem Gemächel ist ein Brief von Otto Rühle, der mir ungemein liebenswürdig schreibt. Das ist der Mann, mit dem ich politisch zusammengehn kann. Ich glaube, durch ihn werde ich auch die anarchistische Bewegung wieder in ein revolutionäres Fahrwasser leiten können, aus dem es durch allerlei belladonnaäugige Ethiker und Grasfresser abgelenkt war. In der letzten Nummer des »Freien Arbeiter« steht ein Artikel von mir über ›Anarchismus und Revolution‹, in dem ich diese verzeichneten Abkömmlinge Tolstojs einmal daran erinnere, daß ihr Großvater Bakunin hieß. Jetzt wird's auf mich niederprasseln – und darauf freue ich mich.« (Tagebucheintrag vom 5. Oktober 1920)

Beteiligung an legalen Räte-Verfälschungen usw.) und wahre Energie nur gegen konsequente Revolutionäre zu entfalten wußte. So stand ich also wieder draußen, um eine Erfahrung reicher und – wie ich wohlmeinenden Kritikern deutlich einschärfen möchte –, ohne den Versuch im geringsten zu bereuen, der gemacht werden mußte, um die opportunistische Verbohrtheit der Parteikommunisten um so deutlicher zu Tage treten zu lassen.

Daß sich der 2. Kongreß der Kommunistischen Internationale in Moskau mit einer verblüffend rapiden Rechtsschwenkung ebenfalls gegen Antiparlamentarier, Föderalisten, Antiautoritäre jeder Art entschieden hat, ist weitaus bedauerlicher, um so mehr, als das Exekutiv-Komitee früher ausdrücklich die Gemeinschaft aller Revolutionäre, die den Kommunismus auf dem Wege über die Rätediktatur anstreben, proklamiert hat. Aber es ist nichts dagegen zu machen. Moskau hat, dem Beispiel Heidelbergs folgend, die Taktik des linken Flügels der Unabhängigen Sozialdemokraten als die für die Zugehörigkeit zur Dritten Internationale einzig maßgebende postuliert und als Gegenleistung von der USP nur verlangt, die Trennung von dem kompromittierten rechten Flügel vorzunehmen und die äußere Organisation samt dem Namen der zu ihr übergetretenen Kommunistischen Partei anzunehmen. Das Weitere ist interne Parteiangelegenheit und braucht uns nicht mehr zu interessieren.

Uns ist der Stuhl vor die Tür gestellt worden. Das ist nicht blamabel. So hat es die Erste Internationale mit Bakunin, Guillaume usw. gemacht, die Zweite auf dem Londoner Kongreß mit den Anarchisten und Antiparlamentariern. Die Linie ist dadurch schärfer gezeichnet, als hätten wir uns selbst von vornherein abseits gestellt.

Höchst verkehrt wäre es nun, wollte man mir und den Anarchisten, die gleich mir den Bolschewismus als die aus den Verhältnissen entsprungene revolutionäre Kampfmethode erkannt haben, jetzt triumphierend vorhalten: Wir haben's ja immer gesagt, daß die Diktatur des Proletariats, die Bewaffnung der Arbeiterschaft, kurzum der Bolschewismus niemals zum Kommunismus führen können! Es ist also erwiesen, daß nur der wirtschaftliche Kampf, der Generalstreik und die direkte Aktion mit ökonomischen Mitteln zum Ziele führen können.

Wenn ich das Wort Bolschewismus weiterhin für die von mir verfolgten Tendenzen in Anspruch nehme, so tue ich das ohne Rücksicht auf die gegenwärtige taktische Politik der Bolschewiki und durchaus nur in dem Sinne, den der Begriff durch seinen großen Interpreten Lenin in dessen Schrift »Staat und Revolution« ursprünglich erhalten hatte. Danach bedeutet Bolschewismus den Kampf um die gänzliche Zertrümmerung des Staats und seine Ersetzung durch die kommunistische Gesellschaft mit dem Mittel des von unten nach oben aufgebauten Rätesystems, das dem werktätigen Volk diktatorische Gewalt und absolute Machtvollkommenheit in Legislative und Exekutive in die eigenen Hände legt. Die Vereinbarkeit dieser Methoden mit den Lehren Bakunins, ja, ihre Konformität, habe ich in einer besonderen Schrift im einzelnen nachgewiesen, von der ich immer noch hoffe, sie in absehbarer Zeit der Öffentlichkeit unterbreiten zu können.

Die Ablehnung der proletarischen Diktatur durch die Anarchisten wird immer wieder und immer nur damit begründet, daß auch sie in der Form der Diktatur einiger Personen oder eines Einzelnen in Erscheinung treten müsse. So war die Forderung von der alten Sozialdemokratie auch zweifellos gemeint, und die Moskauer Beschlüsse ersetzen in der Tat das Prinzip der Diktatur des Proletariats mit der größten Eindeutigkeit durch das der Parteidiktatur. Aber die falsche Deutung und die falsche Anwendung eines Prinzips beweist nichts gegen das Prinzip selbst. Wie die russischen Kommunisten zu ihrer Umbiegung des Begriffs kommen, ist eine Frage, die ins Gebiet der Psychologie gehört. Der ungeheuer schwere Kampf, zu dem sie zur Verteidigung der Revolution gezwungen wurden, nötigte sie zu einer Reihe von Maßnahmen, die dem Druck der Verhältnisse revolutionäre Grundsätze zum Opfer brachten. Solange das russische Proletariat noch mitten drin steht in der heroischen Abwehr der internationalen konterrevolutionären Intrigen und Gewaltangriffe, wäre es höchst unbillig, es von außen her gouvernantenmäßig zur Innehaltung bestimmter Formen verpflichten zu wollen. Daß

Radek und Sinowjew jedoch in Moskau die Proletariate aller Länder generell zur Einsetzung und Duldung einer Parteidiktatur an Stelle der Rätediktatur zwingen möchten, erklärt sich einerseits aus der Neigung der Menschen, von den eigenen besonderen Erfahrungen aus Rückschlüsse und Verallgemeinerungen auf jede Lage und alle Menschen zu ziehen.

Sofern jedoch unter dem Begriff nichts anderes verstanden wird als »Alle Macht den Räten!«, ist auch vom intransigentesten anarchistischen Standpunkt aus gegen die proletarische Diktatur gar nichts einzuwenden. Es wird doch wohl von Anarchisten nicht bestritten werden, daß - worauf Lenin häufig aufmerksam gemacht hat - die Verfassung aller bürgerlichen Staaten die Diktatur der Kapitalistenklasse über das Proletariat darstellt. »Der Staat ist die Exekutive des Besitzenden« sagt Engels, und in dieser Auffassung hat es zwischen Marxisten und Anarchisten nie eine Differenz gegeben. Gerade die Anarchisten aber haben stets die »demokratische« Stimmenauszählung für Parlamentswahlen als Ausdruck der Gleichberechtigung zwischen Arbeitgebern und Arbeitnehmern verlacht und betont, daß es keine Gleichheit geben könne, bei der der eine Teil die ganze ökonomische Gewalt und mithin auch alle Mittel der Beeinflussung und eventuellen gewaltsamen Aufrechterhaltung auch der politischen Macht in den Händen hat.

Es gilt also, die Diktatur der Besitzenden zu brechen. Es hat früher unter Anarchisten nie einen Streit darüber gegeben, daß das Mittel dazu die Revolution sei. Seit aber die Revolution da ist, sind viele Anarchisten von einer ganz merkwürdigen Zimperlichkeit ergriffen worden. Wo irgend revolutionäre Taten geschehen, hieß es: Halt, das widerspricht den Grundsätzen der Freiheit, der Autonomie des Individuums, der Ablehnung der Gewalt! - Ja, zum Donnerwetter, ist den Revolution Freiheit? Ist Revolution nicht gerade das Gegenteil von Freiheit? Nämlich der Ringkampf auf Leben und Tod zwischen zwei feindlichen Prinzipien? Es ist geradezu erschreckend, welches Maß von Kindlichkeit oft in anarchistischen Polemiken dieser Zeit zutage tritt. Man sagt: Was nicht arbeiten will, soll auch nicht essen. Die Arbeiter haben die

Produktionsmittel in der Hand. Sie mögen sie also einfach - am Tage nach dem Generalstreik, der auf ganz mysteriöse Weise die Kapitalisten zum Rücktritt veranlassen wird - auf eigene Rechnung benutzen und den Schmarotzern keine Waren geben. Dann ist's erreicht, daß nur diejenigen zu essen haben, die sich auch dafür anstrengen. Ein wunderbar einfaches Mittel. Nur ist diese Logik etwa wie die eines Schachspielers, der sich einen ganz feinen Plan ausdenkt, wie er den feindlichen König mattsetzen wird, und darüber vergißt, daß ja der Gegner auch mitspielt. Der Kapitalist aber spielt gründlich mit.

Wie liegen denn die Dinge? Wir wollen eine klassenlose Gesellschaft herbeiführen. Die Verwaltungsorgane dieser Gesellschaft - darüber besteht doch wohl Übereinstimmung? - werden die aus der Mitte der Werktätigen selbst bestimmten Räte sein. Wir beginnen eine Revolution damit, daß wir Räte schaffen, ja, sind denn damit die Kapitalisten nicht schon entrechtet? Oder sollen auch Rentiers- und Aktionärsräte gebildet werden? Sie werden solange entrechtet bleiben, bis es kein arbeitsloses Einkommen mehr geben wird. Ist das der Fall, so hat die Revolution aufgehört und einem geordneten Zustand Platz gemacht. Entrechtung einer Klasse ist aber Diktatur der andern Klasse, in diesem Falle des Proletariats. Warum da die Aufregung um das Wort?

Noch eigentümlicher als der Abscheu vor der proletarischen Diktatur ist das Gezeter über die Gewalt, das auch erst seit Ausbruch der Revolution bei den Anarchisten üblich geworden ist. Früher erinnere ich mich recht gut, daß man Reinsdorff[2] z. B. als anarchistischen Genossen anerkannt hat. Ich habe auch bisher weder bei Proudhon noch bei Krapotkin und natürlich am wenigsten bei Bakunin irgendeinen Anhaltspunkt dafür gefunden, daß sie sich die Revolution gewaltlos vorgestellt hätten. Ich bin nicht im geringsten blutgierig, und ich wüßte mir keinen schöneren Traum, als mit lauter friedlichen Mitteln die Abschaffung der kapitalistischen Ausbeutung herbeiführen zu sehen. Aber mir

1 August Reinsdorff (1849-1885): Deutscher Anarchist. Plante einen Anschlag auf König Wilhelm und wurde wegen Anstiftung zum Hochverrat zum Tode verurteilt.

scheint es doch sehr unwahrscheinlich, daß die Schutzwehren des Kapitals nicht ihrerseits in Funktion treten werden, wenn die Arbeiter zur Besitzergreifung der Produktionsmittel schreiten sollten. Unsere Erfahrungen berechtigen doch wohl kaum zu dieser hübschen Illusion. Und waren die italienischen Genossen vielleicht Verräter an der Sache des Anarchismus, als sie die Betriebe, die sie besetzten, zuerst mit Stacheldraht in Verteidigungszustand setzten und sich selbst bewaffneten?[3]

Manche Anarchisten gefallen sich ja besonders in der Rolle der Moralhüter gegenüber den Russen, die zur Abwehr der Heere des Weltimperialismus eine Rote Armee aufgestellt haben und mit ihr nach aller strategischen Kunst Krieg führen. Als die Franzosen 1792 die kriegerische Verteidigung ihre Revolution gegen die verbündeten Monarchen organisierten, war das aber ganz in Ordnung. Für Rußland gilt anscheinend eine andere Moral: Wenn Koltschaks, Denikins, Judenitschs, Wrangels, Englands, Frankreichs, Polens Heere eure Revolution zertrampeln wollen, so müßt ihr es eben geschehen lassen, denn Kriegführen ist verboten!

Es muß schon einmal ausgesprochen werden: viele Anarchisten bilden sich ein, Antimilitaristen zu sein, und in Wirklichkeit sind sie nichts anderes als waschechte bürgerliche Pazifisten (was ihrem guten Herzen gewiß alle Ehre macht, sie aber aus den Reihen der Klassenkämpfer ausscheidet). Ich bin ein so guter Antimilitarist wie ein anderer Anarchist auch. Aber ich verstehe unter Antimilitarismus die Bekämpfung des stärksten Rückhalts der kapitalistischen Gesellschaft, nämlich ihrer Armeen, und zwar mit den Mitteln der Zerstörung von innen heraus: daher Propaganda der Dienstverweigerung usw. Aber daß es antimilitaristisch handeln heißen soll, wenn man den Armeen der Bourgeoisie grundsätzlich keinen Widerstand entgegenstellt, geht mir nicht in den Kopf. Die Verweigerung der Kriegführung zugunsten der proletarischen Revolution hat mit Antimilitarismus gar nichts zu

2 Mühsam meint hier die revolutionären Kämpfe im Italien der Jahre 1919/1920, bekannt als *biennio rosso* (»die zwei roten Jahre«). In diesen spielten die italienischen Anarchisten eine durchaus prägende Rolle.

tun und bedeutet pazifistischer Sentimentalität wegen die Preisgabe der Revolution.

Revolutionär sein heißt, das freiheitliche Ziel mit den Mitteln der Revolution anstreben. Rätediktatur und bewaffneter Kampf sind für die kommunistische Revolution gegebene Mittel. Wer sie verschmäht, weil das revolutionäre Ziel die Freiheit jeder Persönlichkeit und die waffenlose Brüderlichkeit unter den Menschen ist, drückt sich selbst vom Kampf und überläßt es anderen, den Zustand zu schaffen, an dem er profitieren will. Ein Anarchist aber hat sich auf sich selbst zu verlassen.

Dies alles muß jetzt um so mehr gesagt werden, als die Moskauer Beschlüsse die Aktion der revolutionären Internationale wieder auf das Niveau der sozialdemokratischen Kompromißwirtschaft zurückgedreht haben. In derselben Lage wie die kommunistischen Anarchisten befinden sich die kommunistischen Kampfgruppen, die gleich uns die Revolution nicht in Opportunismus und Konzessionsschusterei verwässern lassen wollen, in Deutschland vor allem die Kommunistische Arbeiterpartei. Ich rede keiner Verschmelzung das Wort. Aber eine Föderation aller Kommunisten, die ohne Papsttum und ohne Parlamentsschwätzerei, im Vertrauen auf den Tatwillen der kommunistischen Massen ihr Ziel erreichen wollen, wäre ernstlich zu erwägen. Die um Otto Rühle gesammelten Kommunisten haben erklärt, daß die Parteien sich überlebt haben, und daß wahre Kampfgemeinschaften föderalistisch verbunden sein müssen. Einem Zusammengehen mit ihnen steht nichts im Wege. Den parteizentralistischen Kommunisten ist über ihrer »Taktik« die Fahne des Bolschewismus entsunken. An den aus ihrer Internationale Verstoßenen, an den Kommunisten, die neue Wege gehen wollen, an den Syndikalisten und Anarchisten, die den russischen Kämpfern statt mit bremsenden Parolen mit dem Klassenmittel der revolutionären Tat beistehen wollen, ist es, sie wieder zu erheben und den Vökern zuzurufen: Nicht, wo jene abstimmen, sondern wo wir kämpfen ist die dritte Internationale!

Brief an Anton Pannekoek

[Erich Mühsam, 27. Sept. 1920]

Ansbach, d. 27. September 1920

Werter Genosse Pannekoek!

In medias res[1]. Im März dieses Jahres, grade in den Tagen der Kapp-Operette, als ich meine Festungsstrafe 2 Monate durch eine Gefängnishaft unterbrechen mußte, schrieb ich eine ziemlich umfangreiche Broschüre »die Einigung des revolutionären Proletariats im Bolschewismus«. Der Umstand, daß alle meine Arbeiten einer Zensur unterliegen, hat es verschuldet, daß die Schrift jetzt nach einem vollen halben Jahr noch nicht aus der Strafanstalt herauskommen konnte. Ihr Inhalt ist infolgedessen, soweit er Aktualitätswert hatte, großenteils überholt, und wenn die Arbeit einmal wird in Druck gegeben werden können, werden nur noch die akademischen Aufstellungen darin von Interesse sein. Es handelte sich mir hauptsächlich um eine theoretische Widerlegung der in den Heidelberger »Leitsätzen« der KPD niedergelegten Prinzipien, darüber hinaus um eine fixierte Definition des Begriffs Bolschewismus, ferner um den Nachweis, daß die in diesem Begriff ausgedrückten Maximen in wesentlichsten Punkten mit Bakunins antiautoritären Tendenzen übereinstimmen und also den kommunistischen Anarchisten der Weg zur 3. Internationale offen sei, sofern sie ihren ungerechtfertigten Widerstand gegen die proletarische Rätediktatur aufgäben, - und endlich um die Propagierung einer organisatorischen Idee, die für Deutschland die Zersplitterung der linksrevolutionären kommunistischen Proletarier - in Parteikommunisten, kommunistische Anarchisten, Syndikalisten, Unionisten etc. - selbst als Mittel zur revolutionären Einigung gebrauchen wollte, so zwar, daß keine Partei, keine Gruppe, keine Richtung aufgelöst, geändert oder einer andern einverleibt werden sollte, sondern alle Korporationen, bzw. auch

---

3 Sinngemäß: Kommen wir gleich zur Sache.

Einzelindividuen, die den Kommunismus auf dem Wege der Sowjetmacht und der proletarischen Diktatur zu erkämpfen entschlossen sind, zu einer »Kommunistischen Föderation« zu vereinigen seien. Es sollte also das Prinzip einer »Kommunistischen Internationale«, so wie sie sein müßte und nach Sinowjews früheren Publikationen auch geplant war, zunächst national verwirklicht werden.[2] Eine solche labile Organisation, netzartig föderiert durch lokale, provinzielle und territoriale, bzw. nach politischen und berufs- oder betriebsmäßigen Koalitionen räteartig bevollmächtigte und abberufbare Vollzugsorgane, die gleichzeitig vom imperativen Mandat ihrer Auftraggeber abhängig und doch jederzeit in vorbereiteter Gemeinschaft schlagfertig wären, – eine solche Föderation schüfe kurzerhand den Übelstand aus dem Wege, der bis jetzt allen Aktionen am hinderlichsten war: die Hilflosigkeit der Arbeiterschaft im Moment des Handelns, wie sie sich grade in jenen Märztagen, als ich mein System niederlegte, so verhängnisvoll manifestierte. Man wählte, improvisierte »Aktionsausschüsse« aus »den 3 sozialistischen Parteien«, wobei also die KPD mit einem Drittel der Stimmen und die revolutionären Outsider (Anarchisten, Syndikalisten etc) garnicht vertreten waren. Die Wirkung war klar: Konzessionen, Kompromisse, Halbheiten, Verzögerungen, Betrug der Rechtsbonzen, Niederlage. – Nachdem ich aus dem Gefängnis entlassen war[3] und aus den Zeitungen nachträglich erkannte, welche Rolle grade auch die KPD im März gespielt hatte (das Proletariat sei nicht reif, Propagierung der sozialdemokratischen Regierung mit Zusicherung »loyaler Opposition« etc) schrieb ich im Mai ein Nachwort, in dem ich die Konstituierung der »Kommunistischen Föderation« links der KPD vorschlug. Doch nahm ich mir inzwischen vor, das Resumee zurückzustellen, bis die Freigabe der Broschüre zum Druck erfolgt sei und ich aus den inzwischen geschaffenen Situationen

4 Siehe Sinowjew: Der Parlamentarismus und der Kampf für die Sowjets (Sept. 1919). Im vorliegenden Band: S.178-185.

5 Mühsam hatte während seiner Haftzeit als sogenannter »Ehrenhäftling« zwei Monate wegen Beleidigung von Amtspersonen als »gewöhnlicher« Straftäter absitzen müssen.

die notwendigen praktischen Rückschlüsse ziehn konnte. - Inzwischen hat der 2. Kongreß der Komm. Internationale getagt und seine 21 Punkte für die Aufnahmebedingungen nebst seiner allgemeinen Prinzipienerklärung niedergelegt. Dadurch ist eine völlig veränderte Lage geschaffen. Vor allem ist das Problem, das nach Heidelberg ein deutsches war, ein internationales geworden. Man ist bei uns ungemein interessiert für die Frage, ob die USP sich fügen werde. Mir scheint, daß diese Frage ganz irrelevant ist. In der Tat hat die Internationale die Prinzipien der USP - als der konsequenten Wahrerin der sozialdemokratischen Tradition - vollkommen anerkannt, die offizielle kommunistische Partei hat sich der USP unterworfen mit ihrem bürokratischen Zentralismus, ihrer obligatorischen Parlaments- und Gewerkschaftspolitik, ihrer grundsätzlichen Respektierung legaler Institutionen (Beteiligung an den gouvernementalen Betriebsräten) etc. Ob nun die USP sich spaltet und ein Teil nach rechts abschwenkt, der andre Teil als Sieger auf der ganzen Front den Namen des Besiegten und seinen bürokratischen Apparat annimmt, - dies sind keine revolutionären Prinzip- sondern interne Parteiangelegenheiten, die die kommunistischen Zentrale-Parteien und die Unabhängigen unter sich und untereinander ausmachen können. - Ganz anders stellt sich das Problem für uns Linke dar. Wir stehn vor der blanken Tatsache, daß uns der Stuhl vor die Tür gestellt ist, daß in der sogenannten »Kommunistischen Internationale« für Revolutionäre, die unmittelbar und direkt auf den Sieg des Proletariats hinarbeiten möchten, kein Platz ist. Wir müssen konstatieren, daß der Beschluß vom Haag 1872, mit dem Marx, Bakunin und Guillaume wegen ihrer Ablehnung opportunistischer Methoden aus der 1. Internationale ausschließen ließ, daß der 24 Jahre später 1896 in London gefaßte Beschluß, nach dem Anarchisten und Antiparlamentaristen aus der 2. Internationale ausgeschlossen wurden und damit deren Absturz zum 4. August 1914 vorbereitet wurde, - daß diese Beschlüsse nach abermals 24 Jahren 1920 in Moskau ihre getreue Wiederholung fanden, indem wiederum die Grundsatzlosigkeit zum Grundsatz erhoben, wiederum ein mit despotischer Macht ausgestatteter Generalrat praeceptor mundi[4] wurde, wiederum eine internationalisierte Partei als Internationale ausgegeben wird, – diesmal aber inmitten der revolutionären Katastrophe selbst, sodaß das Unglück, das aus den Beschlüssen von 1872 und 1896 erwuchs, diesesmal potenziert und irreparabel hereinzubrechen droht. – Mit welcher Bewußtheit und Rigorosität die Internationale gegen links abgegrenzt werden soll, geht am deutlichsten aus dem letzten Aufruf Sinowjews an die Kommunistische Jugend-Internationale hervor, die direkt aufgefordert wird, sich von der Gemeinschaft mit den »überradikalen« Genossen zu befreien. Grade die Jungen also, deren schönes Vorrecht es ist, ohne vorsichtige Erwägungen und ängstliche Zurückhaltung fröhlich aufs Ganze zu gehen, werden in ihrem temperamentvollsten Teil aus der 3. Internationale ausgeschlossen und zur Passivität verurteilt. Es ist zwecklos, sich vor diesen Tatsachen die Augen zu verbinden, und es ist notwendig, Entschlüsse zu fassen. – Der Gedanke, eine Gegen-Internationale zu schaffen, scheint mir gefährlich. Es würde erreicht werden, daß der Kampf der Kommunisten gegen den internationalen Kapitalismus mehr noch als bisher schon zu einem Prestigekampf der Internationalen gegeneinander umschlüge. Überdies wäre eine direkte Frontbildung gegen Moskau eine empörende Ungerechtigkeit gegen die Genossen, die mit der Durchführung der proletarischen Revolution in Rußland die Weltrevolution überhaupt in aktive Bewegung gesetzt haben. Da außerdem die Gründung einer neuen anarchistischen Internationale schon lange in den beteiligten Organisationen und Zeitschriften erörtert wird[5], so droht ein grotesker Bruderkampf zwischen allen möglichen Konkurrenz-Internationalen, von den Rudimenten der 2. nicht zu reden, bei dem der Leidtragende das internationale Proletariat sein muß. – Dennoch glaube ich, daß eine Lösung möglich sein wird, und zwar genau auf dem gleichen Wege, auf dem ich die Einigung der Kommunisten in Deutsch-

1 Meint: Lehrmeister der Welt

2 Im Dezember 1922 kam es dann in Berlin zur Gründung der (anarchistischen) Internationalen Arbeiter-Assoziation, die sich als rechtmäßige Nachfolgerin der Ersten Internationale (1864-1877) verstand.

land herbeiführen wollte. Es müßte eine lockere Verbindung zwischen allen denen geschaffen werden, die auf bolschewistischem Wege zum Kommunismus streben, ohne Moskaus Dekreten zustimmen zu können. Es wäre also eine internationale Föderation zu schaffen, in der die Organisationsform der angeschlossenen Verbände durchaus frei bleibt und deren Verwaltungsapparat sich ganz und gar auf die notwendige Korrespondenz und auf die dauernde Vermittlung der gegenseitigen Verständigung beschränkt.[6] In Interna der Parteien, Gruppen, Wirtschaftskampfverbände etc. hat sich die Föderation in keiner Weise einzumischen; es geht sie nichts an, ob etwa die KAPD sich zentralistisch organisiert oder in einen Bund verwandelt, und für die Zugehörigkeit kommt nur in Betracht der unbedingte Wille zum Kommunismus, das einwandfreie Bekenntnis zum Internationalismus, zum konsequenten Klassenkampf, zur proletarischen Rätediktatur, zur endlichen Auflösung der Staaten in einer Weltföderation von Sowjetrepubliken. – Mit der »Kommunistischen Internationale« von Moskau könnte diese Föderation sehr wohl beste Nachbarschaft halten und ihr selbst als eine Parteigemeinschaft, in deren Angelegenheiten nicht der geringste Eingriff geplant ist, den Beitritt offen halten. Wer sich dem Kommando des Exekutiv-Komitees unterwerfen will, dem soll es ja unbenommen bleiben. Da indessen die russischen Genossen durch den Verlauf der kommenden Dinge werden erkennen müssen, daß große und wichtige

---

1 Dies erinnert von der toleranten Grundanlage her an die Vorstellung der »Anti-Autoritären« in der Internationalen Arbeiterassoziation: »Wir verlangen, daß in der Internationale das Prinzip der Autonomie der Sektionen aufrechterhalten wird, das bis jetzt die Grundlage unserer Gesellschaft bildete; wir verlangen, daß der Generalrat, dessen Befugnisse durch die *Verwaltungsbeschlüsse* des Basler Kongresses ihren natürlichen Charakter verloren haben, in seine normale Stellung zurücktreten soll, die eines einfachen Büros für Korrespondenz und Statistik, – und jene Einheit, die man durch Zentralisation und Diktatur herstellen möchte, wollen wir durch die freie Föderation der autonomen Gruppen verwirklichen.« (James Guillaume: Zirkular von Sonvillier (12.11.1871), in: Wolfgang Eckhardt (Hg.): Michael Bakunin. Ausgewählte Schriften. Band 6. Konflikt mit Marx. Teil 2: Texte und Briefe ab 1871. S.689-696. Hier: S.695)

Teile des revolutionär entschlossenen Proletariats ihre Aktionen durchaus nach eigenem Wollen und Ermessen lenken werden, so ließe sich wenigstens verhindern, daß sich die westeuropäische Revolution außerhalb und selbst gegen die 3. Internationale abspielt, wenn man dieser ihre Anhängerschaft in keiner Weise abspänstig zu machen sucht, ihr aber gleichzeitig die Möglichkeit nimmt, die Aktionen derer, die sich nicht als ihre Rekruten empfinden, zu sabotieren. - Ich gebe Ihnen, Genosse Pannekoek, diese Gedanken zunächst zur Überprüfung. Natürlich weiß ich, daß sie nur dürftigstes Rohmaterial enthalten. Sollten Sie aber meinen, daß sich daraus Festeres fügen lasse, so stelle ich Ihnen anheim, da Sie selbst ja praktische Arbeiten nicht übernehmen können, meine Anregungen aktiven Oppositions-Genossen (vielleicht Gen. Gorter oder Roland-Holst, deren Adressen ich nicht habe) zu übermitteln. Mir verbietet meine Gefangenschaft, mehr zu tun als hier und da eine Idee in den Lärm der Meinungen einzuwerfen. Sonst würde ich eine Besprechung der durch die Moskauer Beschlüsse geschaffenen Lage unter den Hauptvertretern der internationalen Opposition betrieben haben. Ich beabsichtige, eine Abschrift der hier entwickelten Gedanken in Deutschland dem Genossen Rühle zuzustellen und auch den Genossen Aldred in England zu unterrichten. Vielleicht führe ich immerhin einen Meinungsaustausch herbei, der früher oder später nützliche Wirkungen haben kann. - Was hätte Rosa Luxemburg, was Franz Mehring gesagt, wenn sie erlebt hätten, daß die erste Tat der 3. Internationale die war, Sie, die Genossin Roland-Holst und Otto Rühle aus ihrer Mitte auszuschließen! - Seien Sie mit Dank für Ihre rasche Beantwortung meiner Karte in revolutionärer Kameradschaft gegrüßt von Ihrem Sie verehrenden

Erich Mühsam.

Staatsverneinung

[Erich Mühsam, »Fanal«, 1926]

Das Problem des Staates ist ein Problem der Macht. Menschen, einzelne oder in Gruppen verbundene, denen die Erringung der gesellschaftlichen Macht über die Mitmenschen gelungen ist, bedürfen eines zentralen Machtapparates, um die Unterworfenen auf die Dauer in ihrer ökonomischen Abhängigkeit zu halten. Es gibt keine andere Unterwerfung von Menschen unter die Macht anderer Menschen als ihre Fesselung in wirtschaftliche Hörigkeit. Das politische Zwangsinstrument dieser wirtschaftlichen Fesselung ist der Staat.

Die Staatsform, um die unter den jeweiligen Inhabern und Anwärtern der gesellschaftlichen Exekutivgewalt ein aufgeregtes und verwirrendes Geschrei tost, ist in Hinsicht der Funktion des Staates als Vollstreckungsorgan der ökonomischen Ausbeutung ohne alle Bedeutung. Mag das despotische Sultanat eines absoluten Herrschers, die konstitutionell eingeschränkte Monarchie, die faschistische Diktatur, die republikanische Demokratie oder die Oligarchie eines Parteivorstands ein Land regieren, - jede dieser Methoden erweist sich schon durch ihre zentralistische Struktur als dem Volksganzen übergeordnet, demnach als vom Volksganzen losgelöst, mithin als dem Volksganzen feindlich. Zentralismus bedeutet nichts andres als Direktion von oben nach unten, Herrschaft der Verwaltung über das Verwaltete, Befehlsgewalt der Schalterbeamten, Entmündigung der gesellschaftsbildenden Masse, Bürokratismus. Jedes zentralistische Gebilde kann nur als Machtapparat bestehen; Macht in gesellschaftlichem Sinne ist immer ökonomische Unterdrückung; also ist Staatsmacht in allen Formen ihrer Ausdrucksmöglichkeiten stets der Rechtsvorwand einer Klasse zur Beherrschung und Ausbeutung der andern Klasse.

Staat und Obrigkeit sind Synonyme: daher kann es keine andern Staaten geben als Obrigkeitsstaaten. Staat und Klassengesellschaft sind Synonyme; daher kann es keinen andern Staat geben als den

Klassenstaat. Staat und Zentralisation sind Synonyme; daher kann es im Staat keine Organisation von unten nach oben, keinen ausbeutungslosen Sozialismus, keine Selbstbestimmung des Volkes, keine Zusammengehörigkeit der Gesamtheit, kein einheitliches Recht und kein Volksganzes geben.

Der Ursprung des Staates ruht in dem Bedürfnis nach ökonomischer Machtbefestigung. Das Prinzip des Staates, jedes Staates, ist die juristische Sicherung des Privilegs der Ausbeutung der gesellschaftlichen Arbeit durch eine schmarotzende Minderheit. Es ist völlig wahr, was die Marxisten sagen - nur ist diese Wahrheit, wie viele andere marxistische Erkenntnisse bedeutend älter als der Marxismus, - daß der Staat Produkt und Ausdruck der ökonomischen Klassendifferenzierung in der Gesellschaft ist. Aber die Marxisten übersehen oder unterschätzen einen Umstand von allgemeiner Geltung. Alle gesellschaftlichen Verhältnisse schaffen sich immer nur die Ausdrucksform, die durch ihre besondere Wesensart bedingt ist. Das bedeutet, daß die Organisationsform eines sozialen Zustandes nicht auf einem neuen, grundsätzlich verschiedenen, übertragenen werden kann. Der zentrale Staat wurde geschaffen als administrativer Apparat der gesellschaftlichen Ausbeutung; in seiner gegenwärtigen Gestalt als wesensloses Räderwerk eines öden bürokratischen Mechanismus ist er der präziseste Ausdruck des verfallsreifen Hochkapitalismus. Es ist nicht möglich, die kapitalistische Ausbeutung zu beseitigen, ohne das Gehäuse zu zerschlagen, das der Kapitalismus sich zu seinem Wachstum gemäß seinen besonderen Bedürfnissen gebaut hat. Das hat zum Glück der russischen Revolution Lenin eingesehn gehabt, als er 1917 im Bunde mit Anarchisten und linken Sozialrevolutionären Bakunins Auffassung, daß der Staat nicht, wie Marx und Engels lehrten, zu erobern, sondern zu zerstören sei, zu praktischer Durchführung verhalf. Leider fielen jedoch die Bolschewiken nach vollbrachter Tat in den staatsautoritären marxistischen Aberglauben zurück und errichteten an Stelle des zertrümmerten zentralistischen Staatsapparates einen neuen der gleichen Struktur, in der naiven Meinung, in dem vom Kapitalismus für seine Methoden ersonnenen, für seine Ausbeutungszwecke temperier-

ten Treibhause Sozialismus und Gleichheit, klassenlose Gemeinsamkeit und Autonomie der Räte entwickeln zu können.
Die Verwaltung des Gemeinwesens durch die von den Arbeitsstätten aus von unten nach oben wirkende föderative Organisation der Räte, die von den revolutionären Kommunisten aller Schattierungen als Ziel angestrebte Räterepublik, kann niemals ein Staatsgebilde sein. Staat setzt Regierung voraus, das ist obrigkeitliche Befehlsgewalt und Rangordnung. Die Räterepublik ist charakterisiert in der Forderung der russischen Arbeiter und Bauern von 1917, die das revolutionäre Weltproletariat als Kampfruf aufgenommen hat: Alle Macht den Räten! – Räte sind die aus den Produktionsbetrieben unmittelbar entsandten, für jede Einzelfrage nach besondrer Eignung ausgesuchten, stets abrufbaren und auswechselbaren, unter dauernder Kontrolle der Werktätigen nach deren eigenen bindenden Beschlüssen handelnden Delegationen der industriellen und landwirtschaftlichen Betriebsbelegschaften. In den Räten ist also die gesamte städtische und ländliche arbeitende Bevölkerung zur direkten Ausübung aller Verwaltungsfunktionen des Gemeinwesens zusammengeschlossen. Die Leistung der Verwaltungsaufgaben in den gemeinsamen Angelegenheiten weiterer und weitester Bezirke geschieht durch Unterdelegationen dieser Räte zu Kreis-, Provinzial-, Landes-Rätekongressen nach dem gleichen Grundsatz der Verantwortung nach unten, der Abberufbarkeit, des gebundenen Mandats, bis hinauf zu den höchsten Exekutivorganen, dem Zentralexekutivkomitee und dem Rat der Volksbeauftragten, denen keine Legislative, sondern durchaus nur die Ausführung des Willens der im Produktionsprozess unmittelbar Tätigen zusteht, und die, stets gewärtig, den Platz im ganzen oder für einzelne Aufgaben berufeneren Genossen räumen zu müssen, immer nur Beauftragte, nie Auftraggeber sind. Die Verfassung der Russischen Sozialistischen Föderativen Sowjetrepublik vom 10. Juli 1918, die der Zusammenarbeit marxistischer und anarchistischer Kräfte zu danken ist, hat die Prinzipien dieses staatlosen Systems, wenn auch noch nicht unter restloser Konsequenz, so doch mit der klaren Hervorhebung der Tendenz herausgearbeitet, dass in dieser Konstitution der Uebergang gesucht

wird zur »Einsetzung der sozialistischen Gesellschaftsordnung, unter der es weder eine Klasseneinteilung noch eine Staatsmacht geben wird«

Föderalistische Organisation heißt Organisation von der Basis zur Spitze, Verbindung der wirkenden Kräfte zu selbstverantwortlichem Tun, statt Übertragung der Verantwortung auf übergeordnete Instanzen. Der Rätegedanke ist demnach eine rein föderalistische Idee. Der Versuch, eine Regierungsgewalt mit dem Rätesystem zu verquicken, hebt die Omnipotenz der Räte praktisch auf und setzt über die Räte, denen doch »alle Macht« gehören soll, eine andre Macht. Die Gründe, die die Bolschewiken veranlaßten, anstelle der Rätediktatur die Diktatur ihrer Partei zu errichten, liegen freilich auf der Hand. Sie fürchteten, daß unter den werktätigen Arbeitern und Bauern eine Mehrheit von indolenten, der west-europäischen Demokratie ergebenen oder gar der feudalistischen Tradition anhängenden Elementen die Räterepublik als ihre bestimmenden Faktoren von vorn herein unrettbar diskreditieren und sie an der Erfüllung ihrer revolutionären Mission hindern würden nämlich die Überführung der Reste der kapitalistischen Wirtschaft in die sozialistisch-kommunistische Produktions- und Lebensordnung zu gewährleisten. Ohne Zweifel war diese Gefahr groß, ohne Zweifel konnte ihr aber auf andere Art gesteuert werden, als dadurch, daß über die Räteinstanzen eine Parteiregierung und damit ein zentraler Staat gestülpt wurde, dessen monopolitische Politik wohl die konterrevolutionären Bestrebungen der Menschewisten, der rechten Sozialrevolutionäre und der übrigen Helfershelfer der von der geeinten revolutionären Arbeiter- und Bauernschaft niedergeworfenen Weißgardisten unterdrückte, zugleich aber auch, und zwar in viel höherem Maße als Passive und Indifferente, die aktiv vorwärtsdrängenden linken Revolutionäre aller Richtungen, die Anarchisten, linken Sozialrevolutionäre, Maximalisten und die Linkskommunisten, soweit sie nicht der bolschewistischen Partei angehörten, niederhielt und unter Verfolgung stellte, also gerade die Kräfte, ohne deren energische Beteiligung die Oktoberrevolution niemals hätte siegreich sein können.

Der Grundirrtum der marxistischen Theorie, das zentralistische Prinzip gewann in Rußland Geltung. Aus der Räterepublik wurde ein »Räte-Staat«, ein Widerspruch in sich selbst. Eine Staatsregierung, an deren Wesensart der Name »Räte-Regierung« nichts ändern kann, erläßt Staatsgesetze, und das Gefäß des Staates füllt sich langsam und unaufhaltsam mit dem Inhalt, für den die Form des Staates ursprünglich geschaffen, für dessen Aufnahme sie allein geeignet ist: mit dem Inhalt kapitalistischer Konzessionen.
Das russische Revolutionsproblem läßt sich nicht von einem Punkt aus beurteilen. Die krisenhafte Zuspitzung der Differenzen wegen der russischen Staats- und Wirtschaftspolitik und mithin der Taktik und der Methoden der kommunistischen Internationale, die heute die populärsten Persönlichkeiten der revolutionären Heroenzeit in Opposition gegen das herrschende Regime zeigt, unter ihnen Trotzki, Sinowjew, Kamenew und selbst Lenins Witwe, Krupskaja, hat zahlreiche Gründe, die zum allergeringsten Teil in persönlichen Rivalitäten, geschweige in gewolltem Verrat oder mangelndem Idealismus zu suchen sind. Die Tatsachen sind überall stärker als die Menschen, zumal die Tatsachen der Ökonomie. Nur stellen auch Tatsachen, an deren Auswirkungen die Menschen nicht mehr vorbeikommen, ihr Verhalten unter dem Gesichtspunkt zur Kritik, ob nicht ein andres Verhalten andre Tatsachen gezeitigt hätte. Und da sollte man bei der Erörterung der russischen Frage nicht an der Möglichkeit vorbeigehn, daß die Gesamtanlage des bolschewistischen Staatssystems an einem Konstruktionsfehler leidet: an dem, daß die föderative Rätemacht durch eine zentralistische Staatsmacht ersetzt ist.
Die bevorstehenden Revolutionen der westeuropäischen Proletariate haben aus den Erfahrungen der russischen Arbeiter und Bauern in ernster Prüfung zu lernen. Sie können unendlich viel Nachahmenswertes von ihnen annehmen. Die warnende Lehre der russischen Revolution aber ist ihre Kapitulation vor der Idee des Staates. Staat, man mag ihn kneten wie man will, ist Unterwerfung der Arbeitenden, ist Klassenscheidung der Gesellschaft. Ein »Rätestaat« ist niemals eine Räterepublik. Denn Staat ist immer die Ausdrucksform unterdrückender Zentralgewalt: Räterepu-

blik aber ist die föderalistische Ordnungsform der Anarchie, d.h. der obrigkeitslosen Selbstbestimmung der gesellschaftlichen Gesamtheit. Die Revolution, die den Staat nicht austilgt, so daß an seiner Stätte nichts ähnliches je wieder wachsen kann, wird ohne Hoffnung sein, die klassenlose kommunistische Gesellschaft zu verwirklichen. Die Diktatur des Proletariats ist nötig als Diktatur der Klasse, solange die feindliche Klasse noch Atem hat: als Diktatur der Revolution gegen die Konterrevolution. Der Ersatz der proletarischen Diktatur durch die Diktatur einer obrigkeitlichen Regierung bedeutet die Preisgabe der sozialen Revolution an den Staat. Der Staat aber ist unvereinbar mit dem Recht des Arbeiters; er ist der Todfeind der sozialen Gleichheit. Wo Staat ist, kann keine Freiheit sein und keine werden.

Quellennachweise

»Die Einigung des revolutionären Proletariats im Bolschewismus«

I. »Proletarier aller Länder, vereinigt euch!«, in: Die Aktion. Heft 1/2. 7. Januar 1922. Spalten 11-13.

II. Die Lehrmeister des deutschen Proletariates, in: Die Aktion. Heft 1/2. 7. Januar 1922. Spalten 13-19.

III. Die revolutionäre Prädisposition des deutschen Proletariats, in: Die Aktion. Heft 7/8. 19. Februar 1921. Spalten 102-108.

IV. Parlamentarischer Kretinismus, in: Die Aktion. Heft 5/6. 4. Februar 1922. Spalten 86-89.

IV. Parlamentarischer Kretinismus [Fortsetzung], in: Die Aktion. Heft 13/14. 1. April 1922. Spalten 198-203.

V. Die Gewerkschaftsfrage, in: Die Aktion. Heft 29/30. 1. August 1922. Spalten 406-413.

VI. Föderalismus und Zentralismus, in: Die Aktion. Heft 31/32. 15. August 1922. Spalten 443-447.

VII. Anarchismus und Diktatur, in: Die Aktion. Heft 41/42. 1. November 1922. Spalten 579-585.

VIII. Zur Einigung des revolutionären Proletariats, in: Die Aktion. Heft 37/38. 1. Oktober 1922. Spalten 521-527.

Dokumente

Erich Mühsam: Zum revolutionären Klassenkampf, in: Die Aktion. Heft 33/34. 1. September 1922. Spalten 475-478.

Redaktion »Der Syndikalist«: Die Kommunistische Partei und die Syndikalisten, in: Der Syndikalist. Nummer 30. 5.Juli1919.

Der Parlamentarismus und der Kampf für die Sowjets. (Rundschreiben des Exekutivkomitees der Kommunistischen Internationale.), in: Die Kommunistische Internationale. Organ des Exekutivkomitees der Kommunistischen Internationale. Nummer 4/5. Wien, Juni 1920. Spalten 127-132.

Redaktion »Der Freie Arbeiter«: Mühsams Uebertritt in die KPD, in: Der Freie Arbeiter. Jahrgang 12. Nummer 20. Okt./Nov. 1919.

2. Parteitag der KPD vom 20. bis 23.Oktober 1920 in Heidelberg und anderen Orten, in: Dokumente und Materialien zur Geschichte der deutschen Arbeiterbewegung. Band VII.1. Halbband: Februar 1919 - Dezember 1921. Herausgegeben vom Institut für Marxismus-Leninismus beim Zentralkomitee der Sozialistischen Einheitspartei. Berlin: Dietz Verlag, 1966. S.131-140.

Erich Mühsam: Austrittserklärung, in: Der Freie Arbeiter. Jahrgang 12. Nummer 22. Nov./Dez. 1919.

Pierre Ramus: Bolschewismus, Diktatur und Anarchismus. (Zugleich eine Polemik gegen Erich Mühsams Idealisierung des Bolschewismus), in: Erkenntnis und Befreiung. Organ des herrschaftslosen Sozialismus. Nummer 11. II. Jahrgang. Wien, 8.-14. Februar 1920. S.1-2.

Pierre Ramus: Bolschewismus, Diktatur und Anarchismus. (Zugleich eine Polemik gegen Erich Mühsams Idealisierung des Bolschewismus), in: Erkenntnis und Befreiung. Organ des herrschaftslosen Sozialismus. Nummer 12. II. Jahrgang. Wien, 15.-21. Februar 1920. S.1-2.

Erich Mühsam: Anarchismus und Revolution, in: Die Aktion. Heft 43/44. 30. Oktober 1920. Spalten 598-602.

Erich Mühsam: Brief an Anton Pannekoek, in: Die Aktion. Heft 45/46. 13. November 1920. Spalten 629-632.

Erich Mühsam: Staatsverneinung, in: Fanal. Jahrgang 1. Nummer 1. Oktober 1926. S.2-6.

Personenregister (Auswahl)